BALTIKUM

Estland • Lettland • Litauen

terra magica

Fotos: Oliver Bolch – Text: Volker Hagemann
Gestaltung Umschlag: Wolfgang Heinzel
Lektorat: Samuel Bieri

© 2006 by Reich Verlag / terra magica / Luzern / Switzerland
Alle Rechte vorbehalten. Printed in EU
ISBN 3-7243-0404-8

Terra magica ist seit 1948 eine international geschützte Handelsmarke
und ein eingetragenes Warenzeichen ® des Belser Reich Verlags AG.

BILDLEGENDEN

Bild rechts
Am Platelių-See im Žemaitija-Nationalpark, Litauen

Vorsatz vorne
Kliff von Türisalu, Estland

Seite nach Vorsatz vorne und Seite 1
- An einer Elchteststraße in Estland
- Am See Cārmins bei Grāveri, Lettland
- Unterwegs bei Žemaičių Kalvarija, Litauen
- Rathausplatz in Kaunas, Litauen
- Stadt Narva, Estland: Hermannsfestung (1213) und Festung Iwangorod (15. Jh., auf der russischen Seite der Narva)
- Denkmal für Frank Zappa in Vilnius
- Bei Jēkabpils, Lettland
- Dünenwanderung in der Kurischen Nehrung, Litauen
- Windmühle und Birken bei Darbėnai nahe Kretinga, Litauen

Seite vor Vorsatz hinten
- Hauptstraße in Mustla, Estland
- Kirche St. Peter und Paul in Vilnius
- Portal des Schwarzhäupterhauses in Tallinn
- In der Altstadt von Kuldīga, Lettland
- Leuchtturm auf der Insel Hiiumaa, Estland
- In der Altstadt von Cēsis, Lettland
- Hafen von Klaipėda, Litauen
- Graziöse Jugendstilfassade in Riga

terra magica

Inhalt

Drei nordische Länder des Neuen Europa 5
Kurze Sommer mit zwei Stunden kurzen Nächten 12
Das Baltikum – eine Einheit? 13
Annäherung dank Baltischem Rat 20
Es begann vor 12 000 Jahren 21
Geschichte des Baltikums vor der Christianisierung 21
Geschichte Lettlands und Estlands von 1150 bis 1985 24
1150–1201 Erpressung der Heiden 24
1201–1562 Schwertbrüder, Kreuzritter
und Speicherhäuser 24
1557–1700 Gelüste Iwans des Schrecklichen
und gute schwedische Zeiten 28
1700–1857 Nach Großem Nordischen
Krieg zaristische Periode 28
1857–1914 Brutaler Russifizierungsterror
festigt kulturelle Identität 32
1914–1920 Unabhängigkeit trotz Roter Armee und Massenmorden durch Revolutionstribunale 36
1920–1940 Blühende Wirtschaft und Kultur
trotz oft wechselnder Regierungen 36
1940–1945 Zwischen sowjetkommunistischem
und Nazi-Terror 40
1945–1985 Unter sowjetischer Knute 42
Geschichte Litauens von 997 bis 1985 42
997–1569 Von der liberalen heidnischen Großmacht
zum polnisch-litauischen Doppelreich 42
1569–1795 Untrennbarer Teil von Polen 46
1795–1915 Erst Napoleons Verwüstung,
dann Russifizierung 50
1914–1922 Krieg und absurdes Königstheater 50
1922–1939 Eigenständiger Staat, Armeeputsch 51
1939–1945 Erst sowjetische Unterwerfung mit befohlenen «Anschlusswahlen», dann deutsche Eroberung 52
1945–1985 Stalinistische Reinkultur 53
Die Zeit der Unabhängigkeitsbewegungen, 1985–1991 55
Die erkämpfte Unabhängigkeit, 1991–2006 56
2004 Beitritt zur EU 60
Wirtschaftsboom mit Gewinnern und Verlierern 64
Schere zwischen Land und Städten 68
Kultur 69
Lieder – die Basis der Nationalkulturen 69
Bauernhöfe – Architektur, Kunst und Alltag 75
Bernstein – das «Gold der Ostsee» 76
Ordensburgen 82
Gutshöfe 82
Die Hanse: alles vorgeschrieben – auch

Herzlich willkommen in den baltischen Ländern!

wieviel Bier auszuschenken ist 84
Die Zeit des «Nationalen
Erwachens» von 1800 bis 1939 90
Litauen 90
Estland und Lettland 90
Kultur seit 1945 94
Estland 96
Hansestadt Tallinn 96
Universitätsstadt Tartu 100
Zwei Seen im Südosten 105
Nationalpark Lahemaa 106
Der Gutshof Palmse 110
Estlands Inselwelt 114
6000 Jahre alter Kratersee 117
Ein-Mensch-Inseln 118
Lettland 122
Riga – Metropole des Baltikums 122
Paris des Nordens 124
17. Jahrhundert: Stadt deutscher Kultur 128
Jugendstil in Riga 130
Die lettische Riviera 136
Nationalpark Gauja 140
Hexe mit dreiköpfigem Monstersohn 142
Jedem seinen See für sich allein 146
Litauen 150
Vilnius – wo die Wilna in den Neris mündet 150
Stadt der Barockkirchen 154
«Jerusalem des Nordens» 159
Die Burg Trakai 164
Kaunas – Stadt der Museen 168
Zwei Nationalparks – Aukštaitija und Dzūkija 172
Klaipėda und Kurische Nehrung 176
Hexenberg: diesseits von Gut und Böse 177
Landesstrukturen und Sprachenvergleich 178
Register 180
Karte ....Vorsatz hinten

terra magica

Drei nordische Länder des Neuen Europa

Im Nordosten Europas erkämpften sich 1991 drei kleine Staaten ihre Unabhängigkeit von der Sowjetunion. In den darauf folgenden Jahren nahmen sie eine rasante Entwicklung, und seit dem Jahr 2000 haben die «baltischen Tigerstaaten» kontinuierlich ein Wirtschaftswachstum von mehr als sieben Prozent. Die Metropolen Tallinn, Riga (lettisch: Rīga) und Vilnius brauchen den Vergleich mit bekannteren osteuropäischen Städten nicht zu scheuen. Das Baltikum ist in unspektakulärem Sinn schön: Die Küsten sind noch nahezu unberührt, die Flüsse laden zu auch von Anfängern leicht zu meisternden Kanutouren ein, und die einsamen Seenlandschaften sind ein Paradies für alle, die wirklichen Abstand von städtischer Hektik und stressigem Arbeitsalltag gewinnen wollen.

Eine herausragend schöne und im restlichen Europa wenig bekannte Landschaft ist beispielsweise die estnische Inselwelt: Die größte Insel, Saareema, ist außerhalb des Regionalzentrums Kuressaare praktisch menschenleer. Es gibt einsame Buchten im Überfluss, und die Temperatur der Ostsee ist im Hochsommer durchaus zu ertragen. Faszinierend schön ist auch der Nationalpark Lahamaa, ganz im Norden Estlands, vor dessen steiniger Küste unzählige Findlinge im Wasser liegen. Im Osten des kleinsten Landes des Baltikums liegt der 2670 Quadratkilometer große Peipus-See, und an dessen Küsten man eher den Eindruck eines Meeres hat. Der Südosten Estlands ist, wie der gesamte Osten des Baltikums, von einer Moränenlandschaft geprägt, deren höchste Gipfel 300 Meter kaum übersteigen. Die waldreichen, von Seen, kleinen Flüssen und offenen Wiesenflächen durchbrochenen Landschaften sind ein hervorragendes Wandergebiet.

Lettland hat aus landschaftlicher Sicht ebenso viel zu bieten wie der skandinavischer wirkende Nachbar im Norden: Der Ostteil Lettlands ist eine Seenplatte, deren Ausdehnung die der Mecklenburgischen Seenplatte bei weitem übertrifft. Dort, in der Abgeschiedenheit der Provinz, hat sich dank EU-Förderprogrammen viel ökologisch orientierter Tourismus mit Angeboten wie Reiten, Kanufahren und Kursen für traditionelles Handwerk entwickelt. Eine knappe Stunde von der pulsierenden Metropole Riga entfernt liegt der Gauja-Nationalpark, auch Lettische Schweiz genannt – eine für baltische Verhältnisse geradezu bergige Landschaft.

Durch die Täler winden sich, häufig zwischen roten Sandsteinfelsen, Flüsse aller Größen, auf denen auch Ungeübte schöne Boots- und Kanutouren unternehmen können. Die schönsten Landschaften des westlichen Lettland sind endlos lange Sandstrände, die so einsam sind, weil die Küsten des Baltikums in sowjetischer Zeit militärische Sperrzone waren. Turbulenter geht es knapp hinter der Stadtgrenze Rigas im Seebad Jūrmala zu: In der drittgrößten Stadt Lettlands stehen zahlreiche sehenswerte Holzvillen und Hotels aus dem frühen 20. Jahrhundert. Der 33 Kilometer lange Strand ist trotz der zahlreichen Besucher sehr sauber.

Litauen hat im Wettbewerb der baltischen Meereslandschaften mit der Kurischen Nehrung die geologisch anspruchsvollste zu bieten: Auf der einen Seite des häufig weniger als einen Kilometer breiten Küstenstreifens liegt das richtige Meer, auf der anderen Seite liegt das ruhigere Haff. Von den bis zu 60 Meter hohen Dünen der «Litauischen Sahara» bietet sich ein faszinierender Rundblick. Der Aukštaitija-Nationalpark im

Bilder nächste drei Doppelseiten
- *Traumabend bei Ventė (auf Deutsch Windenburg)*
im Kurischen Haff, Litauen
- *Abendstimmung am Lielais-See nordöstlich von Riga*
- *Morgenstimmung bei Heltermaa*
auf Hiiumaa (Dagö), Estland

Osten ist gewissermaßen die Fortsetzung der Lettischen Seenplatte, und die in waldreichem Gebiet gelegenen Seen sind in ihrer geologischen Vielfalt einzigartig in Europa.

Zur Mehrung des Wohlstands setzt man im Baltikum heute auch auf den Tourismus, der angesichts weitläufiger und sehr schöner Landschaften, vor allem aber dank der die Städte anfliegenden Billigfluglinien, zu neuem Leben erwacht ist. Alle drei baltischen Hauptstädte bieten hervorragende Möglichkeiten für den Kulturtourismus: Es gibt architektonisch außergewöhnlich schöne Innenstädte, zahlreiche Museen, viel gute klassische Musik und eine sehr lebhafte zeitgenössische Kunstszene, die politisierend ihre Positionen bezieht.

Kurze Sommer mit zwei Stunden kurzen Nächten

Bei Reisen ins Baltikum sollte bedacht werden, dass die Sommer gut vier Wochen kürzer als bei uns sind. Dafür sind aber die Tage sehr lang: Zur Zeit der Sommersonnenwende, die in allen drei Ländern letztlich aus heidnischer Tradition heraus als wichtigstes Fest des Jahres begangen wird, ist es nur noch etwa zwei Stunden lang dunkel. Auch andere kulturell wichtige Ereignisse, wie das abwechselnd in einem anderen baltischen Staat stattfindende Sängerfest, finden Ende Juni statt. Eine Reise zu diesem Zeitpunkt hat Vor- und Nachteile: Die Innenstädte sind noch nicht von Touristen überlaufen, und das kulturelle Leben bietet mehr als in der Hochsaison.

Normalerweise ist die Lufttemperatur zu dieser Zeit bereits akzeptabel. Auch das Wetter ist normalerweise dank eines Russlandhochs stabil. Mit der Wassertemperatur sieht es jedoch nicht so gut aus. In der Hochsaison verlassen viele Balten die großen Städte, um im eigenen Sommerhaus oder bei Verwandten auf dem Land Urlaub zu machen, was angesichts der schönen

Storchennest bei Kurkliai, Litauen

Landschaften verständlich ist. Die Städte gehören dann den Touristen, die abseits der vielen Museen nur noch ein reduziertes Kulturprogramm vorfinden. Für Wanderer ist der leider nicht ganz wettersichere späte September die schönste Jahreszeit: Die meisten Wälder des Baltikums sind gesunde Mischwälder, die im Herbst eine unglaubliche Farbenpracht entwickeln.

Wer das Land bereist, muss darauf gefasst sein, dass abseits der Städte und der touristischen Zentren nicht immer alles nach westeuropäischen Standards funktioniert. In den faszinierend schönen Landschaften des sehr dünn besiedelten Baltikums sind manchmal Improvisation und Geduld gefordert. Doch wird man überall freundlich aufgenommen, und Gastfreundschaft wird traditionell als hohes Gut geschätzt.

Das Baltikum – eine Einheit?

Vor der wieder erlangten Unabhängigkeit wurden die drei Länder an der Ostsee, die zwischen den beiden Weltkriegen des 20. Jahrhunderts selbständige Staaten waren, kaum wahrgenommen. Der Begriff des Baltikums tauchte in westlichen Medien erstmals vermehrt auf, als anlässlich des Jahrestages des Hitler-Stalin-Pakts, der den Anschluss der Länder an die Sowjetunion bedeutete, am 23. August 1989 Bilder einer von Tallinn bis Vilnius reichenden Menschenkette um die Welt gingen: Ein Drittel der Bevölkerung forderte mit Nachdruck die Unabhängigkeit von der Sowjetunion.

Geschichtlich gesehen waren Estland, Lettland und Litauen vor allem unter der russischen Zarenherrschaft und in den Zeiten der Sowjetunion eine Einheit, doch eigentlich sind die Länder sehr unterschiedlich: Litauen und Lettland teilen kulturelle Traditionen. Die Sprachen, die einen eigenen indoeuropäischen Sprachstamm bilden und abgesehen von Lehnwörtern nichts mit irgendeiner anderen in Europa gesprochenen Sprache zu tun haben, sind sich in etwa so ähnlich wie Deutsch und Niederländisch.

Damit ist aber auch schon Schluss mit den Gemeinsamkeiten: Litauen war, anders als Lettland, nicht vom Deutschen Orden besetzt. Die Hanse, deren Kaufleute die von der kirchlichen Macht gesicherten Gebiete bevorzugten, spielte in Litauen nur als Außenhandelspartner eine Rolle. Litauen war zunächst ein unbezwingbarer heidnischer Staat, der mehrfach pro forma und aus taktischen Gründen den katholischen Glauben annahm. Im 14. Jahrhundert wurde Litauen dann wirklich katholisch und bildete gemeinsam mit dem viel kleineren Polen eine in Religionsfragen sehr liberale europäische Großmacht.

Im Jahr 1202 erließ der Papst ein Dekret, nach dem die im Rahmen der Kreuzzüge an der Ostsee eroberten Länder den Namen Livland bekommen sollten. In Livland, also auf dem Gebiet, das heute Estland und Lettland einnehmen, waren der deutsche Machtanspruch, die deutsche Kultur und hanseatische Wirtschaftsordnungen tonangebend. Die lettischen und estnischen Bauern wurden in Leibeigenschaft gehalten, und an diesen Verhältnissen änderte sich nicht viel, als Teile des nördlichen Baltikums von Schweden besetzt worden waren. Das nun protestantische Riga wurde ganz offiziell zur zweiten Hauptstadt Schwedens erklärt.

In den Städten, die durch mächtige Burgen und Stadtmauern gesichert wurden, war Deutsch die internationale Sprache der westeuropäischen Händlergemeinschaft. Lettisch und das mit dem Finnischen verwandte Estnisch galten als unfeine «Bauernsprachen» mit beschränkten Ausdrucksmöglichkeiten. Nicht alle Deutschen lebten in Städten: Das Land wurde zunehmend von den Nachfahren der Kreuzritter und des Klerus in Besitz genommen, und die Deutschbalten entwickelten auf ihren Gutshöfen auf Kosten der einheimischen Bevölkerung eine verfeinerte Kultur, in der es eigentlich niemand mehr nötig hatte, wirklich zu arbeiten.

Zwei Geißeln trafen alle in dieser Region der Ostsee wohnenden Menschen: Krieg und Pest. Das Baltikum liegt zwischen den Großmächten Russland, Schweden, Polen und Deutschland und war in seiner Geschichte ein Spielball der großen Nationen. Nach dem Ende des Nordischen Kriegs zwischen Schweden

Bilder nächste drei Doppelseiten
- *Badesteg am Galvė-See, Litauen*
- *Herrenhaus aus Holz: Ungurmiuža nahe Cēsis (Wenden), Lettland*
- *Bockwindmühlen bei Angla auf Saaremaa (Ösel), Estland*

und Russland wurde das Baltikum nach 1710 schrittweise Teil des zaristischen Russland. Dieser Prozess war 1795 mit der dritten Teilung Polens abgeschlossen. Doch unter den Zaren war das Baltikum noch nicht vereint: Die Russen ließen sowohl den deutschbaltischen Gutsherren und Kaufleuten als auch dem Hochadel in Litauen ihre Privilegien.

Erst Ende des 19. Jahrhunderts, als die baltische Bevölkerung aller drei Staaten sich auf ihre eigenen kulturellen Traditionen bezog und jeweils einen eigenen Staat forderte, unternahm Russland den Versuch, das gesamte Baltikum zu russifizieren: Russisch sollte als alleinige Unterrichtssprache eingeführt werden und der russisch-orthodoxe Glaube zur Staatsreligion werden. Diesen Bemühungen setzten der massive Widerstand der Bevölkerung, vor allem aber der Erste Weltkrieg und die Oktoberrevolution ein Ende. Zwischen 1920 und 1940 existierten im Baltikum drei sehr verschiedene souveräne Staaten. Durch den Hitler-Stalin-Pakt wurde das Baltikum, diesmal wieder als Einheit, zur sowjetischen Interessensphäre erklärt. 1944 wurden alle drei Staaten von der Sowjetunion völkerrechtswidrig annektiert.

Freiheitsdenkmal in Riga (lettisch: Rīga)

Annäherung dank Baltischem Rat

Gemeinsam lösten sie sich auch wieder von der Sowjetunion, wobei aufmerksam beobachtet wurde, welche Formen das Streben nach Unabhängigkeit im jeweiligen Nachbarland annahm. Mitte der 90er-Jahre wurde der Baltische Rat gegründet, durch den die Beziehungen zwischen den Ländern intensiviert werden sollen. Ein großes politisches Gewicht hat dieser Rat noch immer nicht, und allein die Notwendigkeit einer solchen Institution weist darauf hin, wie fremd sich die Länder heute sind.

Die Frage, ob das Baltikum eine Einheit ist, ist wirklich schwer zu beantworten: Einerseits sind die Unterschiede in Geschichte und Kultur deutlich größer als z. B. zwischen den Beneluxstaaten. Andererseits eint die drei Länder vieles: die Erfahrung der russischen Fremdherrschaft, die manchmal etwas verklärte Sicht auf die selbstbestimmten Republiken der Zwischenkriegszeit, das Trauma, im Zweiten Weltkrieg zwischen allen Fronten gestanden zu haben, und die Erfahrung der sowjetischen Gesellschaftsordnung. Den Weg in die Unabhängigkeit ging man parallel, aber nicht gemeinsam. Und auch die Probleme typischer Übergangsgesellschaften, in denen manche schneller lernen, wie man den Kapitalismus zum eigenen Vorteil nutzen kann als andere, sind in allen drei Ländern sehr ähnlich.

terra magica

Es begann vor 12 000 Jahren

GESCHICHTE DES BALTIKUMS VOR DER CHRISTIANISIERUNG

Vor 12 000 Jahren entsteht im Baltikum nach dem Rückzug der Gletscher zunächst eine sumpfige Tundralandschaft, in der steinzeitliche Jäger Rentierherden hinterherziehen. Die Völker werden um 8000 v. Chr. sesshaft, leben von Fischfang, der Jagd, von Früchten und Kräutern. 5000 v .Chr. erreichen, aus Asien kommend, finno-ugrische Völker das Baltikum. Diese Vorfahren der Esten betreiben noch keine Landwirtschaft. Ihre Toten begraben sie in flachen Gräbern, die Grabbeigaben sind spärlich, doch werden die Verstorbenen mit Ockerfarben bestrichen.

Um 2300 v. Chr. wandern aus Gebieten südlich des Schwarzen Meeres die indoeuropäischen Vorfahren der Letten und Litauer ein. Sie betreiben Ackerbau und Viehzucht, haben eine ganz andere Sprache und eine höher entwickelte handwerkliche Kultur als die ortsansässigen Völker. Aus Bernstein, Geweihen und Knochen werden kleine Figuren und Gebrauchsgegenstände angefertigt, die mit Ornamenten verziert werden. Etwa um 500 v. Chr. beginnt man Eisen und andere Metalle zu schmelzen, doch die Rohstoffe dafür sind im Baltikum nicht vorhanden.

Über den durch das heutige Deutschland führenden Bernsteinweg beginnt ein reger Handelsverkehr mit den antiken Völkern des Mittelmeerraums. Exportiert werden Bernstein, Felle und Wachsprodukte; den Weg nach Norden finden Metalle, Werkzeuge und bis dahin unbekannte Kulturtechniken. Zur Zeitenwende kristallisieren sich die Siedlungsräume der Kulturen des Baltikums heraus: Liven, Esten und Venden siedeln auf dem Gebiet des heutigen Estland und in weiter südlich gelegenen Exklaven entlang der Ostseeküste. Die eigentlichen Balten, also Litauer, Kuren, Semgallen, Selen und Lettgalen, besiedeln das südlichere Baltikum. An strategisch wichtigen Punkten entstehen in Holzburgen Handelsplätze und Märkte, der Großteil der Bevölkerung lebt jedoch in unbefestigten Siedlungen. Ab 500 n. Chr. machen Raubzüge der Wikinger die Ostsee unsicher.

Im 8. Jahrhundert verbünden sich die Esten der Insel Saaremaa mit den in Lettland siedelnden Kuren, vertreiben die Wikinger und unternehmen bis ins 13. Jahrhundert hinein Plünderungen an den skandinavischen Küsten. An Land versuchen im 11. Jahrhundert die Städte des altrussischen Reichs, insbesondere die reiche Handelsstadt Nowgorod, ihren wirtschaftlichen Einfluss im Baltikum mit militärischen Mitteln in einen territorialen Anspruch zu verwandeln. Sie können kurzfristig in einigen Gebieten Estlands und Lettlands Fuß fassen, werden jedoch wieder vertrieben.

Die Bedrohung von außen führt dazu, dass sich im Baltikum politische Strukturen entwickeln, die über das Regieren in einzelnen Siedlungen hinausgehen. Überall entstehen nun Fürstentümer, die sich teilweise untereinander in Streit befinden, auch weil die Gebietsansprüche noch nicht gefestigt sind. Zwischen 1000 und 1200 erreichen die vorchristlichen baltischen Kulturen ihren kulturellen Höhepunkt: Es haben sich die Berufsbilder von Schmieden, Töpfern, Glasbläsern und Schneidern herausgebildet, es wird die Dreifelderwirtschaft praktiziert, und auch der Handel ist zu einem eigenständigen Gewerbe geworden. Das soziale System ist komplex: Die Mehrheit der Bevölkerung hat den Status freier Bürger, die Feudalherren untergeordnet sind.

Bild nächste Doppelseite
Am Balnošas-See im Aukštaitija-Nationalpark, Litauen

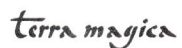

Die Auseinandersetzungen zwischen den ethnografisch klar getrennten Siedlungsgebieten halten sich in Grenzen, auch weil die baltischen Völker pantheistische religiöse Vorstellungen teilen. Das Zeitalter der großen Kriege beginnt mit der Christianisierung der letzten Heiden Europas, die mit deutschem Personal und päpstlicher Unterstützung durchgeführt wird. Auch weil die Kreuzritter nicht überall gleich erfolgreich sind, nimmt die Geschichte der baltischen Länder nach ihrer Ankunft keinen einheitlichen Verlauf: Sie beginnen ihre Mission in Lettland, kommen in Estland zunächst nur mit der Unterstützung Dänemarks weiter und werden 200 Jahre lang vergeblich versuchen, ihr Herrschaftsgebiet auf Litauen auszudehnen.

GESCHICHTE LETTLANDS UND ESTLANDS VON 1150 BIS 1985

Mitte des 12. Jahrhunderts erreichen behäbige deutsche Koggen, deren Innenraum viel Platz für Felle, Getreide, Wachs und Honigprodukte bietet, die Küste vor Riga. Die Handelsbeziehungen mit den heidnischen Völkern sind friedlich, doch die Deutschen trauen sich noch nicht so richtig an Land: Sie leben den Sommer über auf ihren Schiffen und fahren im Winter nach Deutschland zurück. 1186 lässt der Mönch Meinhard von Segeberg auf einer in der Daugava gelegenen Insel eine als Missionsstation dienende Kirche errichten.

1150–1201 Erpressung der Heiden

Hand und Fuß bekommt die Ansiedlung von Deutschen im Baltikum, als Bischof Albert 1201 eine Konferenz mit führenden lettischen Fürsten einberuft: Diese müssen erfahren, dass einige ihrer Söhne als Geiseln genommen wurden. Die deutsche Seite erpresst Gebietsabtretungen, die Annahme des christlichen Glaubens und die Aufgabe von Herrschaftsansprüchen. Die lettische Seite hält sich nicht an alle getroffenen Vereinbarungen, doch das Gebiet der heutigen Stadt Riga wird tatsächlich den Deutschen zu ihrer Verfügung überlassen. 1201 hat Bischof Albert eine Audienz beim Papst. Er erhält den Auftrag, an den Küsten der Ostsee die noch heidnischen Völker in einen neu zu gründenden christlichen Staat mit dem Namen Livland zu integrieren.

1201–1562 Schwertbrüder, Kreuzritter und Speicherhäuser

In Riga entsteht 1201 eine Burg des Schwertbrüderordens; das Datum gilt als Gründungsdatum der lettischen Hauptstadt. Auch außerhalb der Stadt werden nun mächtige Ordensburgen gebaut, von denen aus die Christianisierung in Richtung Estland vorangetrieben wird. Die Kreuzritter verbünden sich mit dem christlichen Dänemark, um den heftigen Widerstand der Esten zu brechen, und sie haben Erfolg: 1219 wird die estnische Stadt Tallinn als dänische Burg gegründet. Unterhalb der Burg entsteht eine bürgerliche Stadt deutscher Kaufleute. Die Geschäfte florieren. Es gibt rege Handelsbeziehungen zwischen Deutschen und der einheimischen Bevölkerung, von denen zunächst noch beide Seiten profitieren.

Die Waren werden in hohen Speicherhäusern eingelagert, und etliche davon stehen noch heute. Kaufleute, Orden und Bischöfe verfolgen jeweils eigene Wirtschaftsinteressen, was vor allem in Tallinn und Riga fast 200 Jahre lang immer wieder zu bürgerkriegsähnlichen Zuständen führt. Auf dem Land sichert die in den Burgen des Deutschen Ordens versammelte mili-

Bilder rechts und nächste Doppelseite
Lettland
• Sonnenuntergang bei Jēkabpils (Jakobsstadt)
• Am Gauja-Fluss im gleichnamigen Nationalpark

tärische Macht die Existenz von Klöstern und Landgütern. In den 1520er-Jahren erreicht die Reformation das Baltikum. Luthers Ideen werden vor allem von der städtischen Bevölkerung und vom Landadel begeistert aufgenommen. Um Unruhen zu vermeiden, wird 1554 der Protestantismus zur Staatsreligion erhoben. Der letzte Großmeister des Deutschen Ordens legt 1562 sein Amt nieder.

1557–1700 Gelüste Iwans des Schrecklichen und gute schwedische Zeiten

Mit dem Fall des Deutschen Ordens entsteht im Baltikum ein Machtvakuum: Litauer, Schweden, Polen und Dänen verhindern gemeinsam, dass sich Russland unter der Führung von Iwan dem Schrecklichen die Gebiete Livlands einverleibt. Der Livländische Krieg wütet zwischen 1557 und 1583. Pest und Kriegswirren führen zur Abwesenheit einer zentralen politischen Macht. Der Landadel, der sich aus ehemaligen Kreuzrittern, Angehörigen des Klerus und wenigen Kaufleuten zusammensetzt, handelt nun nach eigenem Gutdünken, und die Mehrheit der livländischen Landbevölkerung gerät in Leibeigenschaft.

Zwischen 1600 und 1623 herrscht zwischen den Großmächten Schweden und Polen-Litauen Krieg. Der schwedische König Gustav Adolf erobert 1621 Riga und erklärt die florierende Hansestadt zur zweiten Hauptstadt Schwedens. Damit beginnen die sogenannten «guten schwedischen Zeiten»: Die von den deutschbaltischen Gutshöfen ausgehende Willkürherrschaft wird stark eingeschränkt. Auf dem Land entstehen Schulen. Im estnischen Tartu (dt.: Dorpat) wird 1632 eine Universität gegründet, deren Besuch auch Esten und Letten offen steht. Im Westen Lettlands, in Kurland, entstehen unter der Führung französischer und schwedischer Industrieller Manufakturen, die Teppiche, Tapeten, Glas und Rüstungsgüter für den Export produzieren.

Kurland hat in dieser Zeit sogar zwei Kolonien: die in der Karibik gelegene Insel Tobago und die Andreasinsel an der Küste des westafrikanischen Gambia. Riga bleibt in der schwedischen Zeit eine kosmopolitische Metropole, in der Deutsch die Sprache des internationalen Handels ist. Juden wird im schwedischen Livland das Siedlungsrecht verwehrt. Daher emigriert ein großer Teil der jüdischen Bevölkerung in das in Religionsfragen sehr tolerante litauisch-polnische Doppelreich.

1700–1857 Nach Großem Nordischen Krieg zaristische Periode

Zwischen Russland und Schweden beginnt 1700 der Große Nordische Krieg. Das wichtigste Kriegsziel Peters des Großen ist es, sich Zugang zu den eisfreien Häfen der Ostsee zu verschaffen und Russland näher an den europäischen Kulturkreis zu bringen. Bei Kriegsende im Jahr 1721 ist das nördliche Baltikum ein Trümmerfeld: Nahezu alle Ordensburgen sind Ruinen. In der ehemals blühenden Universitätsstadt Tartu leben noch ganze 28 Menschen. Weite Teile der Bevölkerung fallen einer verheerenden Pestepidemie zum Opfer; das in Kurland siedelnde Volk der Liven wird durch die Seuche praktisch ausgelöscht.

1721 beginnt die zaristische Periode im Baltikum: In den Hansestädten wird das liberale Stadtrecht ausgesetzt, in dessen Rahmen auch in Zünften organisierte lettische und estnische Handwerker ihren Platz finden konnten. Die Deutschbalten dürfen von ihren Gutshöfen aus wieder nach Gutdünken mit ihren lettischen und estnischen Untertanen verfahren. Doch das

Bilder rechts und nächste Doppelseite
Estland
• 21-Meter-Steilküste bei Panga auf Saaremaa
• Besetzte Findlinge auf Tahkuna, einer Halbinsel der Insel Hiiumaa

18. Jahrhundert ist auch das Zeitalter der Aufklärung. Garlieb Merkel (1769–1850) prangert in seinem Werk *Die Letten* die von den deutschbaltischen Herren ausgeübte Macht mit sehr deutlichen Worten an.

Unter Deutschbalten und in der russischen politischen Elite entspinnen sich angesichts solcher Schriften Diskussionen über Sinn und Unsinn der Sklaverei, über das Recht auf Landbesitz und über Herrschaftsansprüche im Allgemeinen. Zwischen 1816 und 1820 werden schließlich durch einen Erlass des Zaren Alexander I. die Bauern in Livland aus der Leibeigenschaft entlassen. Das Gesetz ist eine Farce, denn ein Recht auf Grundeigentum bleibt der einheimischen Bevölkerung nach wie vor verwehrt.

1857–1914 Brutaler Russifizierungsterror festigt kulturelle Identität

Die Universität im estnischen Tartu wird 1802 wieder eröffnet. Zunächst sind es vor allem liberale Deutschbalten, von denen die kulturellen Traditionen der Esten und Letten akademisch aufbereitet werden. Ab der zweiten Hälfte des 19. Jahrhunderts entsteht aus diesen Ansätzen, unter reger Beteiligung von baltischen Studenten, eine regelrechte Massenbewegung: Mit der Suche nach einer eigenen kulturellen Identität grenzt man sich von deutschbaltischen Traditionen und den massiven Russifizierungsversuchen der zaristischen Regierung ab.

Während in Tartu aus akademischen Kreisen heraus die Forderung nach einem unabhängigen Staatswesen laut wird, ist die Entwicklung in Riga fast ein Selbstläufer: Die rasch wachsende Metropole ist nicht mehr nur vom internationalen Handel, sondern zunehmend auch von Industrie und Dienstleistungen geprägt. Aus der Fronpacht entlassene Bauern und Handwerker zieht es in die Stadt, und bald stellen dort die Letten die Bevölkerungsmehrheit. Viele Deutschbalten beginnen sich für den im Rahmen des «Nationalen Erwachens» entstehenden Kulturbetrieb der Esten und Letten zu interessieren. Etliche lernen sogar die früher verpönten und als unfein geltenden «Bauernsprachen».

Die zaristische Administration erkennt die Zeichen der Zeit nicht: In der Provinz lässt die seit langem geforderte Landreform weiter auf sich warten. Unter dem Eindruck einer von zaristischen Truppen brutal zusammengeschossenen Demonstration von Industriearbeitern kommt es 1905 zu einem folgenreichen Aufstand auf dem Land: In Estland und Lettland gehen mehr als 500 Gutshöfe in Flammen auf. Da die Situation politisch völlig außer Kontrolle zu geraten droht, schlagen herbeigeeilte russische Truppen den Aufstand nieder. Die weiterhin ihrer ökonomischen und politischen Perspektiven beraubte Landbevölkerung strömt in die Städte, um im Bauhandwerk, in der Industrie und im Kleingewerbe eine Zukunft zu suchen.

Vor allem Riga wächst in dieser Zeit unaufhörlich: Es entstehen bis zu zehn Stockwerke hohe, große Mietshäuser im Jugendstil, deren Vorderhäuser für wohlhabende, meist deutschbaltische Mieter gedacht sind. In den Seitenflügeln und Hinterhäusern drängen sich die zum größten Teil lettischen Familien in viel zu kleinen Wohnungen. Durch Neugründungen von Theatern, Museen, Verlagen und Zeitungen, die sich klar von der deutschbaltischen und der russischen Kultur abgrenzen, festigt sich vor dem Ersten Weltkrieg die kulturelle Identität Estlands und Lettlands.

Am 1. August 1914 beginnt der Erste Weltkrieg. Die Front zwischen den Deutschen und den Russen verläuft von 1915 bis 1918 quer durch Lettland. Das estnische Tallinn erreichen deutsche Truppen erst kurz vor Kriegsende.

Bilder rechts und nächste Doppelseite
Lettland
• Holzhaus in Kuldīga (Goldingen).
Altlettgallische Siedlung auf einer
Insel im See Āraišu (südlich von Cēsis)
• Kirche am Āraišu-See

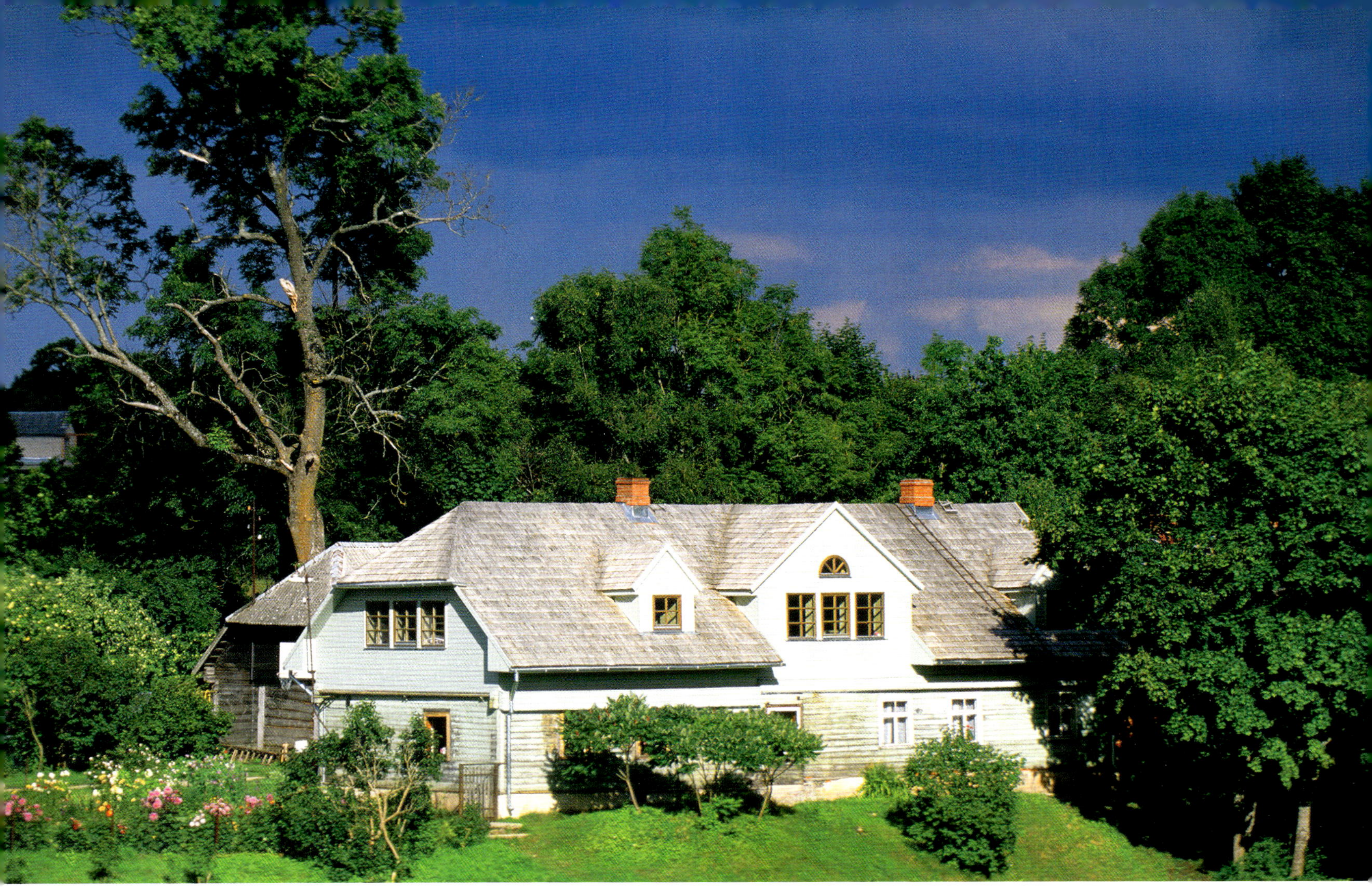

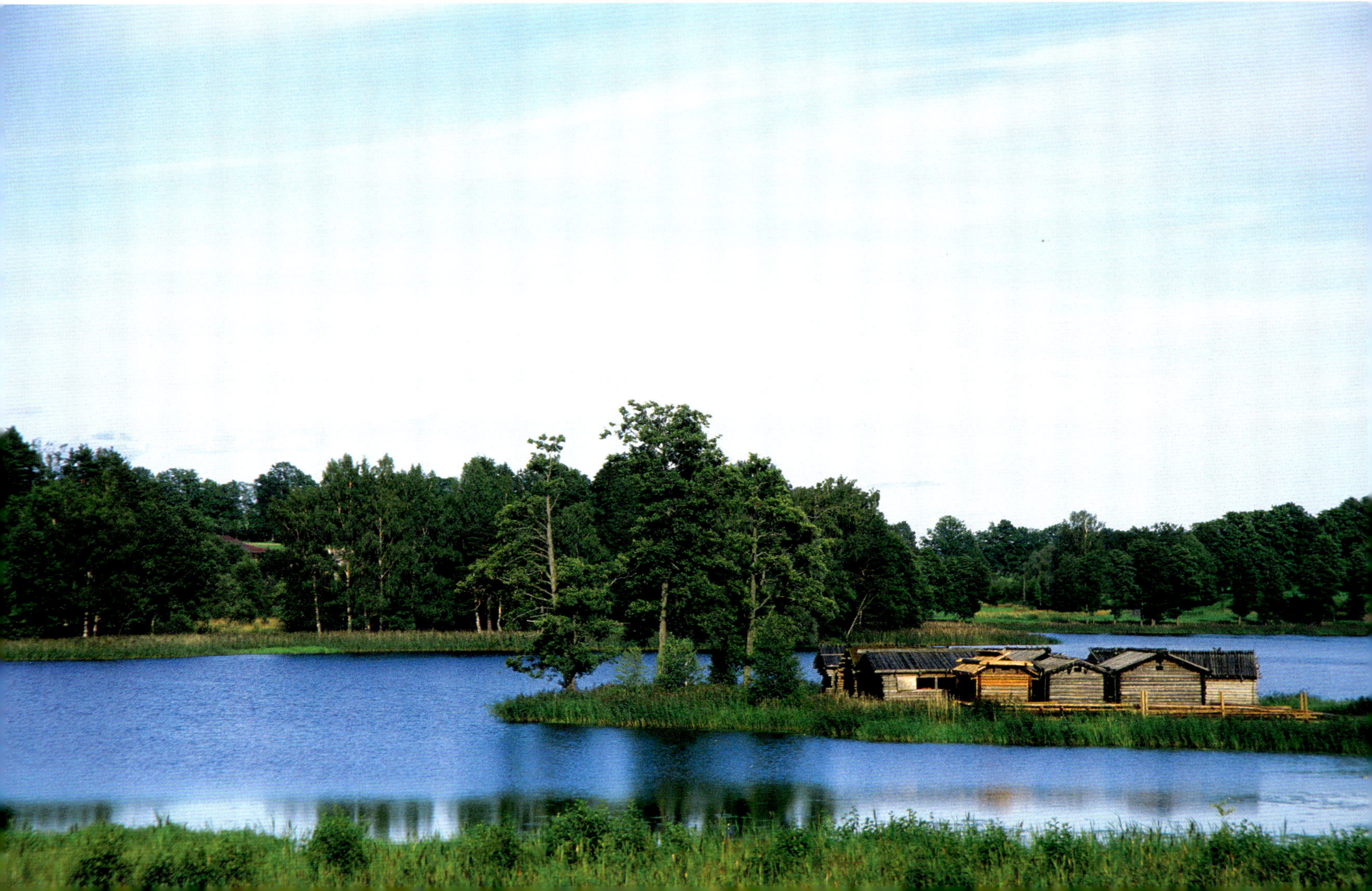

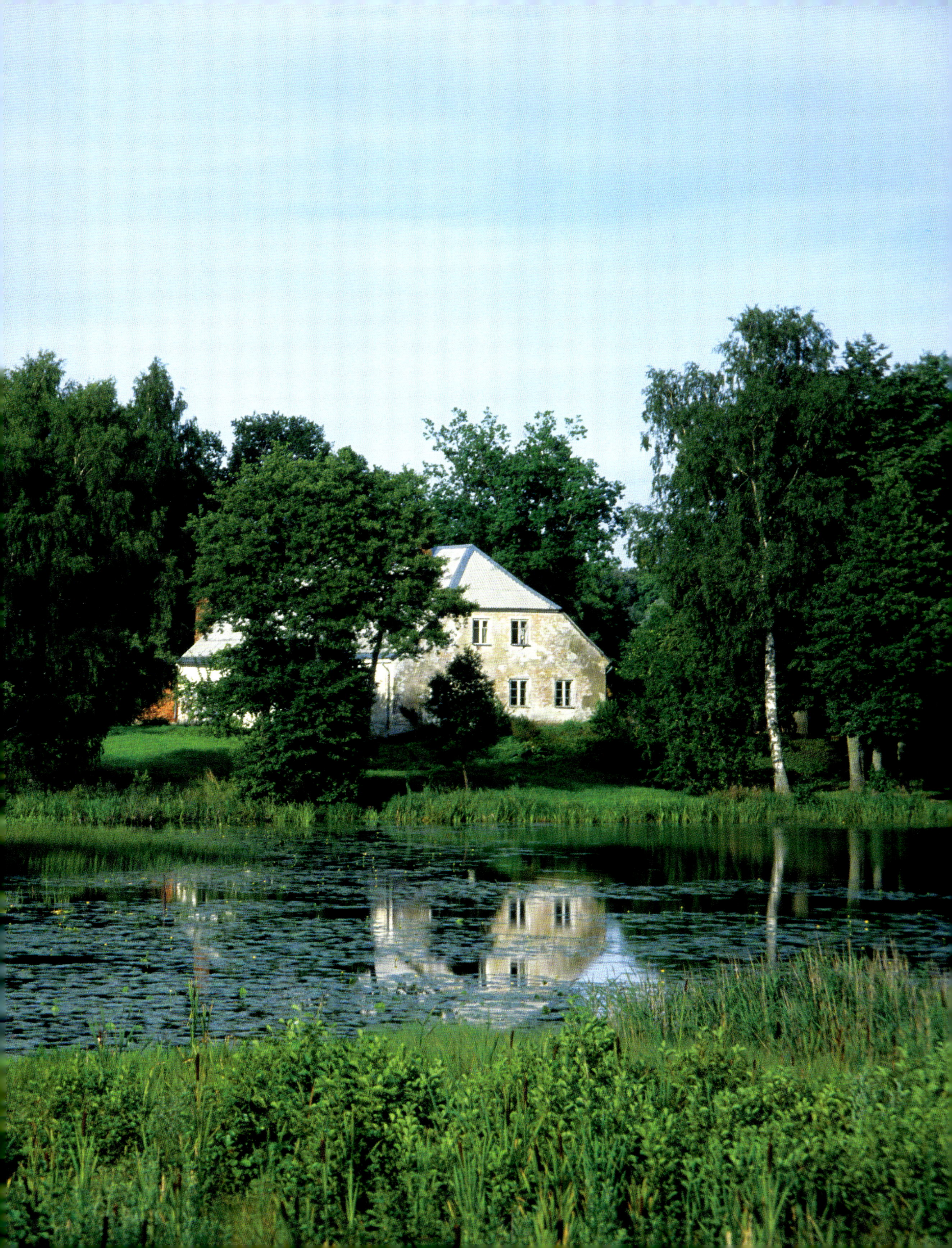

1914–1920 Unabhängigkeit trotz Roter Armee und Massenmorden durch Revolutionstribunale

In Riga, wo es eine gut organisierte linke Arbeiterbewegung gibt, kommt es zur Bildung des Regiments der Roten Lettischen Schützen. Diese Soldatenräte fordern die Lösung Lettlands vom zaristischen Russland und stellen unter anderem die Leibgarde Lenins. Am 24. Februar 1918 wird im kurzfristig von Deutschen besetzten Estland die bürgerliche Erste Estnische Republik ausgerufen.

Unter dem Eindruck der deutschen Novemberrevolution erklärt sich auch Lettland am 18. November 1918 für unabhängig. Den Deutschbalten wird ein Siedlungsrecht im neuen, bürgerlich orientierten lettischen Staat versprochen. Da die lettische Armee über keine nennenswerten Verbände verfügt, um gegen die anrückende Rote Armee vorzugehen, wird deren Unterstützung durch deutsche Freiwilligenverbände vereinbart. Am 3. Januar 1919 marschiert die Rote Armee in Riga ein, und von sozialistischen Revolutionstribunalen werden 3600 Menschen hingerichtet.

Die bürgerliche lettische Regierung flüchtet sich in die im Südwesten Lettlands gelegene Stadt Liepāja, wo die labile Allianz zwischen Deutschen und Letten zerbricht. General von Goltz, der für die Idee eines lettischen Staates unter deutschbaltischer Führung steht, erobert am 22. Mai 1919 das von der Roten Armee besetzte Riga. Er wird von bürgerlich orientierten lettischen Verbänden, Esten und britischen Marineeinheiten wieder vertrieben. Im August 1920 schließt Sowjetrussland Friedensverträge mit den drei baltischen Staaten – im Baltikum beginnt eine zwanzig Jahre dauernde Friedenszeit.

Die Folgen des Ersten Weltkriegs sind verheerend: Bei Kriegsbeginn werden, noch unter zaristischer Herrschaft, nahezu alle Industrieanlagen demontiert und nach Russland verbracht. Die meisten führenden Unternehmer verlassen daraufhin das Baltikum. Die jüdische Bevölkerung wird von den Russen beschuldigt, mit den Deutschen zu kooperieren; sehr viele Juden wählen den Weg in die Emigration. Die lange vor Riga stehende Front führt in der Stadt, die während des Krieges insgesamt 250 000 Einwohner verliert, zu schweren Verwüstungen.

Auch auf dem Land sind überall verwüstete Gutshöfe und Landschaften zu sehen: Große Teile der Bevölkerung sind in Notunterkünften und Zelten untergebracht. Im Zuge einer umfassenden Landreform werden die in Estland und Lettland ansässigen Deutschbalten nach dem Krieg praktisch enteignet. Ihnen bleibt nur ein Bruchteil ihres ursprünglichen Besitzes. Freie Bauern beginnen, erstmals auf eigenem Grund und Boden, mit dem Wiederaufbau.

1920–1940 Blühende Wirtschaft und Kultur trotz oft wechselnder Regierungen

In den ersten Jahren der Republiken kommen mehrere Hunderttausend Emigranten zurück, die am Aufbau ihrer Heimat zu eigenständigen Staaten europäischer Prägung teilhaben möchten. Ihren wirtschaftlichen Aufschwung verdanken die Länder dem neu entstehenden bäuerlichen Mittelstand, der ebenso wie andere Einzelunternehmer großzügige staatliche Vergünstigungen erhält. Erst in den späten 1920er-Jahren entstehen wieder industrielle Betriebe von Weltrang: In Riga baut der Kamerahersteller Minox die kleinste Spionagekamera der Welt, es gibt wieder Automobilfabriken, viele elektrotechnische Produkte und sogar Flugzeuge aus baltischer Produktion.

Bilder rechts und nächste Doppelseite
Estland
* *Schiefer Leuchtturm auf der Landzunge Harilaid auf Saaremaa. Fischerhäuschen in Altja, Nationalpark Lahemaa*
* *Wanderung durch die Sumpflandschaft im Nationalpark Sooma*

terra magica

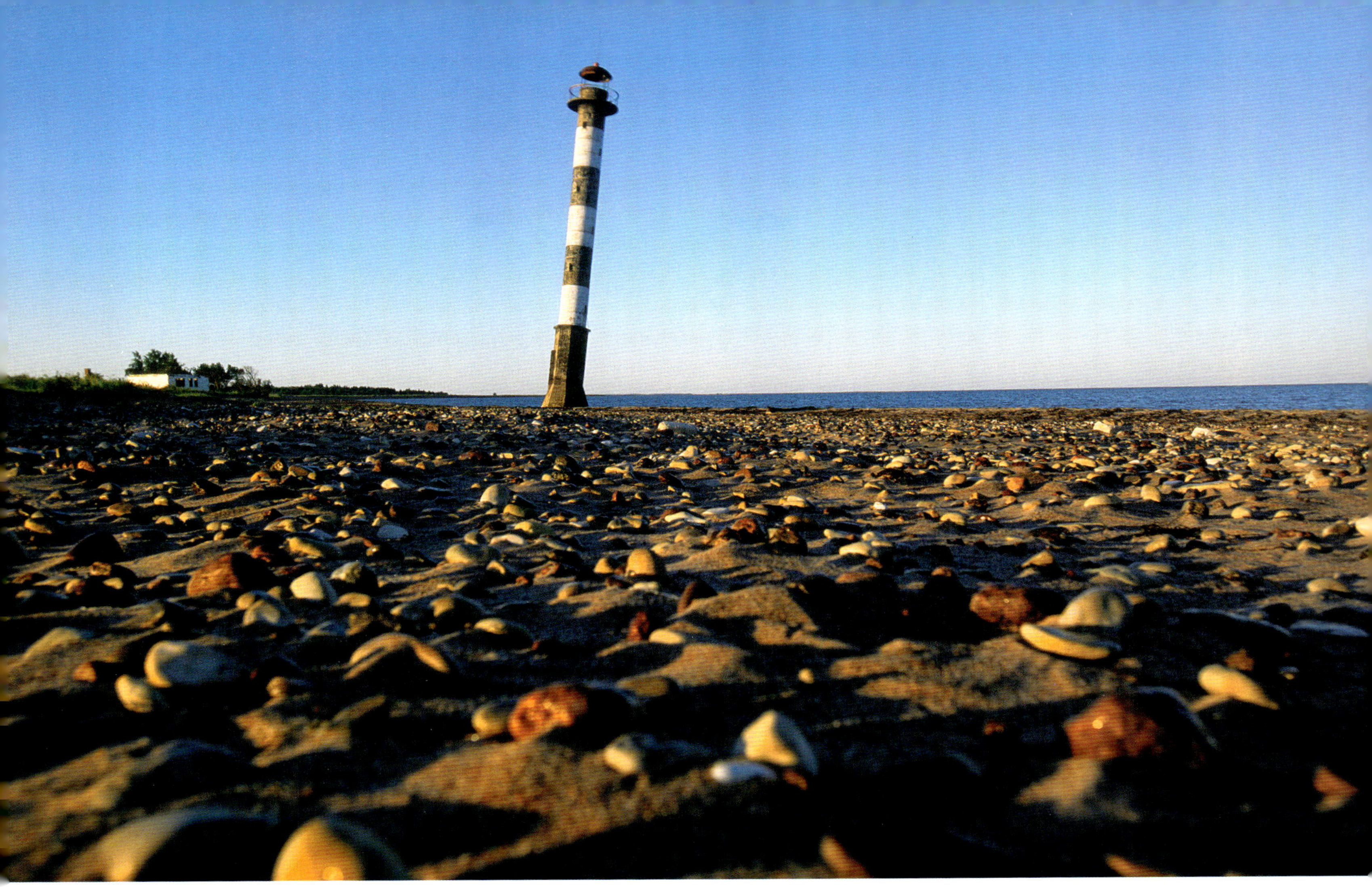

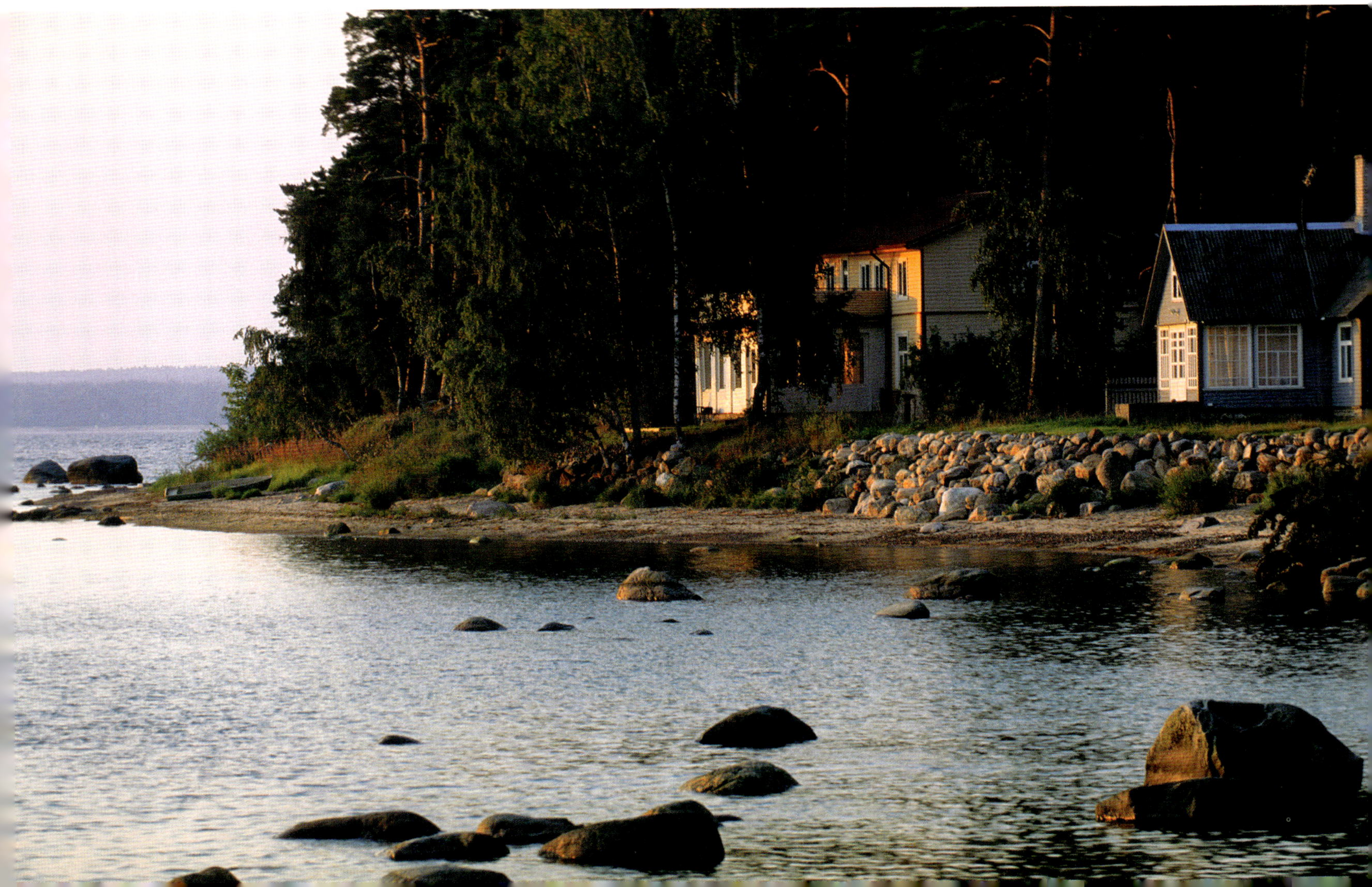

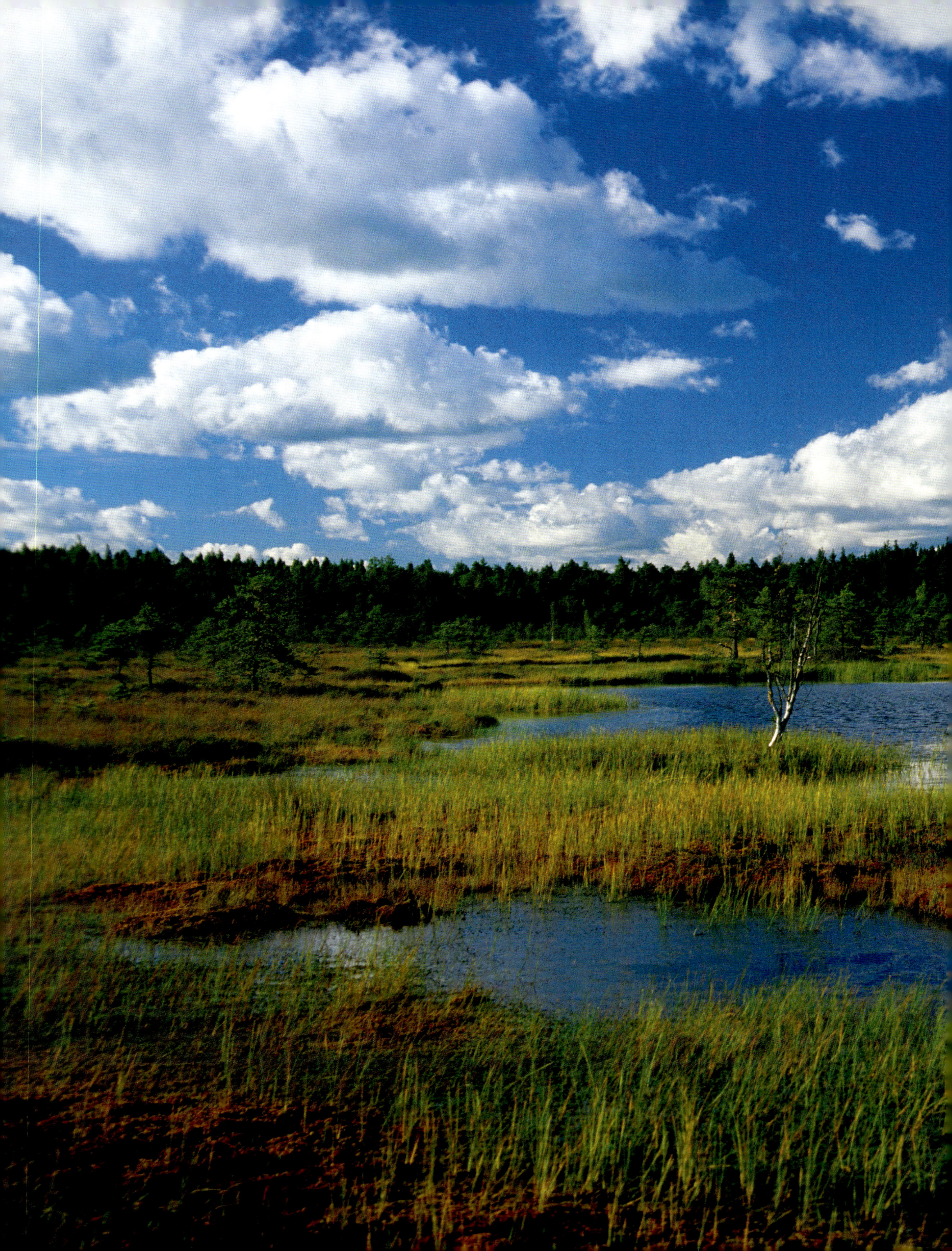

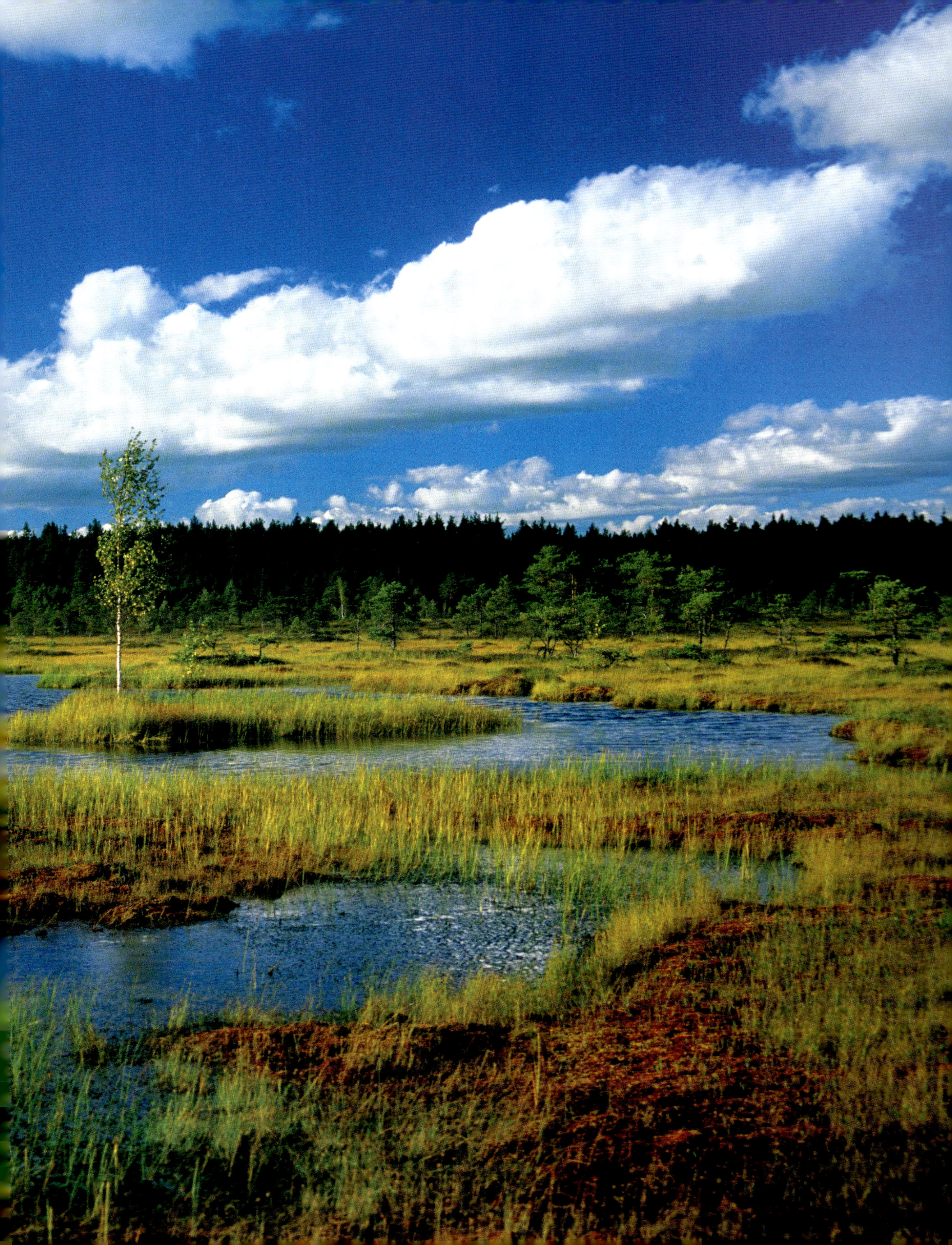

Auf kulturellem Gebiet kommt es zum «Zweiten Nationalen Erwachen»: Die Kunstszene ist lebhaft und vielfältig; auch gut besuchte Theater und in den Landessprachen erscheinende Zeitungen sind ein deutliches Zeichen für die Konsolidierung der neuen europäischen Kulturnationen. Dem ungebremsten wirtschaftlichen Wachstum und dem fruchtbaren kulturellen Leben stehen auf politischem Gebiet unklare Mehrheitsverhältnisse und häufig wechselnde Regierungen gegenüber. Im Jahr 1934 errichten in Lettland Karlis Ulmanis und in Estland Konstantin Päts autokratische Regime. Die Politiker waren 1920 die jeweils ersten Präsidenten ihres Landes und sind der bürgerlichen Mitte zuzurechnen. Mit ihrem wenig demokratischen Handeln versuchen sie kurz vor dem Zweiten Weltkrieg, extremistischen Tendenzen von links und rechts den Boden zu entziehen.

1940–1945 Zwischen sowjetkommunistischem und Nazi-Terror

Am 23. August 1939 unterzeichnen Deutschland und die Sowjetunion den als Hitler-Stalin-Pakt bekannt gewordenen Nichtangriffspakt, in dessen Nebenprotokollen Lettland, Estland und später auch Litauen der sowjetischen Interessensphäre zugesprochen werden. Gleichzeitig wird die Umsiedlung der in Lettland lebenden Deutschbalten ins Deutsche Reich beschlossen, und am 16. Dezember 1939 verlassen die letzten rund 65 000 Deutschen das Baltikum. Im Oktober 1939 werden die baltischen Staaten gezwungen, im Rahmen von «Beistandspakten» der Stationierung von mehreren Hunderttausend sowjetischen Soldaten auf ihrem Territorium zuzustimmen.

Unter dem Vorwand, die Staaten hätten ein geheimes antisowjetisches Militärbündnis geschlossen, beginnt im Juni 1940 die sowjetische Invasion. Die politische Elite der besetzten Länder wird nach Sibirien deportiert, Betriebe werden verstaatlicht, die Landwirtschaft wird zwangskollektiviert, und der 14. Juni 1941 ist der Tag der ersten großen Massendeportation: 40 000 Esten, Letten und Litauer, darunter auch viele Frauen und Kinder werden in Viehwagen gesperrt und nach Sibirien geschickt.

Am 21. Juni 1941 erklärt Deutschland der Sowjetunion den Krieg. Die Wehrmacht dringt zügig ins Baltikum ein, und die baltische Bevölkerung begrüßt die deutschen Soldaten zunächst als Befreier vom verhassten Bolschewismus. Viele Balten melden sich freiwillig zur deutschen Armee. Sie werden als «Schutzmannschaften» mit Sonderaufgaben betraut und sind als Täter aktiv am Holocaust beteiligt: Sie sind es, die in den Städten verstreut lebende Juden aufspüren und entweder an Ort und Stelle erschießen, sie der SS melden oder ihnen Zwangsunterkünfte in den Gettos zuweisen.

Das Getto von Riga, in dem es an Nahrung und Perspektiven fehlt, ist für die jüdische Bevölkerung der lettischen Hauptstadt nur eine Zwischenstation: Seine Bewohner werden am 30. November 1941 dazu aufgefordert, sich zur «Umsiedlung» bereitzuhalten. Ab sieben Uhr treiben SS und lettische Schutzmannschaften mehr als 15 000 Menschen vor sich her. Die SS schießt mit Maschinengewehren in die Menge, mit Peitschen versuchen lettische Schutzmannschaften das Tempo des Zuges zu beschleunigen. Durch die ausbrechende Panik werden mehrere Hundert Menschen, vor allem Alte, Kinder und Kranke, zu Tode getrampelt.

Ziel des Zuges sind die schon ausgehobenen Massengräber im vor Riga gelegenen Wald bei Rumbula. An den Gruben stehen zwölf Schützen der SS. Den Juden wird befohlen, sich zu zwölft nebeneinander in die Gräber zu legen, woraufhin sie mit gezielten Kopfschüssen getötet werden. Die nächsten Opfer werden dazu gezwungen, sich auf die Leichen legen, bevor sie das gleiche Schicksal ereilt. Am 8. Dezember findet eine zweite Massenerschießung nach gleichem Muster statt. Zwischen 25 000 und 30 000 Menschen werden in Riga auf diese Weise exekutiert. Radikalisierte Teile

Denkmal in Vilnius für den japanischen Diplomaten Ciunes (Sempo) Sugiharos, der im 2. Weltkrieg Tausende von litauischen Juden rettete

der litauischen Bevölkerung beteiligten sich nicht nur am Holocaust, sondern es kam in Vilnius und Kaunas schon vor Ankunft der Wehrmacht zu Pogromen und Massenerschießungen. In Estland, wo der Anteil der jüdischen Bevölkerung unter 10 000 lag, waren auch weniger Opfer zu beklagen. Das Konzentrationslager Salaspils (Kurtenhof) vor den Toren Rigas war ein Arbeitslager, in das Juden aus ganz Europa deportiert wurden. Vor ihrem Abzug zwang die deutsche Lagerleitung die Inhaftierten dazu, Massengräber auszuheben und die Leichen zu verbrennen. Das Fehlen von Spuren erschwert die Aufarbeitung der Geschichte beträchtlich; die Angaben über die Zahl der Toten schwanken zwischen 20 000 und mehr als 100 000. Vor dem Krieg lebten fast 300 000 Juden im Baltikum, nach dem Krieg waren es weniger als 10 000.

Zum Kriegsende hin kam es zu völkerrechtswidrigen Zwangsrekrutierungen unter der baltischen Bevölkerung und der Überführung in kämpfende Einheiten, die der Waffen-SS unterstellt wurden. Da auch die Sowjets im Jahr 1940 Zwangsrekrutierungen durchgeführt haben, ergibt sich die Situation, dass viele Balten in den letzten Kriegsjahren gegen ihre eigenen Familienangehörigen kämpfen müssen. Am 20. Januar 1944 erobert die sowjetische Armee die estnische Grenzstadt Narva; sie erreicht Vilnius im Mai und Riga am 13. Oktober 1944.

In den letzten Kriegsmonaten fliehen Hunderttausende in das noch nicht von sowjetischen Truppen besetzte Kurland, und viele von ihnen versuchen, in überfüllten Booten das westliche Festland zu erreichen. Die nächste rettende Insel, das schwedische Gotland, ist weit, und zahlreiche Flüchtlinge ertrinken in der Ostsee. In Kurland ist der Krieg erst am 8. Mai 1945, dem Tag der offiziellen deutschen Kapitulation, zu Ende.

terra magica

1945–1985 Unter sowjetischer Knute

Im Frühjahr 1945 wird die Annektierung der baltischen Staaten durch die Sowjetunion international als völkerrechtswidrig wahrgenommen, doch es werden keine diplomatischen Schritte dagegen eingeleitet. Die 1940 begonnene Sowjetisierung aller Lebensbereiche wird konsequent fortgeführt. Die Zwangskollektivierung der Landwirtschaft stößt auf heftigen Widerstand: Aus den unübersichtlichen Wäldern heraus operieren Partisanenverbände gegen die sowjetische Armee. Sie finden in der Bevölkerung eine breite Unterstützung. Im März 1949 kommt es erneut zu Massendeportationen, die in Estland und Lettland etwa 90 000 Menschen vor allem aus der Landbevölkerung treffen.

Der letzte Partisanenverband ergibt sich erst 1956. Die im Zweiten Weltkrieg zerstörten lettischen und estnischen Industrien werden, auch um wirtschaftliche Abhängigkeiten zu schaffen, durch rohstoffabhängige weiterverarbeitende Industriezweige ersetzt. Gut anderthalb Millionen Fremdarbeiter aus anderen sowjetischen Republiken müssen in Estland und Lettland integriert werden; in der lettischen Hauptstadt stellen sie bald die Mehrheit der Bevölkerung. Unter Chruschtschow versuchen lettische Reformkommunisten für einen kurzen Zeitraum Ende der 50er-Jahre, den Interessen ihres Landes innerhalb der Sowjetunion Nachdruck zu verleihen, was sehr schnell unterbunden wird.

Die Zeit von den 60er- bis zu den frühen 80er-Jahren wird in Lettland als Periode der Stagnation gesehen, die von weiteren Einschränkungen persönlicher und politischer Freiheiten, der Ansiedlung vieler Fremdarbeiter und der immer deutlicher werdenden wirtschaftlichen Misere geprägt ist. 1985 kommt in Moskau Michail Gorbatschow an die Macht. Seine Politik von Glasnost und Perestroika (Offenheit und Umgestaltung) macht es möglich, dass sich eine Gegenöffentlichkeit zum Sowjetstaat bilden kann.

GESCHICHTE LITAUENS VON 997 BIS 1985

Adalbert, der Prager Bischof, wird 997 bei Missionierungsversuchen in Litauen umgebracht, als er heidnische heilige Wälder betritt. Weitere Versuche in diese Richtung unterbleiben vorerst. 1226 wird der Deutsche Orden unter Herrmann von Salza vom Papst gesegnet und mit der Missionierung der immer noch heidnischen Litauer beauftragt.

Diese Bedrohung von außen führt dazu, dass sich die litauischen Fürsten unter Mindaugas I. vereinen und der Ordensmacht 1236 eine deutliche Niederlage zufügen. Nur zwei Jahre später kommt es zu einer Allianz des heidnischen Litauen mit dem Deutschen Orden. Gemeinsames Ziel ist die Eroberung russischer Gebiete.

997–1569 Von der liberalen heidnischen Großmacht zum polnisch-litauischen Doppelreich

Mindaugas lässt sich 1251 sogar taufen, doch er und sein Volk entsagen dem christlichen Glauben wieder, weil der Orden weiterhin versucht, litauische Gebiete zu erobern. Mindaugas wird 1263 von einem konkurrierenden Fürsten ermordet, und Litauen wird von inneren Streitigkeiten zerrissen. 1282 gelingt es Vytenis, dem nächsten großen litauischen Fürsten, das Land wieder zu einen. Er regiert von seiner Inselburg in Trakai aus, dringt in vom Orden besetzte Gebiete ein, versklavt Christen und wehrt sich erfolgreich gegen alle Kreuzzüge des Deutschen Ordens. Nachdem auch Vytenis 1316 ermordet wird, macht sein

Bilder rechts und nächste Doppelseite
Litauen
• Holzhaus und Weiler in Žemaičių Kalvarija
• Blick über den Neris im Neris-Regionalpark. Der 510 km lange Neris entspringt in Weißrussland und mündet bei Kaunas in den Nemunas (Memel)

terra magica

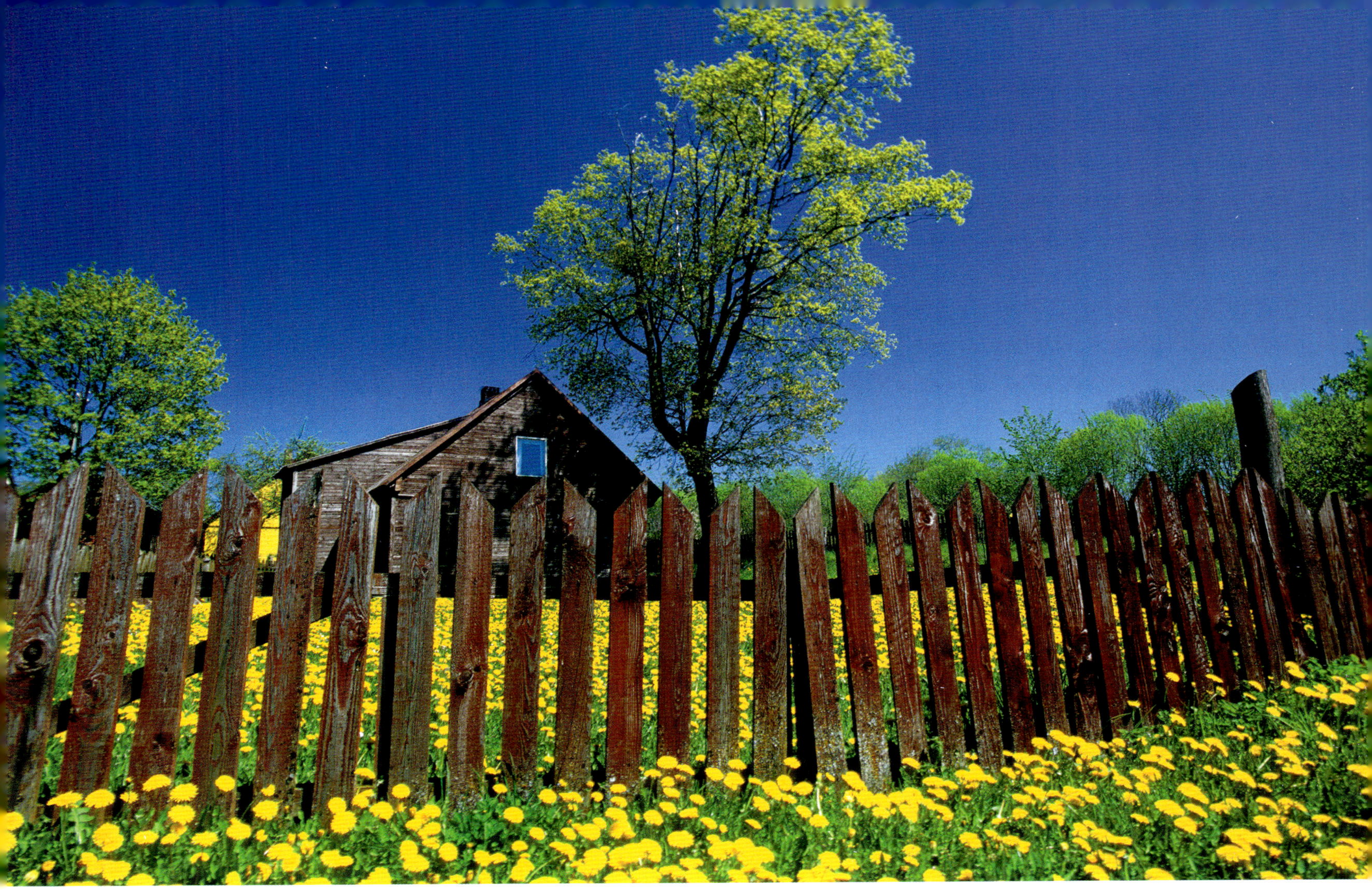

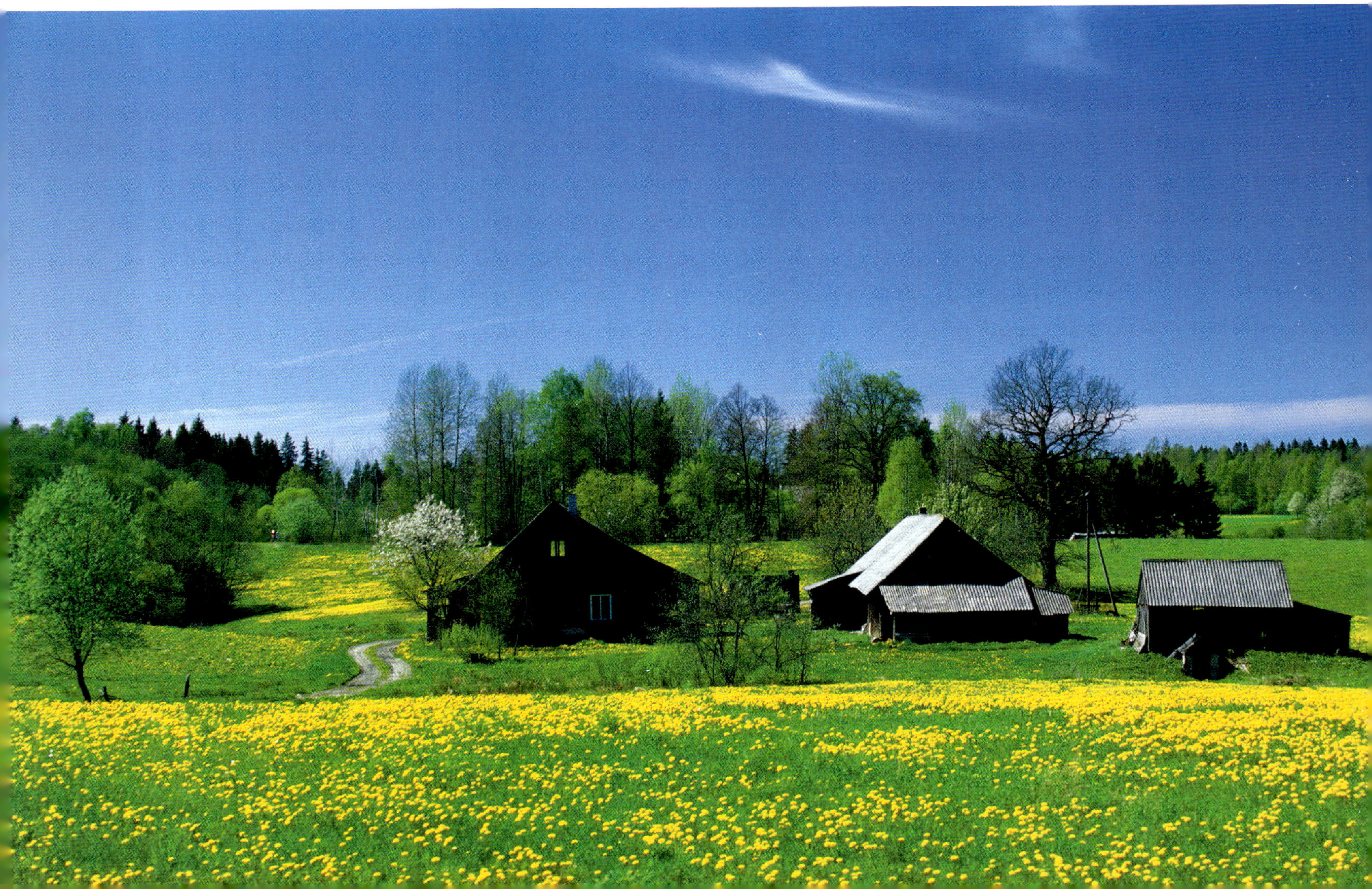

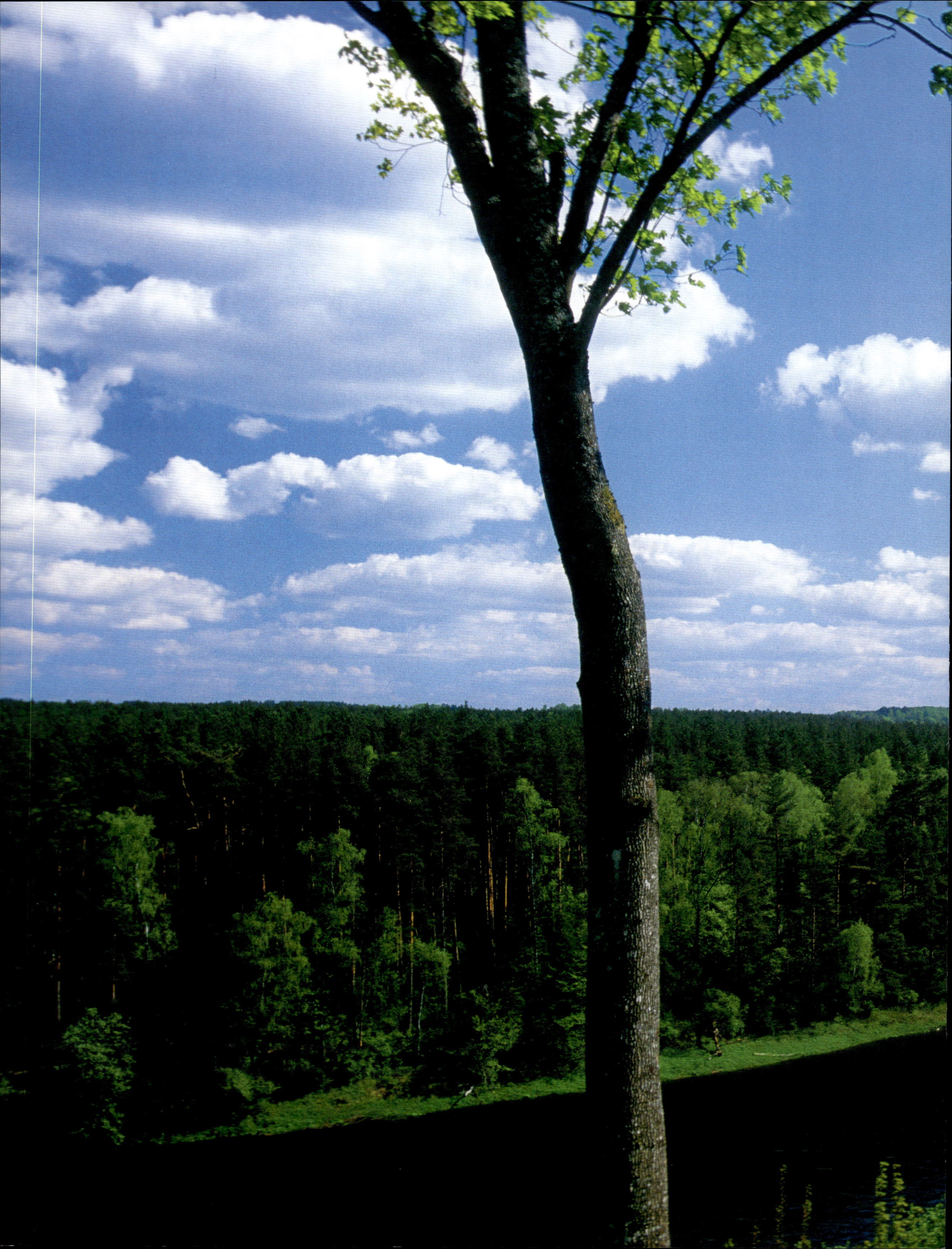

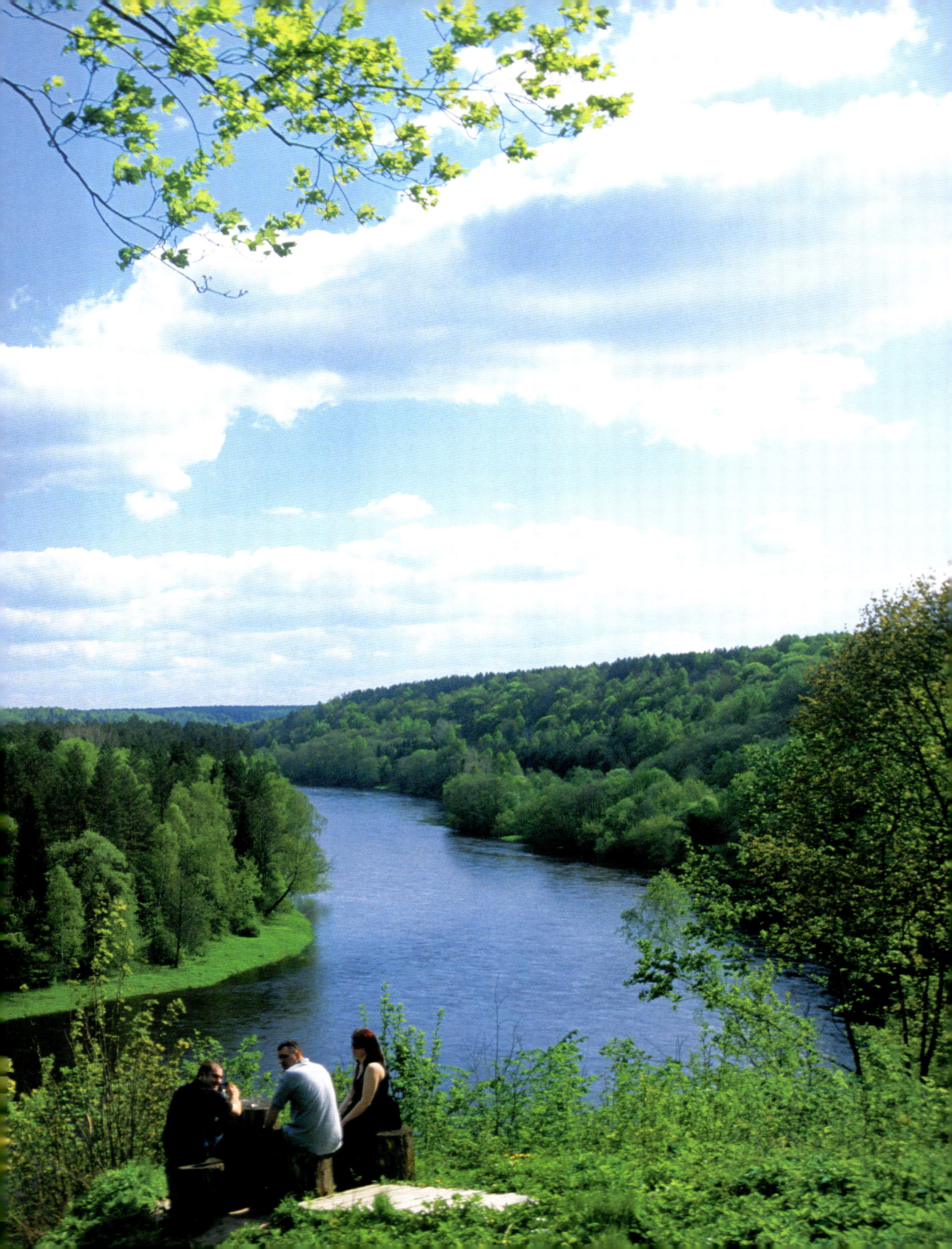

jüngerer Bruder Gediminas Litauen zur europäischen Großmacht: Er erobert weite Teile Russlands, Weißrusslands und der Ukraine.

Er lehnt es ab, sich taufen zu lassen, gewährt jedoch in den von ihm beherrschten Gebieten Religionsfreiheit. 1323 gründet er die heutige litauische Hauptstadt Vilnius. Das heidnische, liberale Litauen unterhält rege Handelskontakte mit der Hanse, ist jedoch immer wieder Angriffen des Deutschen Ordens ausgesetzt, die als «Litauer Reisen» in die Geschichte eingehen.

1385 heiratet Gediminas' Enkel Jogaila die Tochter des polnischen Königs und lässt sich taufen. So entsteht das polnisch-litauische Doppelreich, das ein mächtiges und von der Kirche legitimiertes Gegengewicht zum Deutschen Orden bildet. Die Angriffe das Ordens gegen Litauen hören nicht auf, bis Vytautas, der Sohn Jogailas, den Deutschen Orden 1410 in der Schlacht bei Tannenberg vernichtend schlägt und eine verbindliche Vereinbarung über den Grenzverlauf getroffen wird. Die Verwandtschaftsbeziehungen von Vytautas reichen dank seiner geschickten Heiratspolitik bis nach Moskau, Litauen gewinnt weitere russische Fürstentümer, und das Staatsgebiet erstreckt sich nun bis ans Schwarze Meer.

Doch die Union mit Polen fordert auch Zugeständnisse: Im Doppelreich will man die Privilegien des polnischen Adels festschreiben, und die diesbezügliche Rechtsprechung wird auch zum Muster für den litauischen Adel. In Litauen wird in diesen Jahren klar, dass man sich politisch und kulturell am westlich gelegenen Europa und eben nicht an Russland orientieren will. In den wichtigsten Städten des Landes, Vilnius, Kaunas und Trakai, gilt hanseatisches Stadtrecht, doch die politische Zukunft ist unsicher: Vytautas wird 1430 in der Kathedrale in Vilnius begraben, und der Thron geht nach internen Streitigkeiten unter litauischen Fürsten an Polen verloren.

1558 fällt Iwan IV. (genannt der Schreckliche) im nördlichen Livland ein und bricht die Macht des Deutschen Ordens. Litauische Truppen übernehmen die Burgen des im Verfall begriffenen Ordens und bauen eine Front gegen die russische Bedrohung auf, die gemeinsam mit Schweden erfolgreich abgewehrt wird. Weite Teile des heutigen Lettland stehen unter polnisch-litauischer Vorherrschaft; die anderen Teile Lettlands und Estland werden von Schweden besetzt. So kommt es, dass seit dem 16. Jahrhundert eine bis heute bestehende konfessionelle Grenze durch das Baltikum verläuft: Die zu Schweden gehörenden Gebiete werden protestantisch; Polen-Litauen bleibt katholisch.

1569–1795 Untrennbarer Teil von Polen

Litauen und Polen geben 1569 ihrer fast 200-jährigen Union eine feste Form: Litauen wird laut dem Vertrag von Lublin ein untrennbarer Teil von Polen. Die Geschichte Litauens zwischen dem 16. und dem 18. Jahrhundert ist zu großen Teilen die Geschichte des polnischen Reichs, die von Auseinandersetzungen mit Russland, Schweden und dem Osmanischen Reich geprägt ist. Zur Festigung des katholischen Glaubens und als geistige Bastion gegen den Protestantismus wird unter Stephan Bátory 1579 die jesuitische Universität im Zentrum von Vilnius gegründet – es ist die erste Universität im Baltikum.

Im 16. und im frühen 17. Jahrhundert erlebt Litauen eine kulturelle und wirtschaftliche Blüte ohnegleichen: Vilnius wird zu einer multikulturellen Stadt, in der Architekten aus ganz Europa wirken. Es entstehen zahlreiche barocke Kirchen, Bürgerhäuser und andere bedeutende Gebäude, von denen viele noch heute stehen. Für Juden gibt es in der Stadt eine relative Rechtssicherheit, was zu dieser Zeit etwas Einmaliges in Europa ist. Zwischen 1601 und 1629 herrscht Krieg zwischen Schweden und Polen-Litauen, das südliche Livland und wichtige Küstenstädte gehen an Schweden verloren.

Kaunas, Litauen: Denkmal Vytautas' (Witold) des Großen (1350–1430), ab 1392 Großfürst von Litauen

Mitte des 17. Jahrhunderts dringen sowohl Schweden als auch Russen auf litauisches Gebiet vor und melden Machtansprüche an. Im russisch besetzten Vilnius und anderswo kommt es im Rahmen der sogenannten Kosakenaufstände zu Pogromen gegen die jüdische Bevölkerung: Man schätzt, dass dabei bis zu 100 000 Juden getötet werden. Ihrer blühenden Kultur, ihrer Sozialverbände und ihrer wirtschaftlichen Basis beraubt, flüchten sich die überlebenden Juden Litauens in die Geheimlehren der Kabbala und in den naiven Volksglauben des Chassidismus. Sie ziehen sich in die gettoisierte Subkultur des Schtetl zurück, die von einfachem Handwerk, kleinen Geschäften und viel Armut geprägt ist.

Das Litauen des 17. Jahrhunderts hat viel von seiner Eigenstaatlichkeit verloren. Der Adel ist nahezu vollständig polonisiert, wer etwas auf sich hält und sich vom bäuerlichen Stand distanzieren möchte, spricht Polnisch, und auch mit der politischen Autonomie ist es nicht mehr weit her. 1697 besteigt der sächsische König August der Starke den polnischen Thron. 1700 beginnt Zar Peter der Große den Großen Nordischen Krieg zwischen Russland und Schweden. Zur russischen Allianz gehören Polen-Litauen, Sachsen und Dänemark. Der Krieg dauert bis 1721 und hinterlässt in ganz Nordosteuropa völlig zerstörte, von Pestepidemien heimgesuchte Landstriche.

Bei Kriegsende wird August der Starke wieder als polnischer König eingesetzt, 1733 folgt sein Sohn nach. 1764 ist die Epoche der Sachsen auf dem polnischen Thron zu Ende. Stanislaw II. wird der letzte polnische König; in die Zeit seiner Regentschaft fallen die polnischen Teilungen: Bereits 1772, bei der ersten polnischen Teilung, verliert Polen-Litauen ein Drittel seiner Gebiete an Österreich, Preußen und Russland. 1791 versucht der polnische Reichstag, ein Gesetz zu verabschieden, das die Eigenstaatlichkeit Litauens gänzlich preisgegeben hätte.

Von dieser Initiative überrumpelt, bittet Litauen Russland um Hilfe, doch die russische Hilfe sieht anders aus als gedacht: Russland und Preußen führen 1793 eine weitere Teilung des Doppelreichs durch, wobei rund die Hälfte der verbliebenen Gebiete an die beiden Großmächte geht. Im Jahr darauf kommt es in den übrig gebliebenen Regionen zu einem Volksaufstand, der von Preußen und Russen blutig niedergeschlagen wird. 1795 teilen Preußen, Russland und Österreich das Restgebiet des ehemals so mächtigen polnisch-litauischen Doppelreichs unter sich auf. Polen-Litauen verschwindet damit vollständig von der europäischen Landkarte.

Bild nächste Doppelseite
Kind der letzten Eiszeit, also erst 10 000 Jahre alt und hochromantisch: Platelių-See im Žemaitija-Nationalpark, Litauen

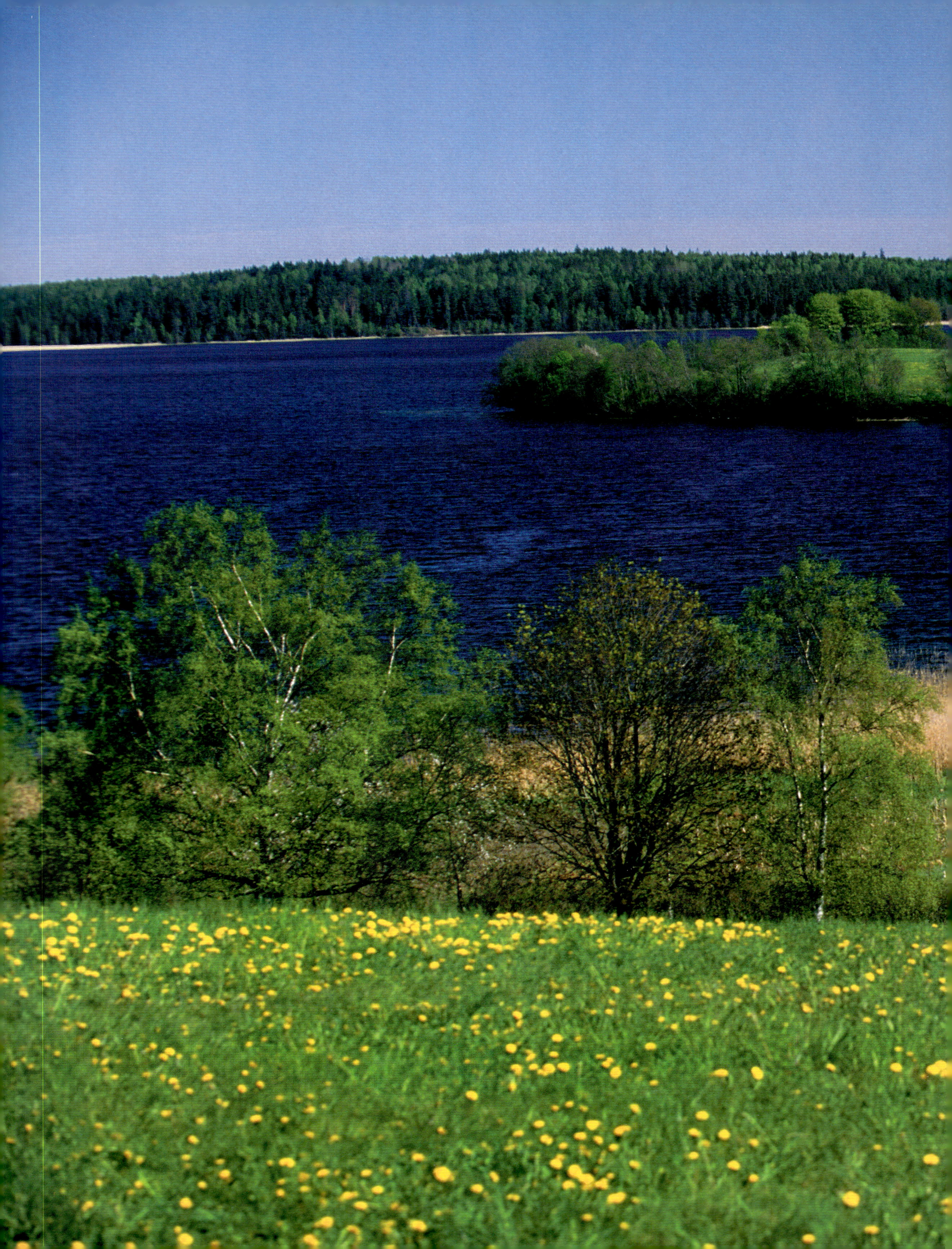

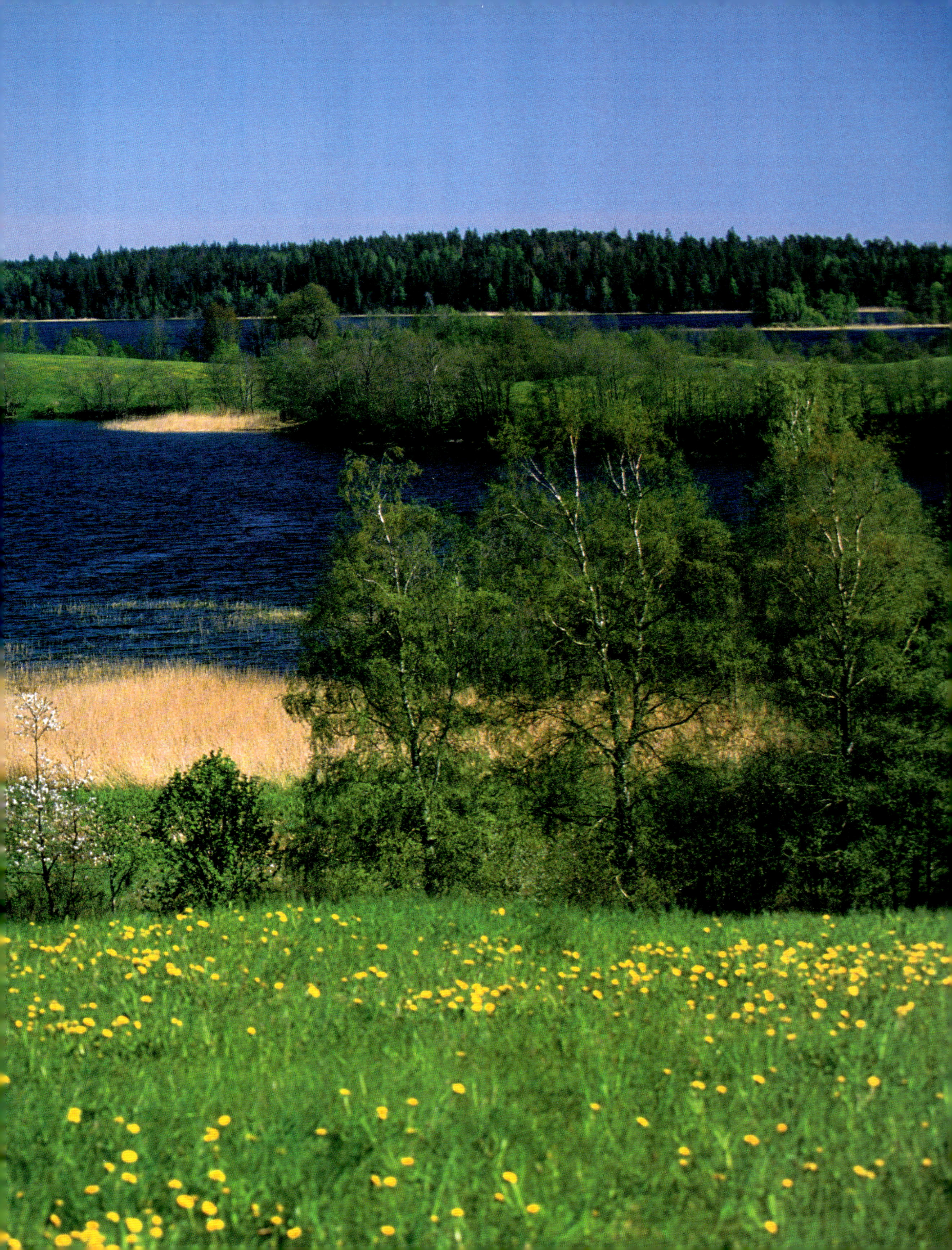

1795–1915 Erst Napoleons Verwüstung, dann Russifizierung

Nach den polnischen Teilungen gehört der größere Teil Litauens zu Russland, der kleinere Teil rund um Klaipėda (Memel) gehört zu Preußen. 1812 verwüsten Napoleons Truppen auf ihrem Weg nach Moskau das Land. Der enteignete litauische Adel ist weit davon entfernt, sich russischen Interessen verpflichtet zu fühlen. 1832 unterstützt eine Allianz aus Kleinadel, Intellektuellen und katholischen Geistlichen die Bauern bei ihrem Aufstand gegen die Obrigkeit. Ziel ist die Befreiung aus der Leibeigenschaft und die Wiederherstellung des polnisch-litauischen Doppelreichs. Der Aufstand wird von zaristischen Truppen niedergeschlagen, und es kommt zu ersten Russifizierungsmaßnahmen: Die Universität, die eine wesentliche Rolle bei den Unruhen spielte, wird geschlossen. Russisch wird Unterrichtssprache in den Schulen, und die russisch-orthodoxe Staatskirche erhöht den Druck auf Andersgläubige.

International bedeutsam ist die kulturelle Entwicklung der jüdischen Gemeinde in Vilnius: Bereits im 17. Jahrhundert ist ein Drittel der Bevölkerung jüdischen Glaubens, und ab Mitte des 18. Jahrhunderts entwickelt sich in Vilnius unter dem Einfluss der europäischen Aufklärung die Bewegung der jüdischen Aufklärung, die Haskala. Ende des 18. Jahrhunderts erlässt Katharina II. ein Gesetz, mit dem die Umsiedlung der jüdischen Landbevölkerung des russischen Reichs in die Städte beschlossen wird. Vilnius soll das bevorzugte Siedlungsgebiet für alle Juden Russlands werden.

Im 19. Jahrhundert gilt Vilnius als das Jerusalem des Nordens, und in der Stadt gibt es zwei miteinander konkurrierende Strömungen des jüdischen Lebens: das intellektuelle, aufgeklärte Judentum und den naiven Volksglauben des Chassidismus, den die ehemalige Landbevölkerung vertritt. Das selbstbewusste Auftreten, latenter Antisemitismus und die Ablehnung anderer Religionen als der russisch-orthodoxen durch die Moskauer Zentralregierung führen 1861 zu Pogromen, Deportationen und Hinrichtungen. Aufgrund religiös motivierter Gewalt verlassen im 19. Jahrhundert viele Juden, aber auch Katholiken ihre Heimat. Beliebtestes Ziel der Emigranten ist Chicago. Trotzdem sind 1897 noch 47 Prozent der Einwohner der Stadt jüdischen Glaubens.

Anders als im nördlichen Baltikum findet in der zweiten Hälfte des 19. Jahrhunderts in Litauen keine rasante Industrialisierung und Verstädterung statt. Für den Aufbau bedeutender Industrien fehlt das Kapital eines städtischen Bürgertums. Der Adel, der noch Anfang des 19. Jahrhunderts die notwendigen Mittel gehabt hätte, ist bereits Mitte des Jahrhunderts verarmt und enteignet. Im Oktober 1905 konstituiert sich in Vilnius der Große Litauische Landtag mit 2000 Delegierten, der die Lösung Litauens von Russland fordert. Das russische Parlament akzeptiert die Lösung Litauens von Russland nicht. Es werden jedoch weit gehende kulturelle Autonomierechte eingeräumt und viele unpopuläre Russifizierungsmaßnahmen werden zurückgenommen.

1914–1922 Krieg und absurdes Königstheater

Ab Spätherbst 1914 versucht die russische Armee, die ostpreußischen Gebiete Litauens zu erobern. Der Erste Weltkrieg beginnt in Litauen also mit einem Kampf zwischen Litauern, die in russische Verbände einerseits und in deutsche Verbände andererseits eingebunden sind. Im Spätsommer 1915 hat die deutsche Armee ganz Litauen erobert. Bis 1917 kommt es zu keinen größeren Kriegshandlungen mehr. Am 16. Februar 1918 verkündet Antanas Smetona die Unabhängigkeit Litauens und grenzt sich damit von Russland ab. Die Abgrenzung zum monarchistischen Deutschland ist dagegen weniger eindeutig: Kaiser Wilhelm II. erkennt formell die Unabhängigkeit an, und die Litauer schlagen für den Thron der neu zu errichtenden li-

Alte Lokomotive (im Kurort Druskininkai, Litauen) – erinnert an sowjetische Hammer & Sichel-Zeiten

tauischen Monarchie den Württemberger Wilhelm von Urach vor.

Dieser wird am 11. Juni 1918 tatsächlich vorübergehend unter dem Namen Mindaugas II. zum König von Litauen. Das absurde monarchistische Zwischenspiel endet bereits am 2. November 1918, als unter Führung der Sozialdemokraten, die das von Antanas Smetona organisierte Bündnis mit Deutschland ablehnen, die unabhängige Litauische Republik ausgerufen wird. Weihnachten 1918 marschiert die Rote Armee in Vilnius ein. Antanas Smetona organisiert von Kaunas aus den bürgerlichen litauischen Widerstand, und neben den Bolschewisten hat er auch noch die «Eiserne Division» als Gegner, die den deutschen Einfluss in Litauen nicht preisgeben will.

Am 19. April 1919 erobern polnische Truppen Vilnius und vertreiben die Rote Armee. Weil sich das städtische Bürgertum kulturell eher Polen als Litauen zugehörig fühlt, wird in einem Volksentscheid bestimmt, dass Vilnius entgegen dem Beschluss der Alliierten nicht zur Hauptstadt Litauens, sondern zu einem Sondergebiet Polens werden soll.

1922–1939 Eigenständiger Staat, Armeeputsch

Weil die internationale Gemeinschaft auf ihrer Sicht der Dinge beharrt, wird Litauen am 20. Dezember 1922 als eigenständiger Staat mit Vilnius als

Hauptstadt anerkannt. Polen und Litauen befinden sich formell bis 1927 im Krieg, wobei Vilnius der Zankapfel bleibt. Das bis dahin deutlich provinziellere Kaunas wird zur litauischen Hauptstadt der Zwischenkriegszeit. Ein weiterer Streitpunkt sind die Ende des Ersten Weltkriegs unklaren politischen Verhältnisse im Memelgebiet rund um Klaipėda. Eigentlich sollte die Frage der Zugehörigkeit zu Ostpreußen oder zu Litauen durch die Entente-Mächte gelöst werden.

Doch als sich die Verhandlungen in die Länge ziehen, besetzt Litauen im Januar 1923 kurzerhand das Gebiet, verspricht der deutschen Minderheit kulturelle Autonomie und integriert die Region 1924 in den unabhängigen litauischen Staat. Bis 1926 haben die konservativen Kräfte im litauischen Parlament die Mehrheit. Dann gewinnt erstmals eine Koalition aus Sozialisten und Sozialdemokraten. Als diese führende Kommunisten begnadigt, im Konflikt um Vilnius nachgibt und sich weigert, katholische Geistliche weiterhin aus der Staatskasse zu bezahlen, kommt es zu einem Staatsstreich durch die Armee. Antanas Smetona, gestützt durch die ihm hörige nationalistisch ausgerichtete Partei der Tautininkai, errichtet ein autoritäres Regime. Die Minderheitenrechte werden – anders als später unter den autoritären Regimes Estlands und Lettlands – sehr massiv eingeschränkt und 1936 gänzlich aufgehoben.

Auch in wirtschaftlicher Hinsicht unterscheidet sich Litauen deutlich von seinen baltischen Nachbarn: Weniger als zehn Prozent der Bevölkerung arbeiten in der Industrie. Unter dem autoritären Regime von Smetona werden Berufsverbände mit Zwangsmitgliedschaft gegründet, und die Politik regiert in die Verbände hinein. Während die Wirtschaft in den Nachbarstaaten weitgehend vom freien Markt geregelt wird, tätigt in Litauen der Staat 61 Prozent der Investitionen im industriellen Sektor. Trotz den Rahmenbedingungen eines autoritären Regimes entwickelt sich im Litauen der Zwischenkriegszeit ein lebhafter Kulturbetrieb. Im Lauf seiner Amtszeit kündigt Smetona die Loyalität gegenüber kirchlichen Gruppierungen auf, die in den Anfangsjahren des Regimes durch christdemokratische Gruppierungen noch einen mildernden Einfluss auf seine Politik hatten.

1939–1945 Erst sowjetische Unterwerfung mit befohlenen «Anschlusswahlen», dann deutsche Eroberung

Am 23. März 1939, noch vor Beginn des Zweiten Weltkriegs, marschiert die deutsche Wehrmacht von Ostpreußen aus ins zu Litauen gehörende Memelgebiet ein. Klaipeda gehört nun zum Dritten Reich. Im Herbst 1939 besiegelt der Hitler-Stalin-Pakt die Zugehörigkeit des Baltikums zur sowjetischen Interessensphäre. Die Sowjetunion verwirklicht ihren Machtanspruch im gesamten Baltikum schrittweise: Zunächst zwingt sie den baltischen Staaten sogenannte Beistandspakte auf, in denen die Stationierung von Truppen der Roten Armee geregelt wird. Im Juni 1940 wird behauptet, dass die baltischen Länder sich nicht an die im Pakt getroffenen Vereinbarungen halten, kurz darauf werden die bis dahin unabhängigen Staaten erobert.

In den frisch unterworfenen Ländern werden Scheinwahlen durchgeführt, in denen die Bevölkerung mit jeweils über 99 Prozent den Anschluss an die Sowjetunion befürwortet. Nachdem die Sowjetisierung aller Lebensbereiche im Sommer 1941 einigermaßen weit fortgeschritten ist und oppositionelle Kräfte bekannt sind, werden die ersten Massendeportationen durchgeführt: In Litauen werden am 14. Juni 1941 insgesamt 12 500 Menschen in Viehwagen gesperrt und verschwinden in Richtung Sibirien; weitere 3500 werden verhaftet. Zu dieser Zeit ist bereits die deutsche Armee im Anmarsch, deren Ankunft in Litauen aus zwei Gründen sehnlich erwartet wird: Erstens verheißt sie das Ende der ungeliebten sowjetischen Besatzung, zweitens gibt es in Litauen die «Litauische Front der

Feudaler Lesesaal in der Universität Vilnius

Aktivisten», eine faschistische, paramilitärische und explizit antisemitische Vereinigung.

Am 23. Juni 1941 wird über Radio Kaunas die Bildung einer faschistischen provisorischen Regierung bekannt gegeben. In der gleichen Sendung werden die Litauer zum Mord an ihren jüdischen Mitbürgern aufgerufen. Bereits in den ersten Tagen nach dem Aufruf sind alle Synagogen des Landes zerstört. Mehrere Tausend Juden werden in diesen Tagen von durch die Straßen ziehenden Horden umgebracht. Die Wehrmacht erobert am 25. Juni Vilnius. In den darauf folgenden Tagen beginnen litauische Faschisten und Angehörige der SS mit Massenerschießungen in den Wäldern vor Vilnius, Kaunas und Telšiai. Von den 250 000 bei Kriegsbeginn in Litauen lebenden Juden sind im Dezember 90 Prozent tot; die Flucht in nichtfaschistische Länder gelingt nur wenigen.

Litauen wird unter deutscher Besatzung eine Provinz im Reichskommissariat Ostland, dessen Zentrale im lettischen Riga ist. Die Bildung einer innerhalb des Reichskommissariats arbeitenden litauischen Regierung, die durch das Volk legitimiert ist, scheitert am passiven Widerstand der Litauer. Auch die Zwangsrekrutierung von Soldaten in die Verbände der Waffen-SS, die ab 1943 in Estland und Lettland erfolgreich anläuft, scheitert am passiven Widerstand. Im Sommer 1944 durchbricht die Rote Armee die deutsche Front im Baltikum. Vilnius wird am 13. Juli erreicht, Kaunas am 1. August und das ehemals ostpreußische Klaipėda erst am 28. Januar 1945. Die 1940/41 begonnene Sowjetisierung Litauens wird fortgesetzt, und auch die Frage um Vilnius wird pragmatisch gelöst: Die in der Stadt lebenden Polen werde einfach nach Polen zwangsumgesiedelt.

1945–1985 Stalinistische Reinkultur

Nachdem Litauen völkerrechtswidrig von der Sowjetunion annektiert ist, hoffen breite Teile der Bevölkerung auf Beistand der Westalliierten, der jedoch ausbleibt. Wie in Estland und Lettland kämpft auch in Litauen eine gut organisierte Partisanenbewegung gegen die sowjetische Besatzungsmacht. Um den Partisanenverbänden den Rückhalt in der Bevölkerung zu nehmen, werden in den ersten Jahren der Litauischen Sowjetrepublik Schätzungen gemäß 130 000 Menschen deportiert: Bauern, Intellektuelle, politisch Aktive und insgesamt ein Drittel der katholischen Geistlichkeit, die den Widerstand aktiv unterstützt und den Sowjets als ideologischer Hauptgegner gilt.

Im 1953 befriedeten Land breitet sich der Stalinismus in Reinkultur aus. Kirchen werden zu Lagerhäusern, Museen und Schulen werden umgebaut, und jeder Ausdruck von Gegenöffentlichkeit oder nationaler

Litauens Hauptpilgerort: Berg der Kreuze bei Šiauliai (Schaulen) mit unzähligen Kreuzen, die für traurige wie auch freudige Ereignisse aufgestellt wurden und werden – erstmals für die Opfer einer blutigen zaristisch-russischen Niederwerfung

Identität wird konsequent unterbunden. Im vor dem Krieg deutlich unterindustrialisierten Litauen beginnt die Sowjetmacht gezielt Industrien aufzubauen, unter anderem Textilindustrie, Maschinenbau und Schiffbau. Unter Chruschtschow wird, wie in den anderen baltischen Staaten, das Korsett der von Moskau vorgegebenen Regularien etwas gelockert. Mit Leonid Breschnew beginnen die Jahre der Stagnation, die zunehmend von Misswirtschaft, Versorgungsengpässen und staatlichen Restriktionen in allen Lebensbereichen geprägt sind.

1972 kommt es in Kaunas zu einer tragischen Demonstration der Ohnmacht der Bevölkerung, als sich der 19-jährige Student Romas Kalanta öffentlich selbst verbrennt. Das Ereignis löst spontane Demonstrationen aus, in denen erstmals wieder Tausende öffentlich die Freiheit Litauens einfordern. Eine politische Gegenöffentlichkeit entwickelt sich im Litauen der 70er-Jahre vor allem im Untergrund: Litauen hat in der gesamten Sowjetunion die höchste Auflage an «Samisdat»-Publikationen, die oft auf sehr einfachen Maschinen in geringer Zahl vervielfältigt und von Hand zu Hand weitergereicht werden.

Unter den regelmäßigen Publikationen ist die offiziell natürlich verbotene *Chronik der katholischen Kirche in Litauen* die wichtigste: Sie ist eine der wenigen Plattformen, die regelmäßig über Menschenrechtsverletzungen des Regimes informieren. In den 80er-Jahren weiten sich wirtschaftliche Krise und Versorgungsengpässe weiter aus. Wie in Estland und Lettland beginnt auch in Litauen mit Gorbatschows Perestroika und Glasnost ein neues Zeitalter: Die Opposition wächst sehr schnell von einer kleinen Gruppe von Regimegegnern zu einer Volksbewegung, der sich fast alle Litauer verpflichtet fühlen.

terra magica

Die Zeit der Unabhängigkeitsbewegungen, 1985–1991

Unmittelbar nach Gorbatschows Machtantritt beginnt man im Baltikum von den neuen Möglichkeiten Gebrauch zu machen. Den Anfang macht die lettische Menschenrechtsgruppe «Helsinki 86» am 14. Juli 1987: Am Jahrestag der ersten im gesamten Baltikum durchgeführten Massendeportation unter Stalin wird erstmals öffentlich der Opfer gedacht. Gleichzeitig wird erneut die Forderung nach Beseitigung der Folgen des Hitler-Stalin-Pakts laut. Und am 23. August 1987 findet im estnischen Tallinn eine Demonstration statt, auf der nicht nur der Jahrestag des Pakts Thema ist: An der Universität Tartu war ein Konzept für die volkswirtschaftliche Unabhängigkeit Estlands von der Sowjetunion entwickelt worden. Nun wird öffentlich gefordert, dass die oppositionellen Kräfte in der estnischen KP das Projekt «Selbstfinanziertes Estland» (Isemajandav Eesti, kurz IME – die Abkürzung ist zugleich das estnische Wort für Wunder) unterstützen.

Im ganzen Baltikum folgen Demonstrationen anlässlich unterschiedlichster Gedenktage, die vor allem dank des Engagements der Kirchen und der Umweltschutzbewegung massenhaften Zulauf erhalten. Öffentlichkeit wird in allen drei baltischen Staaten auch dadurch hergestellt, dass über Sinn und Unsinn ökologisch äußerst fragwürdiger Projekte in den Medien diskutiert werden kann: Es geht um die Erschließung nordestnischer Phosphorvorkommen, die für die Ostsee eine ökologische Katastrophe bedeutet hätte. In Lettland um den Bau eines zweiten gigantischen Wasserkraftwerks in der Daugava, dem abermals bedeutende Kulturstätten hätten geopfert werden müssen; in Litauen um den geplanten Ausbau des größten Kernkraftwerks der Sowjetunion mitten im litauischen Nationalpark Aukštaitija.

Von Moskau aus versucht man, die Protestbewegungen zu kanalisieren und unter die Leitung populärer Reformkommunisten zu stellen. Im Herbst 1988 werden daher in allen drei baltischen Staaten die sogenannten Volksfronten ins Leben gerufen, doch in der Praxis geht die Rechnung nicht auf: Die estnische Rahvarinne, die lettische Tautas Fronte und die litauische Sajudis werden zu Zentralen, von denen aus der Prozess der Ablösung von der Sowjetunion koordiniert und vorangetrieben wird. Am 11. November 1988 findet in Tallinn ein Sängerfest statt, bei dem 300 000 Menschen anwesend sind und die staatliche Souveränität Estlands gefordert wird.

Aufgrund des massiven öffentlichen Drucks erklärt sich der Rat der Estnischen Sowjetrepublik am 16. November für unabhängig. Kurz darauf werden Gesetze verabschiedet, nach denen es ein Recht auf Privateigentum gibt, und die Menschenrechtskonventionen der Uno werden anerkannt. Moskau erklärt die Gesetzesänderungen für ungültig. Wie ernst es den Esten mit ihrer Unabhängigkeit ist, zeigt sich am 24. Februar 1989: Es ist der Jahrestag der Unabhängigkeitserklärung der Ersten Estnischen Republik, und auf dem Domberg wird die alte estnische Fahne gehisst. Im Mai 1989 erklärt sich das Parlament der Litauischen Sowjetrepublik als von Moskau unabhängig, im Juli folgt Lettland.

Ins Bewusstsein der Weltöffentlichkeit geraten die baltischen Staaten am 23. August 1989: Anlässlich des Jahrestages des Hitler-Stalin-Pakts organisieren die Volksfronten eine 600 Kilometer lange Menschenkette von Tallinn über Riga nach Vilnius, bei der weit mehr als eine Million Menschen auf der Straße sind. Im Frühjahr 1990 finden in allen drei baltischen Republiken Wahlen für den Obersten Sowjet statt, und überall gewinnen die Volksfronten die Zweidrittelmehrheit. Aufgrund des eindeutig ausgefallenen Mandats setzt das litauische Parlament am 11. März 1990 die Verfassung des unabhängigen Litauen in der Version von 1938 wieder in Kraft. Moskau ahndet die Unabhängigkeitserklärung des nun souveränen Landes eine Woche nach der Wahl mit einer Wirtschaftsblockade, deren Folgen Litauen den ganzen Sommer über schwer zu schaffen machen, denn Wirtschaftsbeziehungen mit anderen Ländern als der Sowjetunion existieren noch nicht.

Die Unabhängigkeitserklärungen Estlands und Lettlands folgen am 30. März respektive am 4. Mai, fallen aber angesichts der Wirtschaftsblockade in Litauen deutlich moderater aus und sehen eine Übergangsperiode vor. Die Regierungen der baltischen Staaten verabschieden an westlichen Demokratien orientierte Gesetze zum Privateigentum und zum Steuerwesen, darüber hinaus beanspruchen sie eine eigenständige Verwaltung des Staatshaushalts. Mit ihren Reformen stoßen sie auf heftigen Widerstand moskautreuer Kommunisten, die am 15. Mai 1990 Massenkundgebungen vor den Parlamenten Estlands und Lettlands organisieren. Die Demonstranten versuchen, die Parlamente zu stürmen, scheitern jedoch am gewaltlosen Widerstand zahlreicher national gesinnter Bürger, die ihre Volksvertretungen schützen.

Im Januar 1991 liegt die Aufmerksamkeit der Weltöffentlichkeit auf dem Golfkrieg, und Gorbatschow versucht mit Gewalt, wieder Ordnung in die ihm außer Kontrolle geratene politische Lage im Baltikum zu bekommen. Am 13. Januar 1991 stürmen russische Fallschirmjäger und Elitetruppen den Fernsehturm in Vilnius, vierzehn Menschen kommen ums Leben. Angesichts der Ereignisse in Vilnius errichten die Einwohner Rigas Barrikaden vor dem Parlament, vor anderen wichtigen politischen Institutionen und vor den Häusern der freien Presse. Bei einer Massendemonstration nahe der Freiheitsstatue ermorden Spezialeinheiten mit gezielten Schüssen den bekannten lettischen Dokumentarfilmregisseur Andris Slapiņš und seinen Kameramann Gvido Zvaigzne. Spezialtruppen versuchen, das Innenministerium und das Haus des lettischen Radios zu stürmen. Bei den Angriffen auf die lettische Souveränität sterben insgesamt fünf Menschen. Die Ereignisse bleiben weder dem Ausland noch der Opposition in Russland verborgen, deren Hoffnungsträger der neue Moskauer Bürgermeister Boris Jelzin ist. Auf internationalen Druck hin zieht die Sowjetunion ihre Truppen wieder ab.

Am 19. August 1991 versuchen orthodoxe kommunistische Partei- und Staatsfunktionäre, in Moskau das «Weiße Haus» (Regierungssitz) zu stürmen, der Reformpolitik gewaltsam ein Ende zu setzen und die alte Sowjetunion wieder zu neuem Leben zu erwecken. Der Putschversuch schlägt fehl, Boris Jelzin wird zur Leitfigur des gewaltlosen Widerstands und des neuen russischen Parlamentarismus. Michail Gorbatschow tritt nur fünf Tage später als Generalsekretär zurück.

Unter dem Eindruck der Ereignisse in Moskau, die den endgültigen Zerfall der Sowjetunion einleiten, erklären Estland und Lettland die Übergangsphase ihrer staatlichen Souveränität für beendet. Die nun ganz sicher von jeder potenziellen sowjetischen Einflussnahme verschonten baltischen Republiken werden erst jetzt von der internationalen Gemeinschaft völkerrechtlich anerkannt. Russland akzeptiert Estland, Lettland und Litauen am 6. September 1991 als unabhängige Staaten. Seit dem 18. September des gleichen Jahres sind Estland, Lettland und Litauen Mitglieder der Uno.

Die erkämpfte Unabhängigkeit, 1991–2006

Das drängendste Problem der baltischen Staaten nach der Unabhängigkeitserklärung ist die Öffnung der Volkswirtschaften in Richtung Westen:

90 Prozent des Wirtschaftsverkehrs werden 1992 noch mit Russland abgewickelt, und welchen Druck Russland über die Wirtschaftsbeziehungen ausüben kann, zeigte sich mit der wirtschaftlichen Blockade von Litauen im Jahr zuvor. In allen drei baltischen Staaten werden 1992 Übergangswährungen eingeführt, die für den Ausbruch aus der Rubelzone stehen. Am schönsten sind die litauischen Scheine, die Bären und andere Tiere zeigen. Doch wie die neue Währung nun heißt, steht auf den Scheinen noch nicht. 1993 haben die baltischen Staaten dann «richtige» Währungen, deren Wechselkurs fest an die D-Mark gekoppelt ist.

Die Lösung aus dem russischen Wirtschaftsraum funktioniert in Estland am schnellsten: Zwischen Tallinn und Helsinki liegen nur 70 Kilometer Ostsee, und die estnische Sprache ist mit dem Finnischen sehr nah verwandt. 1995 führt Estland bereits 75 Prozent seines Außenhandels mit Skandinavien und anderen Ländern Westeuropas. Die wichtigsten Exportgüter sind, wie in den anderen baltischen Ländern auch, Holz und Nahrungsmittel. Die positive wirtschaftliche Entwicklung geht sowohl in Lettland als auch in Litauen wesentlich langsamer vor sich: Erstens müssen sich diese beiden Länder tragfähige Außenhandelsbeziehungen erst noch aufbauen, während sie in Estland nahezu vor-

Bilder oben und nächste beiden Seiten
Sakrale Bauten in Estland
• **In der Heiliggeistkirche (13. Jh.) von Tallin (Reval)**
• **Katharinenkirche in Pärnu (Pernau)**
• **Nonnenkloster von Kuremäe mit Torglockenturm und Zwiebeltürmen**

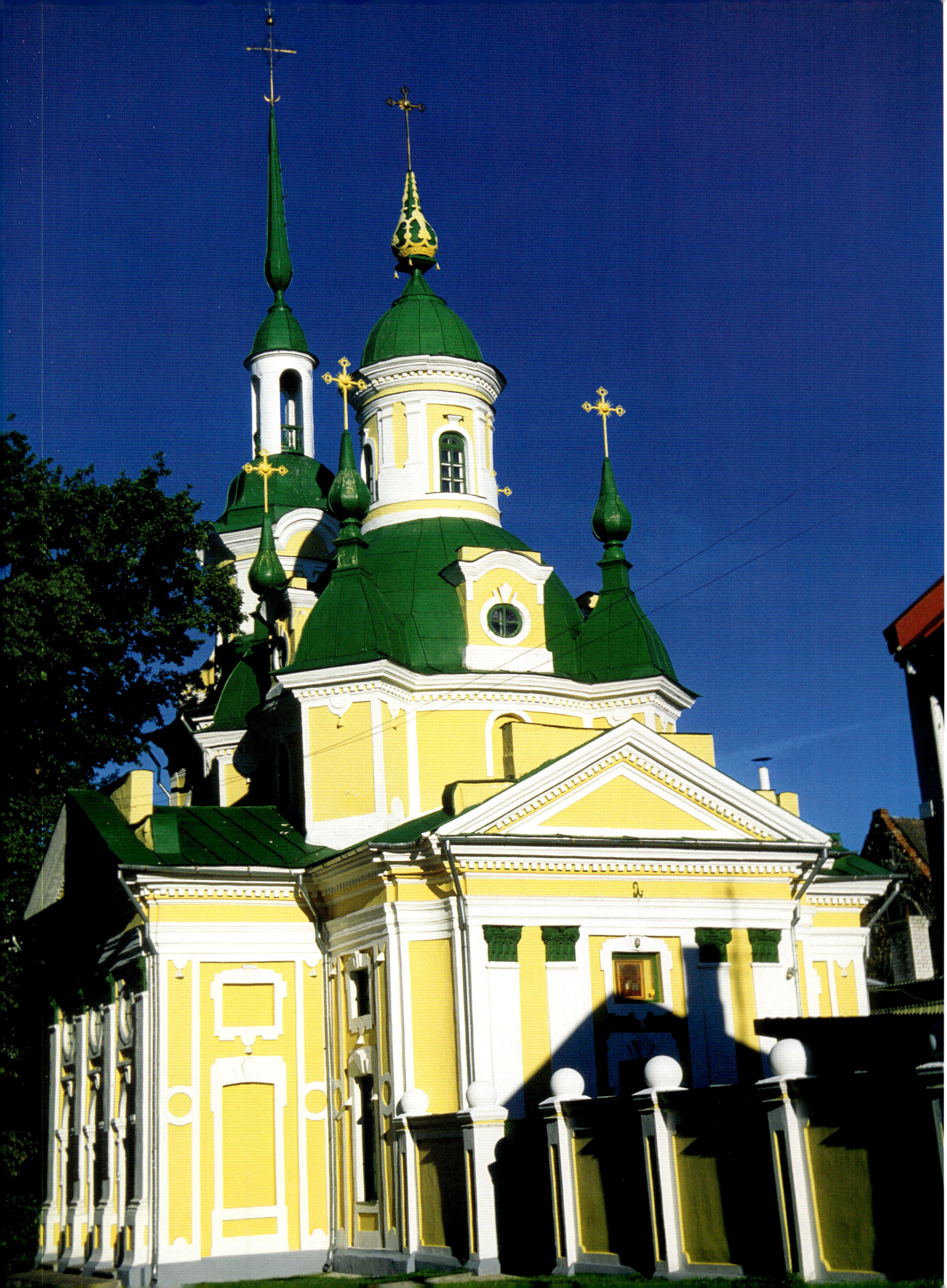

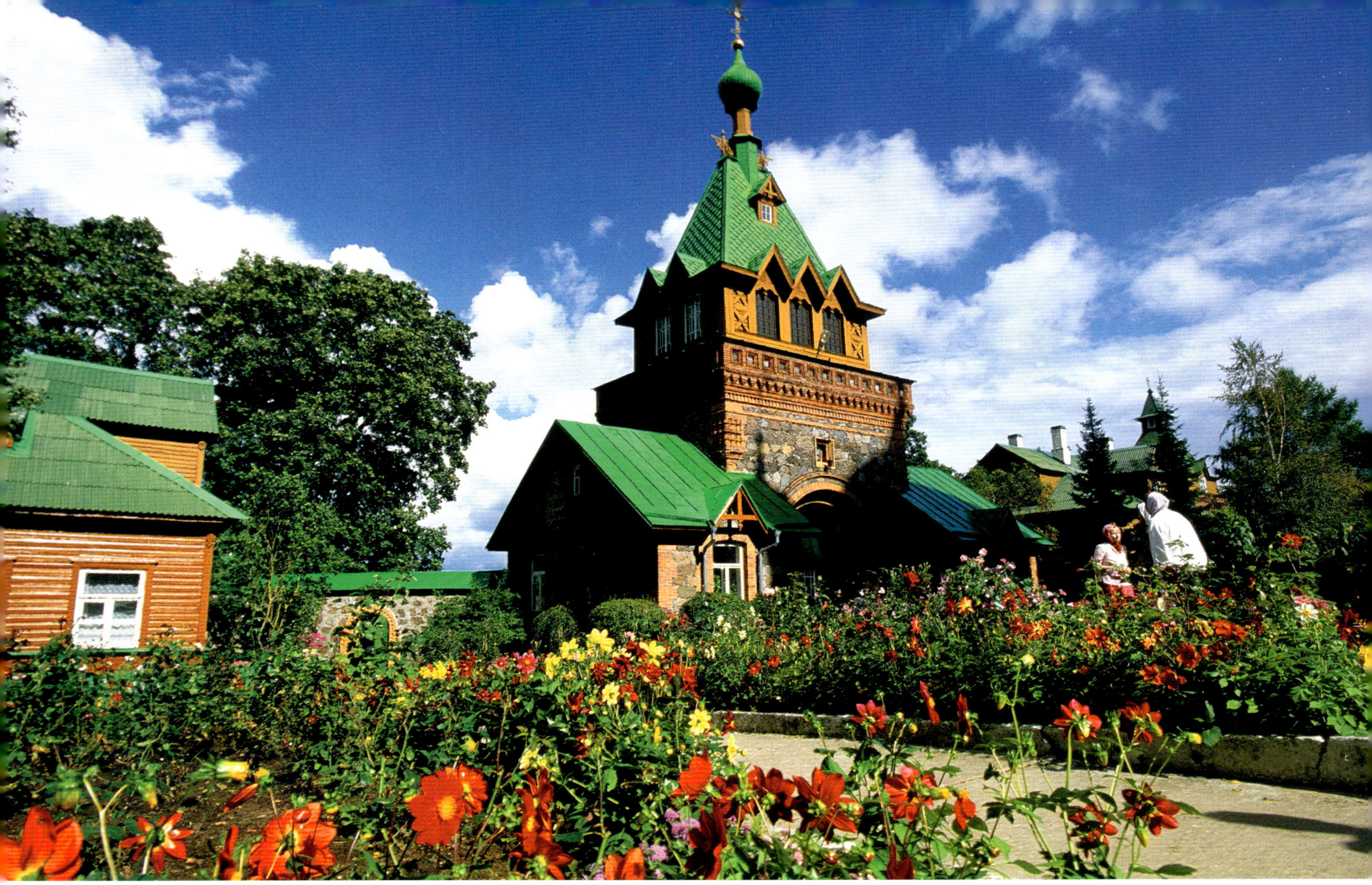

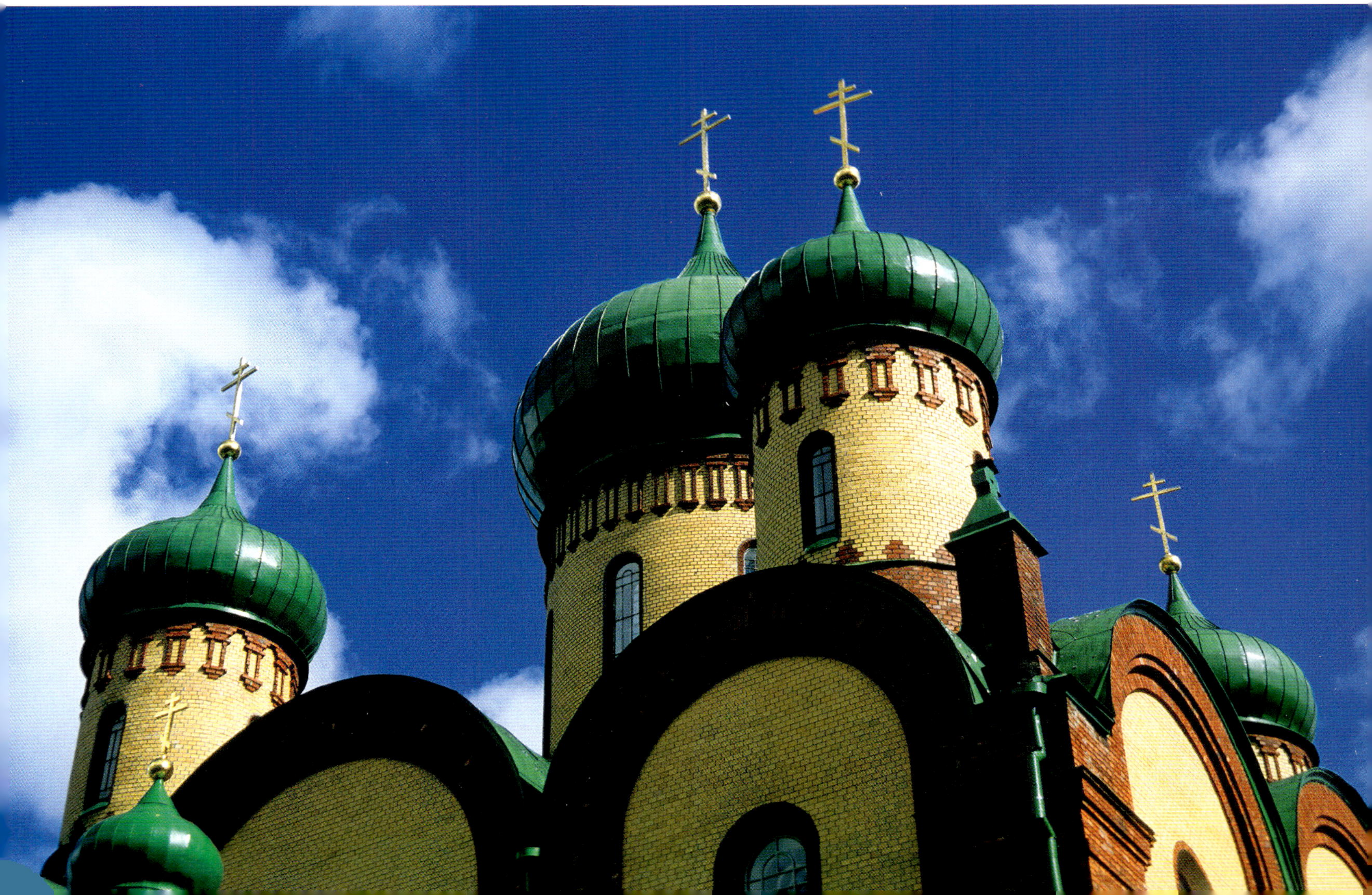

gegeben waren. Zweitens ist die politische Landschaft, die sich in den ersten Jahren der Unabhängigkeit entwickelt, in den drei baltischen Staaten sehr unterschiedlich. Und die damals vorgenommenen Weichenstellungen wirken bis heute.

In Estland regieren nach 1991 Kreise, deren vorrangiges Ziel die Wiederherstellung und die Entwicklung eines funktionierenden estnischen Staates sind. Es gibt einen recht klaren Schnitt zwischen dem politischen Personal der Sowjetzeit, Reformkommunisten eingeschlossen, und den Politikern, die in den ersten Jahren der Republik politische Verantwortung tragen. Anstatt auf erfahrene Politiker der Sowjetzeit zu vertrauen, verlässt man sich auf Intellektuelle wie den Schriftsteller und Ethnologen Lennart Meri, der zwischen 1992 und 2000 mehrmals estnischer Ministerpräsident wird. Großes Vertrauen setzt man auch in sehr junge und engagierte Menschen, die sich ihre Lorbeeren in der Unabhängigkeitsbewegung verdient haben. Der prominenteste Vertreter dieser Generation ist Mart Laar, der 1993 bei seinem Amtsantritt als Ministerpräsident gerade einmal 33 Jahre alt ist.

2004 Beitritt zur EU

Den estnischen Politikern gelingt es, in der Bevölkerung eine grundsätzlich positive Einstellung zur politischen Partizipation zu erhalten. Es entstehen politische Milieus, die für nachvollziehbare Ideen und Konzepte stehen. Die Privatisierung der ehemals sozialistischen Wirtschaft geht zügig voran und ist, verglichen mit den anderen baltischen Staaten, nicht von allzu vielen Korruptionsskandalen und Vetternwirtschaft geprägt. Die insgesamt sehr positiven Entwicklungen führen unter anderem dazu, dass die EU die Beitrittsverhandlungen mit Estland vor den Verhandlungen mit Lettland und Litauen beginnt. Aus geopolitischen Gründen kommen schließlich doch alle drei Staaten in die gleiche Verhandlungsrunde. Seit Mai 2004 sind Estland, Lettland und Litauen Mitglieder der EU und der Nato. Estland ist, was die gesamtwirtschaftliche Entwicklung als auch das Pro-Kopf Einkommen angeht, seinen Nachbarstaaten um etwa ein Viertel voraus.

In Litauen entstehen nach 1991 ebenfalls eindeutig identifizierbare Strömungen, doch geht die bürgerliche Mitte in den ersten Jahren nahezu vollständig verloren: Die Unabhängigkeitsbewegung Sajudis kann 1991 noch eine Dreiviertelmehrheit der Bevölkerung hinter sich scharen. Doch schon 1992 können Reformkommunisten unter dem populären Algirdas Brazauskas, der es schon vor der Unabhängigkeit verstand, litauische Interessen gegenüber Russland durchzusetzen, die Mehrheit im Parlament erringen. Anders als in Estland gibt es also in Litauen keinen eindeutigen Bruch mit dem Personal, das in den letzten Jahren der Sowjetunion politische Verantwortung getragen hat.

Dies hat unter anderem zur Konsequenz, dass sich vor allem bei der Privatisierung ehemaliger Staatsbetriebe Unregelmäßigkeiten und Korruptionsskandale häufen: Die postsowjetische politische Klasse kennt im kleinen Litauen selbstverständlich diejenigen, die in der sowjetischen Wirtschaft Führungspositionen hatten. Zum Teil kommen die Politiker des neuen Staates sogar aus eben diesem Milieu und bereichern sich, ohne auf das Gemeinwohl und den nachhaltigen Aufbau eines funktionierenden politischen Systems allzu viel Rücksicht zu nehmen. Selbstverständlich kam es auch in Estland, wo Staatsbetriebe nach dem Muster der deutschen Treuhandanstalt abgewickelt wurden, zu Unregelmäßigkeiten, doch ist die Größenordnung in Litauen eine andere.

1995 kommt unter Führung des ehemaligen Parlamentspräsidenten Vytautas Landsbergis die klar konservativ gewordene ehemalige Sajudis an die Macht. Seit 1998 stehen sich in Litauen zwei etwa gleich starke Lager gegenüber, deren Programme sich deutlich voneinander unterscheiden. Die maßgeblich von den Reformkommunisten in den ersten Jahren der Republik vorangetriebenen Verflechtungen zwischen Wirtschaft und Politik haben bis heute Rückwirkungen auf alle Parteien. Korruption und Vetternwirtschaft waren einer der wichtigsten Gründe, warum die Verhandlungen zum EU-Beitritt Litauens nicht gleichzeitig mit den Verhandlungen mit Estland begannen.

Das politische Leben Lettlands ist bis heute – 2006 – von einer extrem instabilen Parteienlandschaft geprägt. Wie in Litauen griff man nach 1991 auch in Lettland beim Wiederaufbau des Staates auf politisch erfahrene Reformkommunisten zurück, die über enge Verflechtungen mit Führungspersönlichkeiten der zu privatisierenden spätsowjetischen Wirtschaft verfügen. Anders als in Litauen war die Unabhängigkeitsbewegung in Lettland sehr heterogen: In Litauen einten katholisch-konservative Ideen große Teile derjenigen, die unter dem Dach der Sajudis für ein freies Litauen auf die Straße gingen. Auch in Lettland bildeten die Umweltschutzbewegung und die protestantische Kirche das Dach, unter dem sich die Unabhängigkeitsbewegung formieren und organisieren konnte.

Führende Pastoren waren mit die prominentesten Vertreter dieser Bewegung, und eine christlich-protestantisch orientierte Partei ist noch heute im Parlament vertreten. Der Umweltschutzbewegung fehlten nach dem Scheitern der sowjetischen Großprojekte die Themen, und sie versank nahezu in der Bedeutungslosigkeit. Die Ideen der zersplitterten Unabhängigkeitsbewegung wurden quer durch das politische Spektrum in die Parteiprogramme aufgenommen, doch gibt es einen großen Unterschied zwischen diesen Idealen, ihrem Gebrauch als Instrument der Politik-PR und ihrer mäßig erfolgreichen Umsetzung in der politischen Realität. Lettlands Parteien sind mehr oder weniger lose Interessenverbände, die selten mehr als die gesetzlich vorgeschriebenen 200 Mitglieder haben.

Die jüngere lettische Geschichte ist von zahllosen Neugründungen von Parteien und programmatisch schwammigen Koalitionen sowie häufigen Regierungswechseln geprägt. Viele führende Politiker sind gleichzeitig Lenker bedeutender Wirtschaftsunternehmen. Ihre Führungsrolle dort haben sie sich in den ersten Jahren der Republik meist mittels undurchsichtiger Privatisierungen von Staatsbetrieben gesichert. Die Bevölkerung steht dem politischen Betrieb zynisch und ablehnend gegenüber, und von einer breiten, wirklich demokratischen Partizipation kann unter den gegebenen Voraussetzungen keine Rede sein.

Bilder oben und nächste beiden Seiten
Sakrale Bauten in Lettland
• **In der Barockkirche in Ugāle spielt Lettlands älteste Orgel (1701)**
• **Dom in Riga (ab 1211)**
• **Basilika in der Marienpilgerstadt Aglona. Betörende Pracht in der Christus-Kathedrale von Riga**

terra magica

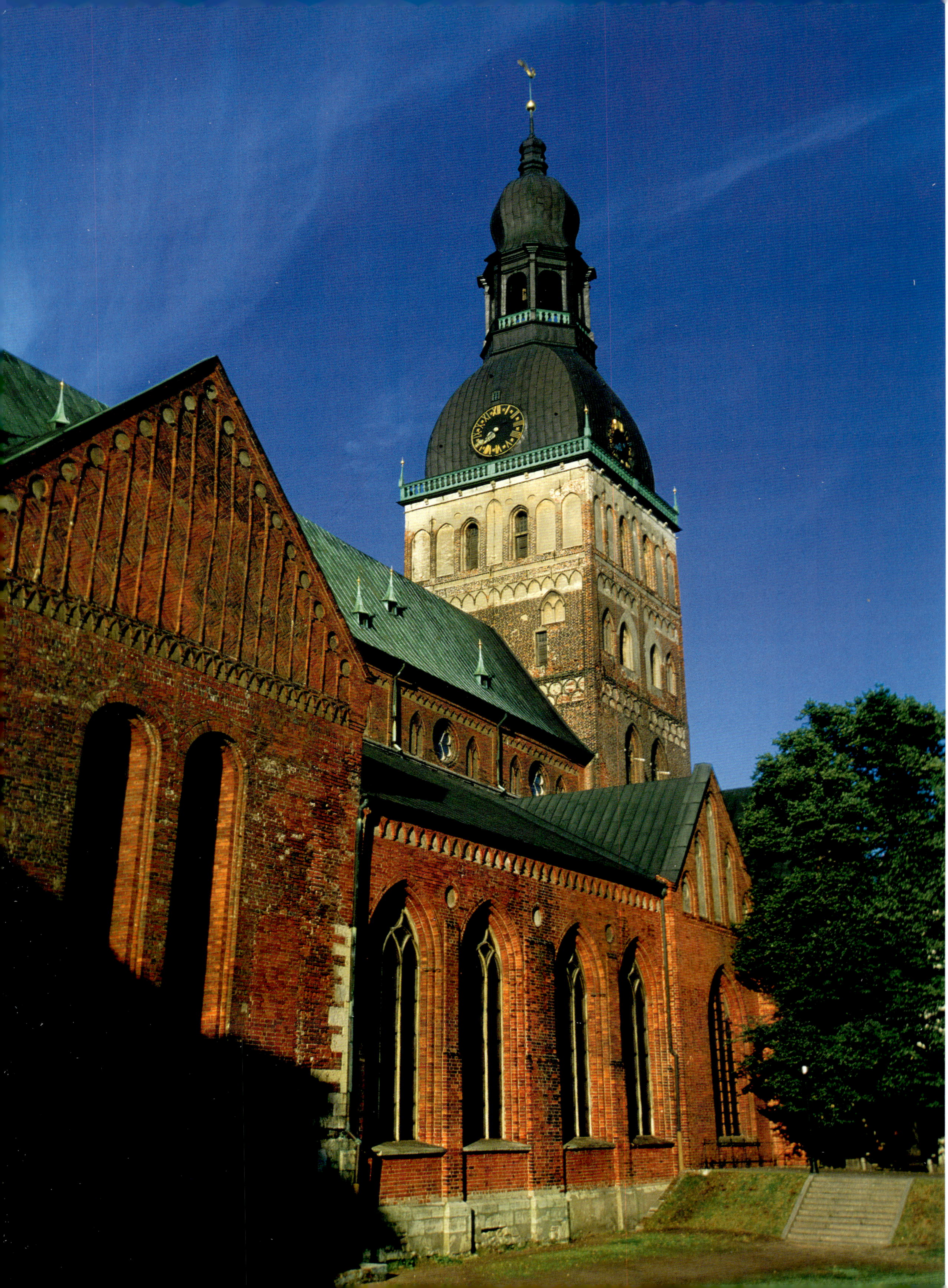

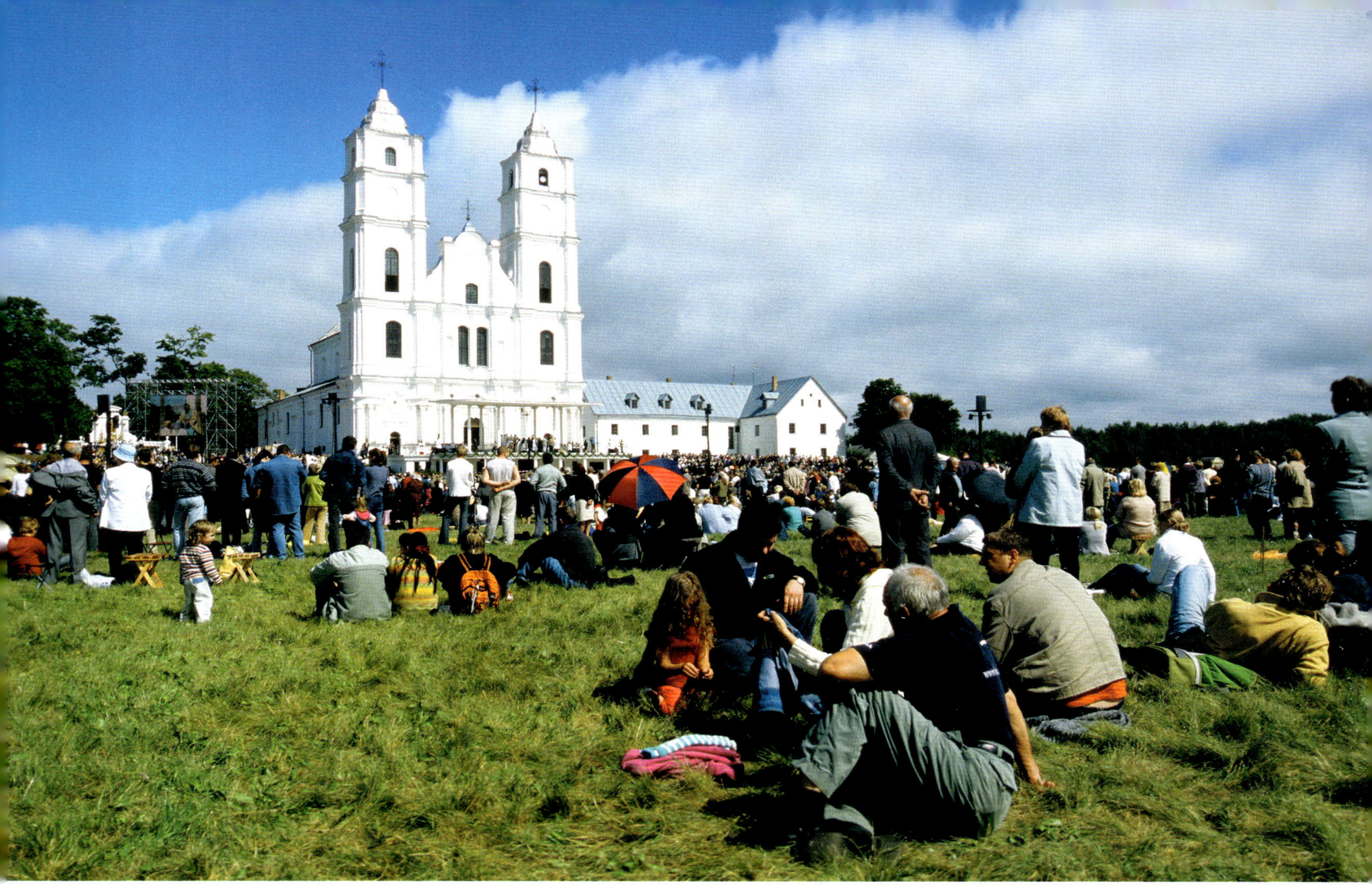

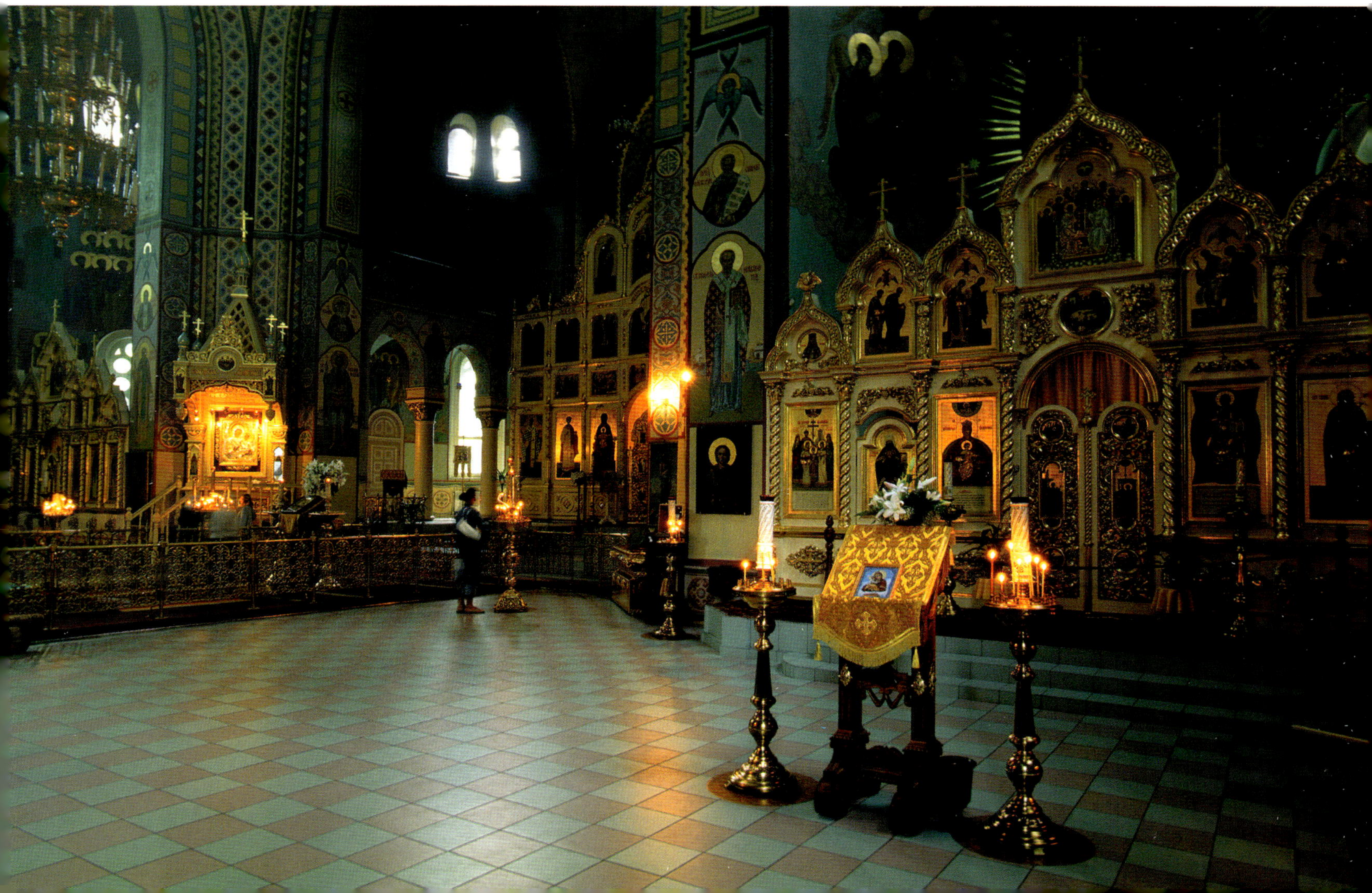

Eine der wenigen Konstanten in der politischen Landschaft ist Vaira Vike Freiberga: Die aus Montréal nach Lettland zurückgekommene Exil-Lettin und Psychologieprofessorin wurde im Jahr 1999 erstmals zur Präsidentin gewählt. Sie vertritt Lettland auf der internationalen politischen Bühne einigermaßen erfolgreich, und es ist ihr bislang gelungen, sich weitgehend aus den innenpolitischen Querelen herauszuhalten. Auch durch die konfuse innenpolitische Situation bedingt, ist Lettland zum Schlusslicht der drei «baltischen Tigerstaaten» geworden. Doch selbst hier spricht seit 2000 ein jährliches Wirtschaftswachstum von durchschnittlich etwa sieben Prozent eine deutliche Sprache, und die positiven Entwicklungen des rasanten Wirtschaftswachstums sind in vielen Lebensbereichen zu sehen. Auch Lettland ist seit dem 1. Mai 2004 Mitglied der EU und der Nato.

Estland und Lettland standen nach 1991 vor der schwierigen Aufgabe, die russische Bevölkerung in das neu geschaffene Staatswesen zu integrieren. In Estland machen die Russen über 30 Prozent aus, in Lettland sind es über 40 Prozent, und in der lettischen Hauptstadt ist sogar die Mehrheit russischer Abstammung. Die Geschichte der aktuell im Baltikum lebenden Russen geht letztlich auf den Aufbau von weiterverarbeitenden Industrien zurück, deren Betrieb von russischen Rohstofflieferungen abhängig war.

Gleichzeitig wurden vor allem Arbeiter aus Russland, Weißrussland und der Ukraine umgesiedelt, die am relativen Wohlstand der baltischen Republiken teilhaben wollten. Es entstanden Plattenbausiedlungen an den Stadträndern, die sich 1992, mit dem Zusammenbruch der für den sowjetischen Markt produzierenden Großindustrie, zu echten Problemzonen entwickelten: Dort grassierte nun die Arbeitslosigkeit, Perspektiven fehlten, die persönliche Zukunft in den nationalistisch eingestellten Staaten schien ungewiss, und selbst die Frage der Staatsbürgerschaft war nicht gelöst. Nach und nach verabschiedeten Estland und Lettland Gesetze zur Einbürgerung, die vielen Russen als unerreichbar erschienen: Neben einem überzogen schwierigen Sprachtest wurden ein Test zur Landesgeschichte und ein klares Bekenntnis zur Verfassung verlangt.

Darüber hinaus musste nachgewiesen werden, dass man bereits seit vielen Jahren im Land wohnt. In Lettland wurde bestimmten Altersgruppen grundsätzlich die Einbürgerung verwehrt. Internationale Proteste ab Mitte der 90er-Jahre führten dazu, dass die besonders harten Regelungen in Lettland in den späten 90ern wieder zurückgenommen wurden. Dennoch scheuen Russen den Aufwand der Einbürgerung nach wie vor und geben sich in Estland wie in Lettland mit ihrem Ausländerpass zufrieden. Dass das Problem nicht abschließend gelöst ist, sieht man unter anderem daran, dass in Lettland seit 2003 ein Ministerium für Integrationsfragen geschaffen wurde und dass es nach wie vor Konflikte um die Legitimität des Russischen als Unterrichtssprache in den Schulen gibt. In Litauen, wo der Anteil der Ausländer dem europäischen Durchschnitt entspricht, gibt es solche Probleme nicht: 1991 wurden alle, die sich für die litauische Staatsbürgerschaft entschieden, ohne tiefgreifende Prüfung eingebürgert.

Wirtschaftsboom mit Gewinnern und Verlierern

Eine gesellschaftliche Realität in allen drei baltischen Staaten ist, dass die Kluft zwischen Gewinnern und Verlierern der neuen Wirtschaftsordnung immer größer wird: Am meisten profitieren vom Wirtschaftsboom und den erfolgreich durchgeführten Privatisierungen diejenigen, die sich dank einer engen Verflechtung von Politik und Wirtschaft auf Kosten der Allgemeinheit bereichern. Es gibt auch einen beeindruckend großen Personenkreis, der meist im internationalen Handel tätig und mit den neuesten Luxusmodellen exklusiver Automarken unterwegs ist.

Abseits der Welt der Reichen gibt es einen mäßig breiten gehobenen Mittelstand, der es verstanden hat, die marktliberale Wirtschaftspolitik schwer arbeitend zu nutzen. Hierzu zählen insbesondere die Boombranchen der Informationstechnologien und weiterer Dienstleistungen, inklusive des in den großen Städten boomenden Tourismus. Dieser Personenkreis rekrutiert sich zu einem großen Teil aus der oft sehr gut ausgebildeten jungen Bevölkerung, die nie in einem sowjetisch geprägten Umfeld gearbeitet hat und meist sehr gut Englisch, oft aber auch weitere Fremdsprachen fließend spricht. Die breite Masse der Stadtbevölkerung lebt zwar nicht in bitterer Armut, ist aber gezwungen, sich wirklich etwas einfallen zu lassen, um in der Eurozone ein einigermaßen angenehmes Leben zu führen: Selbstredend arbeiten nahezu alle in den Städten lebenden erwerbsfähigen Frauen. Unter den Erwerbstätigen, von denen ausnahmslos ein hohes Maß an Flexibilität gefordert wird, haben sehr viele zwei oder drei Jobs parallel laufen, und nicht immer wird korrekt abgerechnet: Zusätzlich zum offiziellen Lohn gibt es dann einen Betrag bar auf die Hand, der weder vom Arbeitgeber noch vom Arbeitnehmer versteuert wird.

Diese Praxis führt nicht nur zu beträchtlichen Steuermindereinnahmen, sondern auch dazu, dass viele Arbeitsverhältnisse vom guten Willen des Arbeitgebers

Bilder oben und nächste beiden Seiten
Sakrale Bauten in Litauen
- **Gotisch, Anfang 14. Jh.: Vytautas-Kirche in Kaunas**
- **Backsteingotik (15. Jh.): St.-Anna-Kirche in Vilnius**
- **Mahner auf der Kathedrale St. Stanislaus in Vilnius. Dominikanerkloster in Liskiava nahe Druskininkai**

terra magica

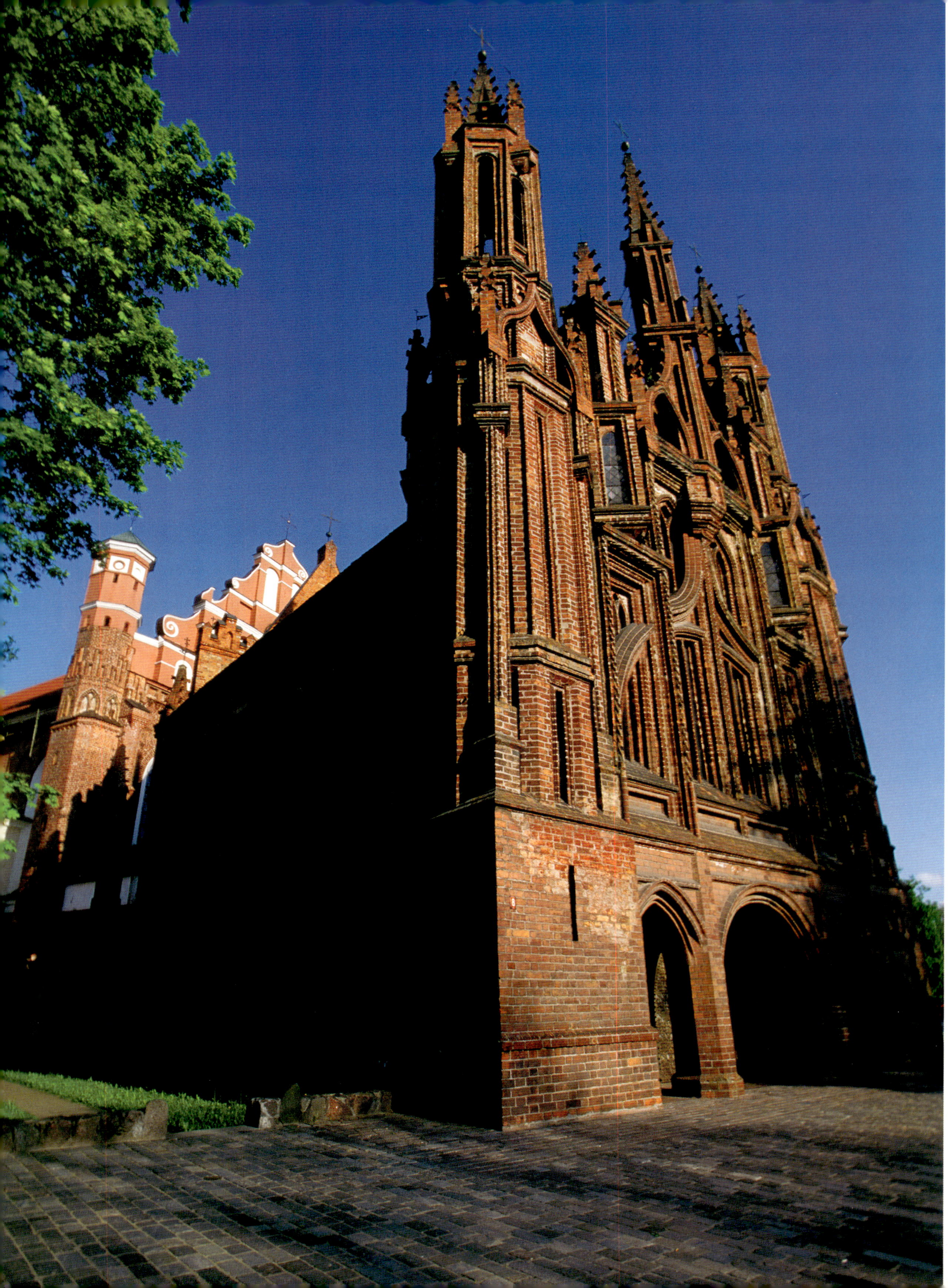

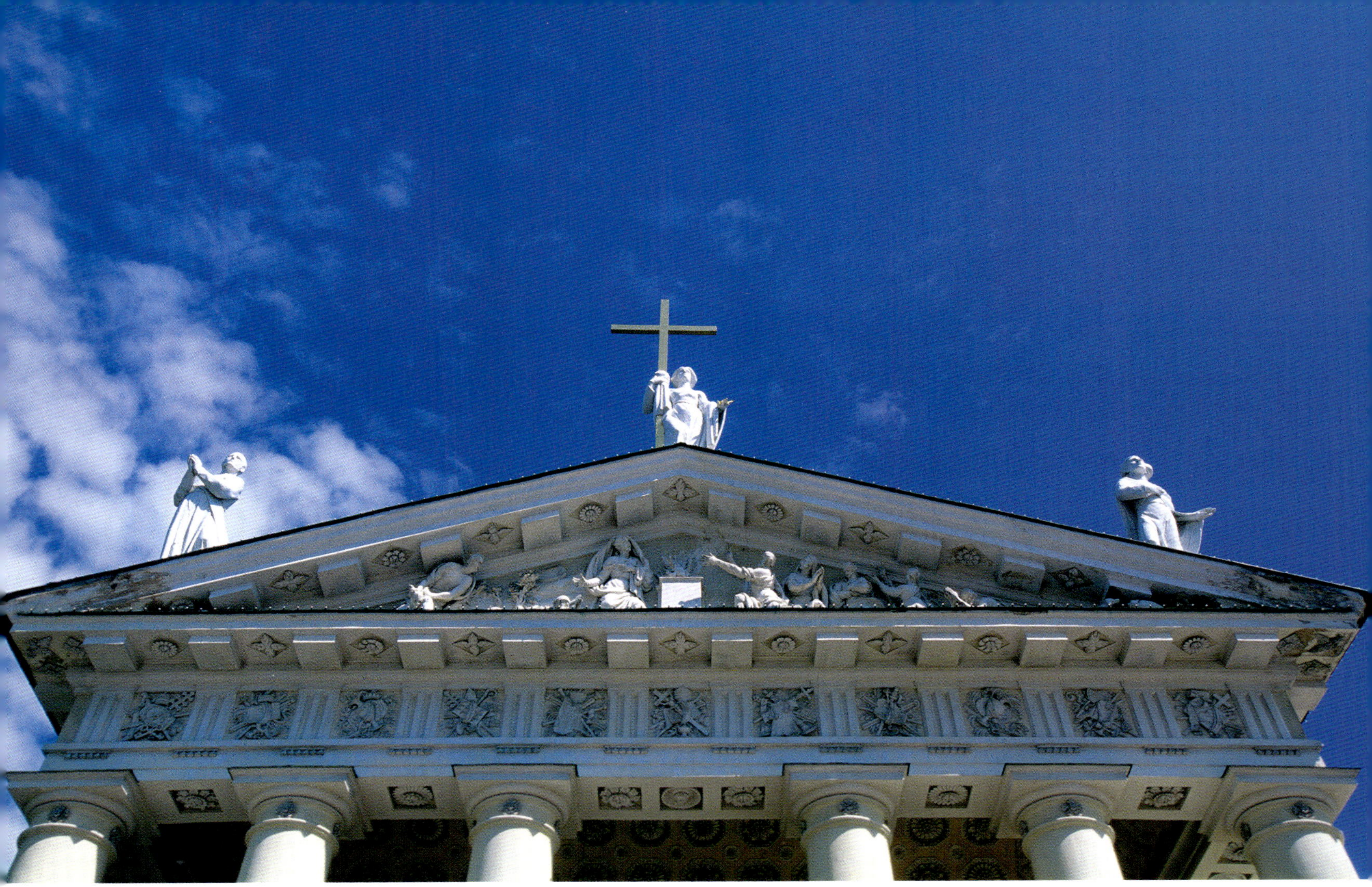

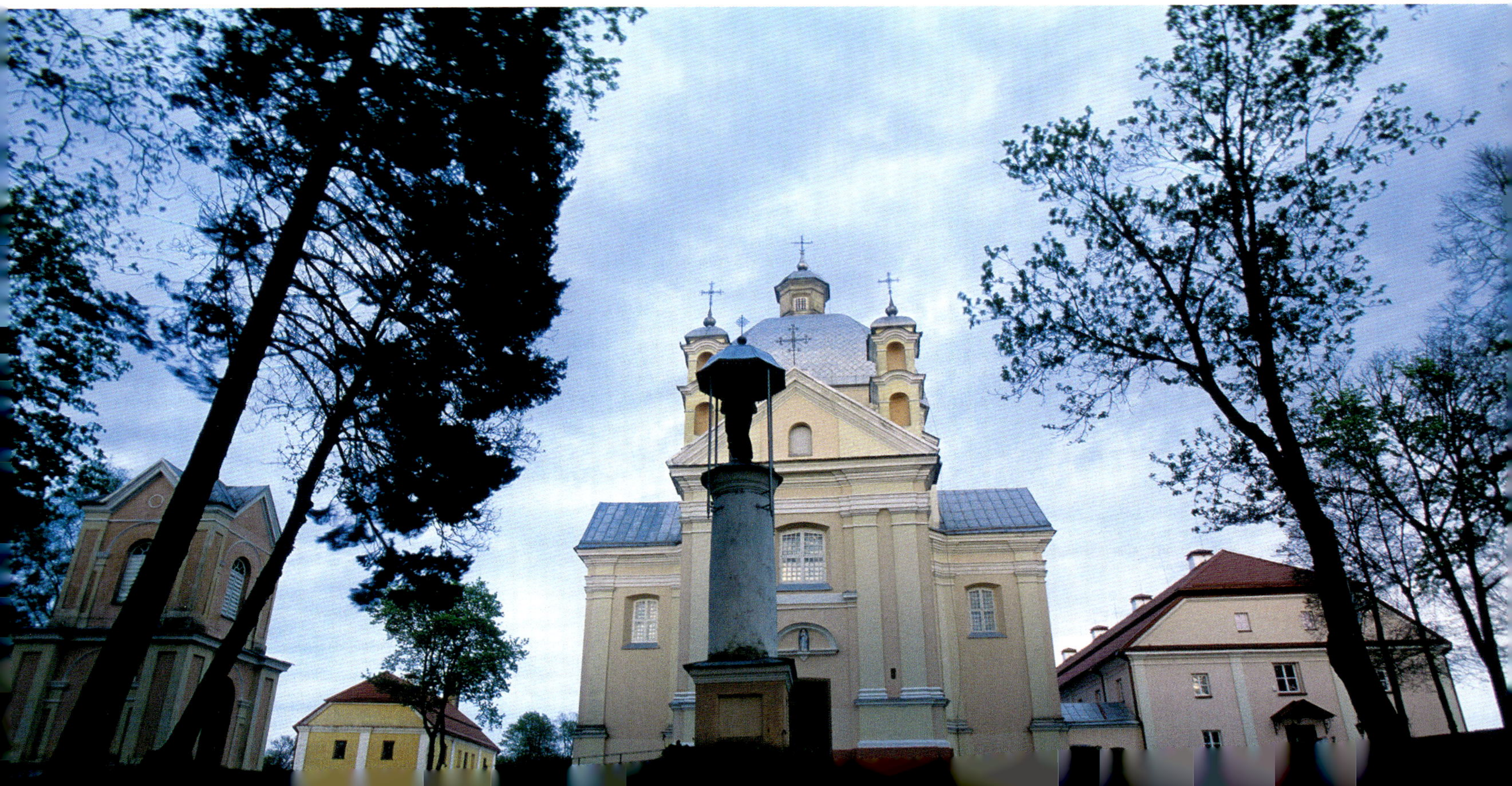

abhängig sind. Und wenn er nicht zahlen will oder nicht zahlen kann, sieht es eben schlecht aus. Diese Art der Schattenwirtschaft hat beträchtliche Ausmaße erreicht, und sie hat in Zeiten ohnehin leerer Staatskassen verheerende Konsequenzen: Wer ausschließlich eine staatliche Rente oder andere Unterstützungsleistungen vom Staat bezieht, hat nicht genug zum Überleben und ist in der Regel auf familiäre Hilfe angewiesen. Viele ältere Russen, die in der Industrie tätig waren und ihre familiären Bande abgebrochen haben, als sie ins Baltikum einwanderten, leben von nichts weiter als einer zu kleinen staatlichen Rente.

Ganz anders steht die Landbevölkerung da, und auch hier fehlt dem Staat das Geld, um zumindest die gröbsten Fehlentwicklungen zu mildern: Abseits der wirtschaftlichen Zentren, in den Kleinstädten des Landes, beschränkte sich der industrielle Sektor oft auf eine oder zwei Fabriken am Ort. Viele von diesen existieren heute nicht mehr, und weil sich der Dienstleistungssektor auf die infrastrukturell gut erschlossenen wirtschaftlichen Zentren konzentriert, findet vielerorts eine Rückkehr zur reinen Agrarwirtschaft statt. Ein weiteres Problem der Landbevölkerung ist, dass viele junge Menschen, insbesondere die intelligenten und gut ausgebildeten, in den ländlichen Regionen keine Zukunft für sich sehen.

Der legendäre Riese Leiger auf der Insel Kassari, Estland

Schere zwischen Land und Städten

Über die Landesgrenzen hinweg gelten die ländlichen Regionen im Osten des Baltikums als Armenhaus Europas: Dort fehlt inzwischen sogar das Personal, das sinnvolle und realistische Initiativen für den Gebrauch von EU-Subventionen entwickeln und diese in die Realität umsetzen könnte. Es gibt im gesamten Baltikum sowohl eine Schere, die sich zwischen Arm und Reich, als auch eine, die sich zwischen dem Land und den Städten öffnet. Insbesondere in den Innenstädten von Tallinn, Riga und Vilnius kann man den Eindruck gewinnen, dass das Baltikum ganz eindeutig in Europa angekommen ist. Doch wer sich zum Beispiel in die Plattenbausiedlungen wagt oder sich auf den Weg in die fast überall ausnehmend schöne Provinz macht, wird mancherorts einen zweiten, ganz anderen Blick auf diese gleichzeitig alten und neuen Länder Europas bekommen. Estland, Lettland und Litauen sind sehr schöne und sichere Reiseländer, die meist im Positiven, manchmal aber auch – wie jedes andere Land der Welt – mit negativen Eindrücken überraschen.

terra magica

Kultur

Im 13. Jahrhundert brennen Kreuzritter die in Holzarchitektur errichteten Städte und Siedlungen des nördlichen Baltikums nieder. Materielle Güter der vorchristlichen Kulturen bleiben kaum erhalten. Doch bis heute existieren Lieder, in denen die vorchristlichen Völker ihre ethischen Vorstellungen, Weltbilder, Geschichten und ganz praktische Lebensweisheiten weitergegeben haben. Später, in Zeiten der Leibeigenschaft, dienen solche Lieder auch der Beschreibung des bäuerlichen Alltags und der allgemeinen Lebensumstände. In Estland orientiert man sich formal und inhaltlich unter anderem an den großen skandinavischen epischen Dichtungen.

Lieder – die Basis der Nationalkulturen

In Lettland dagegen entwickelt sich die Kunstform der Dainas: Diese vierzeiligen Strophen, von denen heute weit über eine Million bekannt sind, bilden in sich geschlossene Einheiten, von denen jede für ein Gefühl, ein Ereignis, einen Ratschlag oder ein Denkbild steht. Früher wurden die Strophen in privatem Kreis assoziativ miteinander verbunden, meist an den langen Winterabenden, wenn in spärlich durch Kienspäne beleuchteten Bauernstuben handwerkliche Tätigkeiten verrichtet wurden. Der in Riga zwischen 1765 und 1769 an der Domschule lehrende Johann Gottfried Herder war nicht der Erste, aber wohl der Bekannteste derer, die die kulturgeschichtliche Bedeutung der Dainas erkannten, er begann damit, sie systematisch zu sammeln.

Ab Beginn des 19. Jahrhunderts beschäftigt sich eine ganze Generation von Akademikern und Literaten mit dem Liedgut: Aus mündlichen Überlieferungen und von der skandinavischen Literatur beeinflusst stellt Friedrich Reinhold Kreutzwald 1861 das estnische Nationalepos *Kalevipoeg* zusammen. In enger Anlehnung an die finnische *Kalevala* beschreibt der Text Schöpfungsmythen, Kämpfe zwischen verschiedenen Völkern und die Lebensgeschichte des Riesen Kalevipoeg. In Lettland greift Andrejs Pumpurs vor allem auf das Material mythologischer Dainas zurück, auf deren Textbasis das lettische Nationalepos *Lāčplēsis* entsteht: Der Held, Sohn einer Bärin und eines Menschen, verteidigt darin seine lettische Heimat gegen andere mythische Wesen.

In Litauen schildert Adam Mickiewicz in *Konrad Wallenrod* (1823) sehr konkret den Kampf seiner Vorfahren gegen den Deutschen Orden. 1834 verfasst der unter zaristischer Herrschaft ins polnische Exil verbannte Mickiewicz sein Hauptwerk, *Pan Tadeusz*, ein humoristisches und ausgesprochen patriotisches Bild des von Russland enteigneten polnisch-litauischen Kleinadels. Das Werk mit seinen vom Zeitalter der Romantik geprägten, literarisch anspruchsvollen Landschaftsbeschreibungen gilt gleichermaßen als litauisches und polnisches Nationalepos. Neben der hohen Literatur gibt es auch in Litauen eine große Zahl mündlich überlieferter Volkslieder.

Die Dainos haben ähnliche Themen und Formen wie die lettischen Dainas, erreichen jedoch nicht ihre kulturgeschichtliche Bedeutung. Im ausgehenden 19. Jahrhundert trifft die überall im Baltikum durchgeführte

Bilder nächste Doppelseite und darauf folgende beiden Seiten
- **Landhäuser in Litauen und Estland. Fischerhäuser in Nida (Nidden) auf der Kurischen Nehrung und Bäuerin in Darbėnai, Litauen**
- **Holländische Windmühle auf der Insel Saaremaa**
- **Brütende, ziehende und weidende Tiere**

terra magica

terra magica

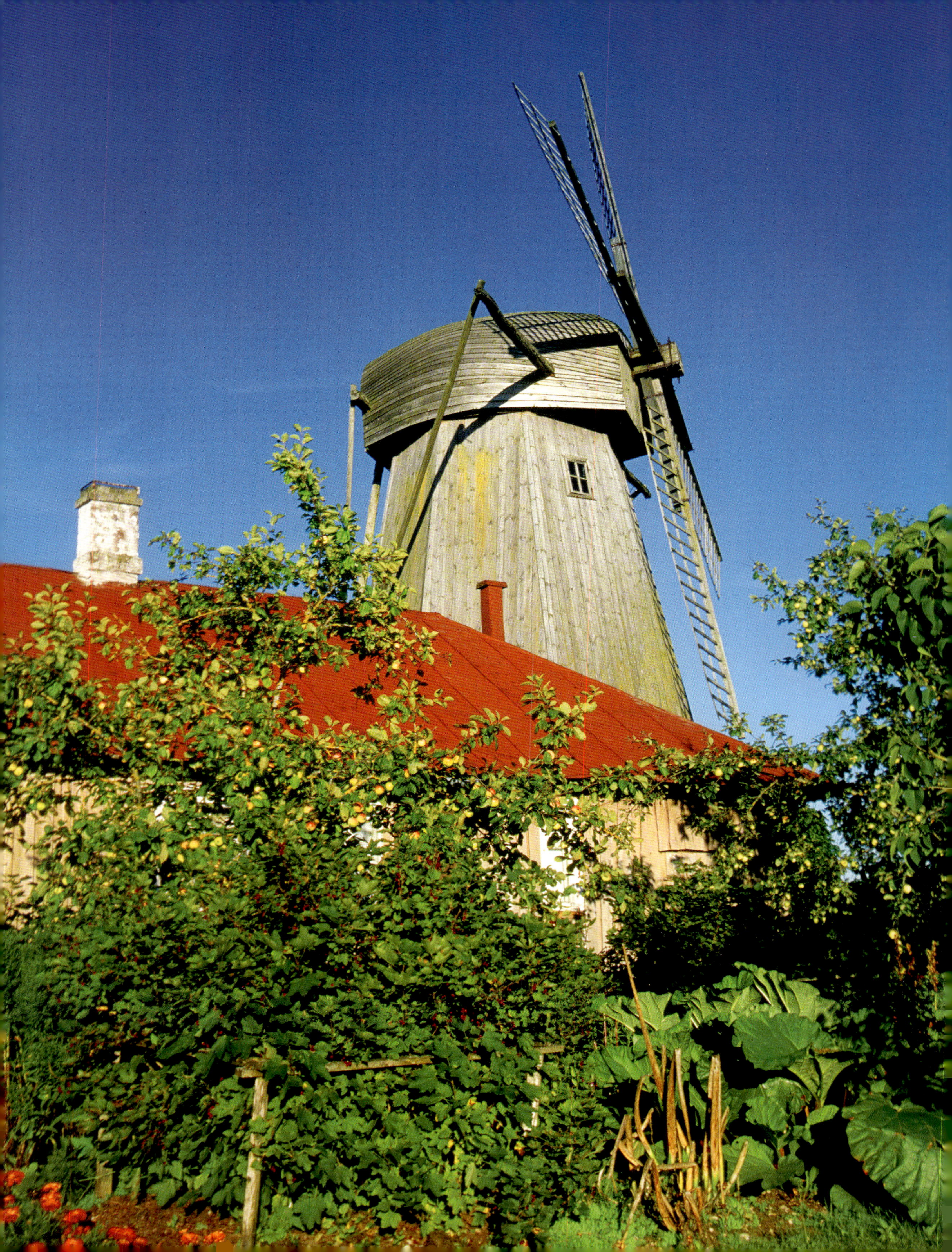

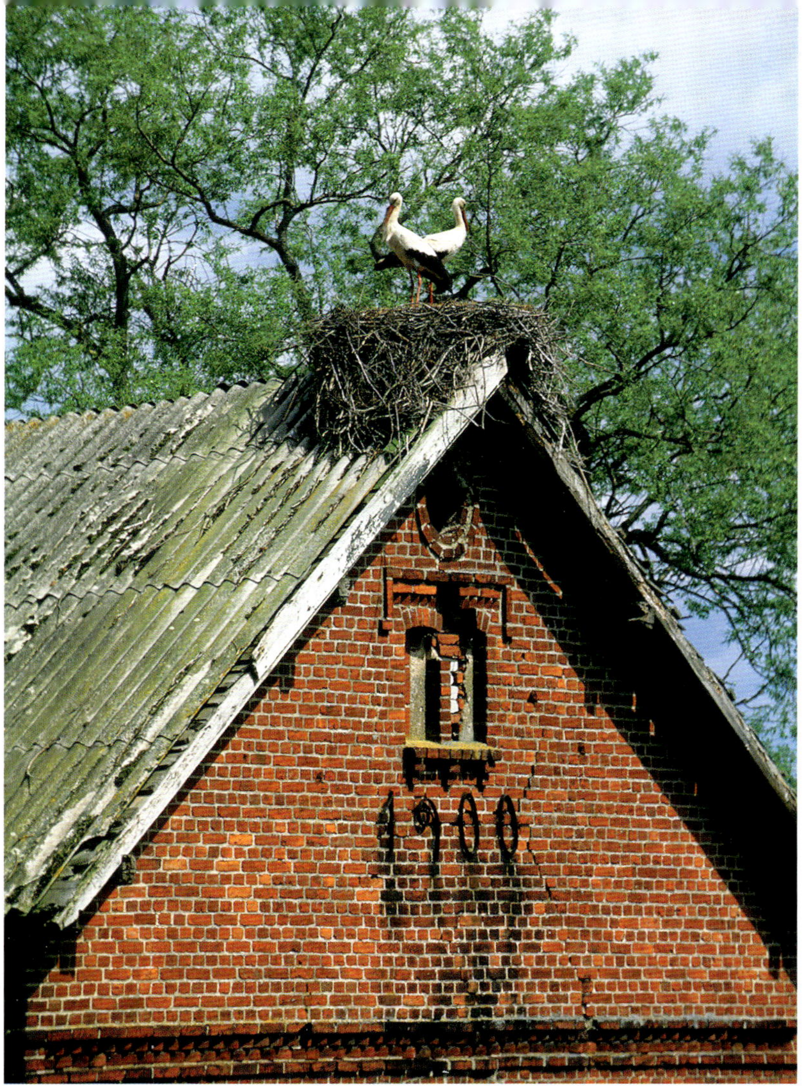
1900

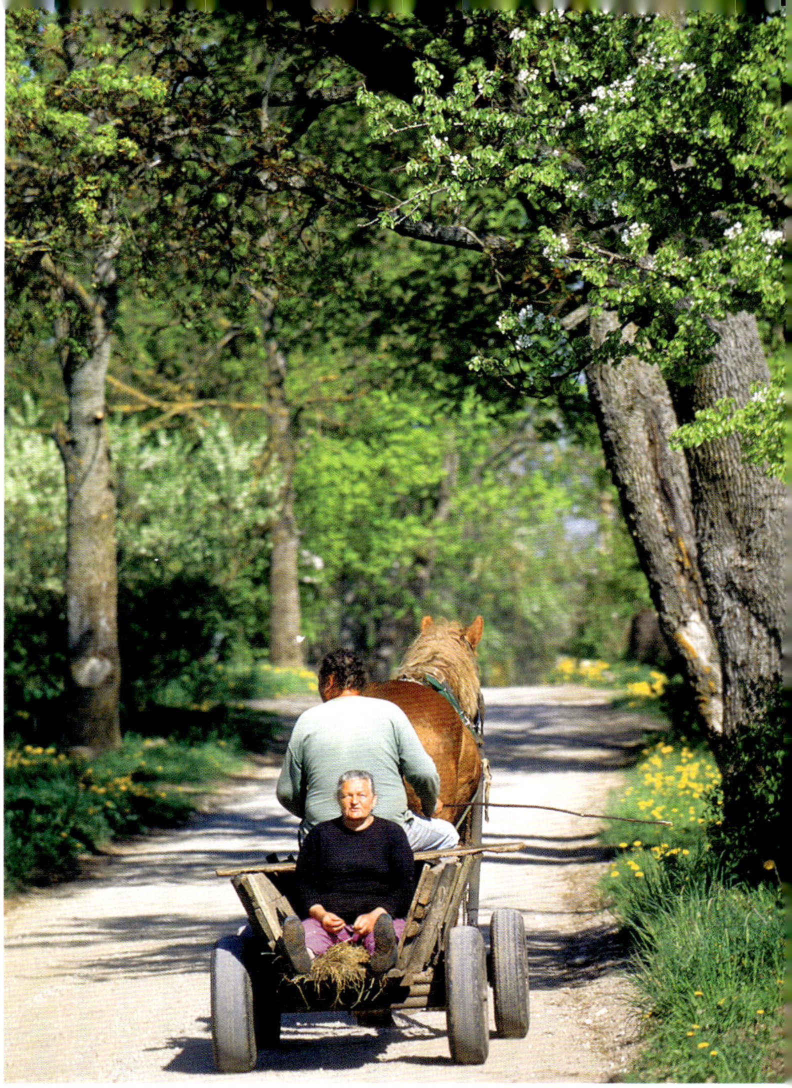

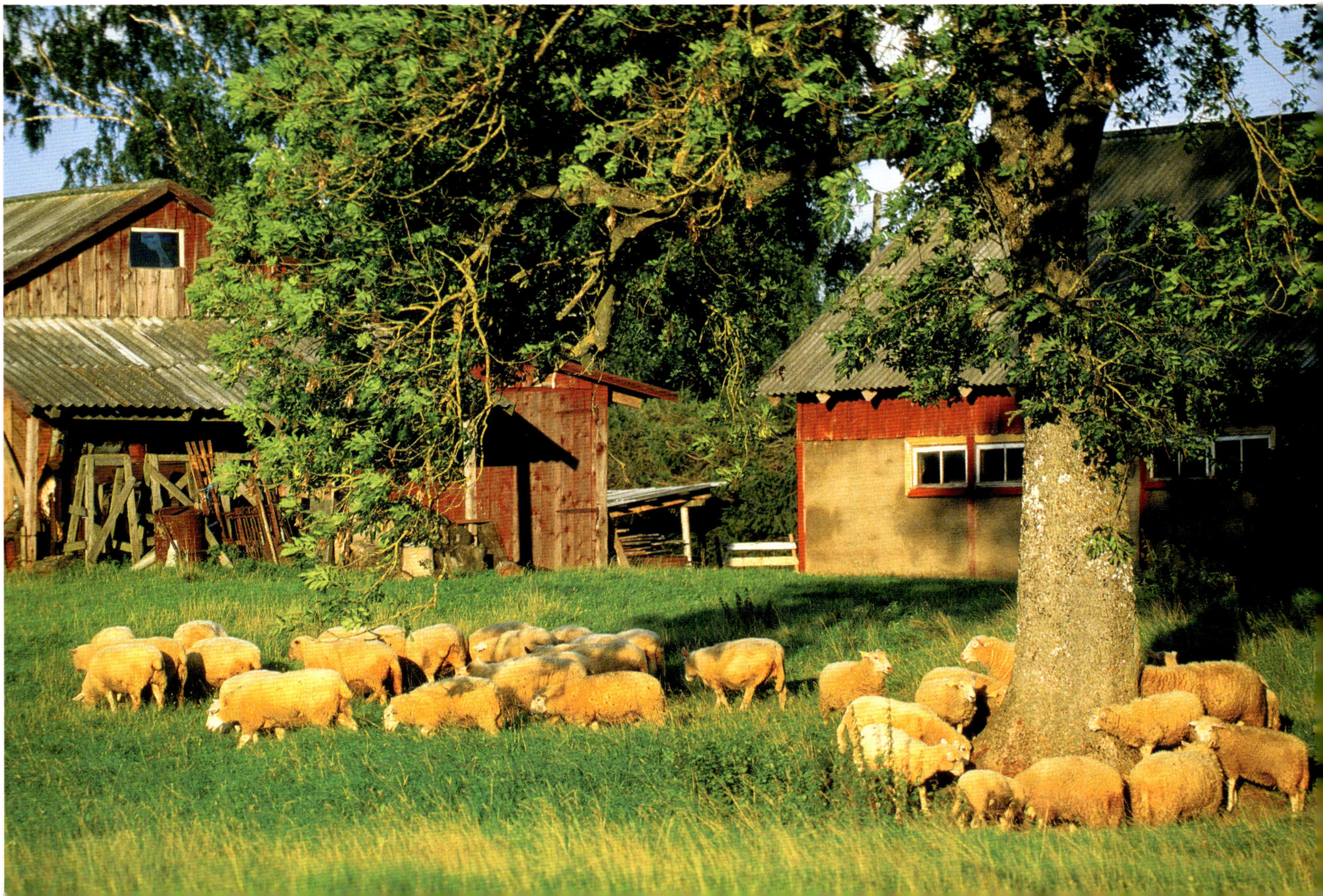

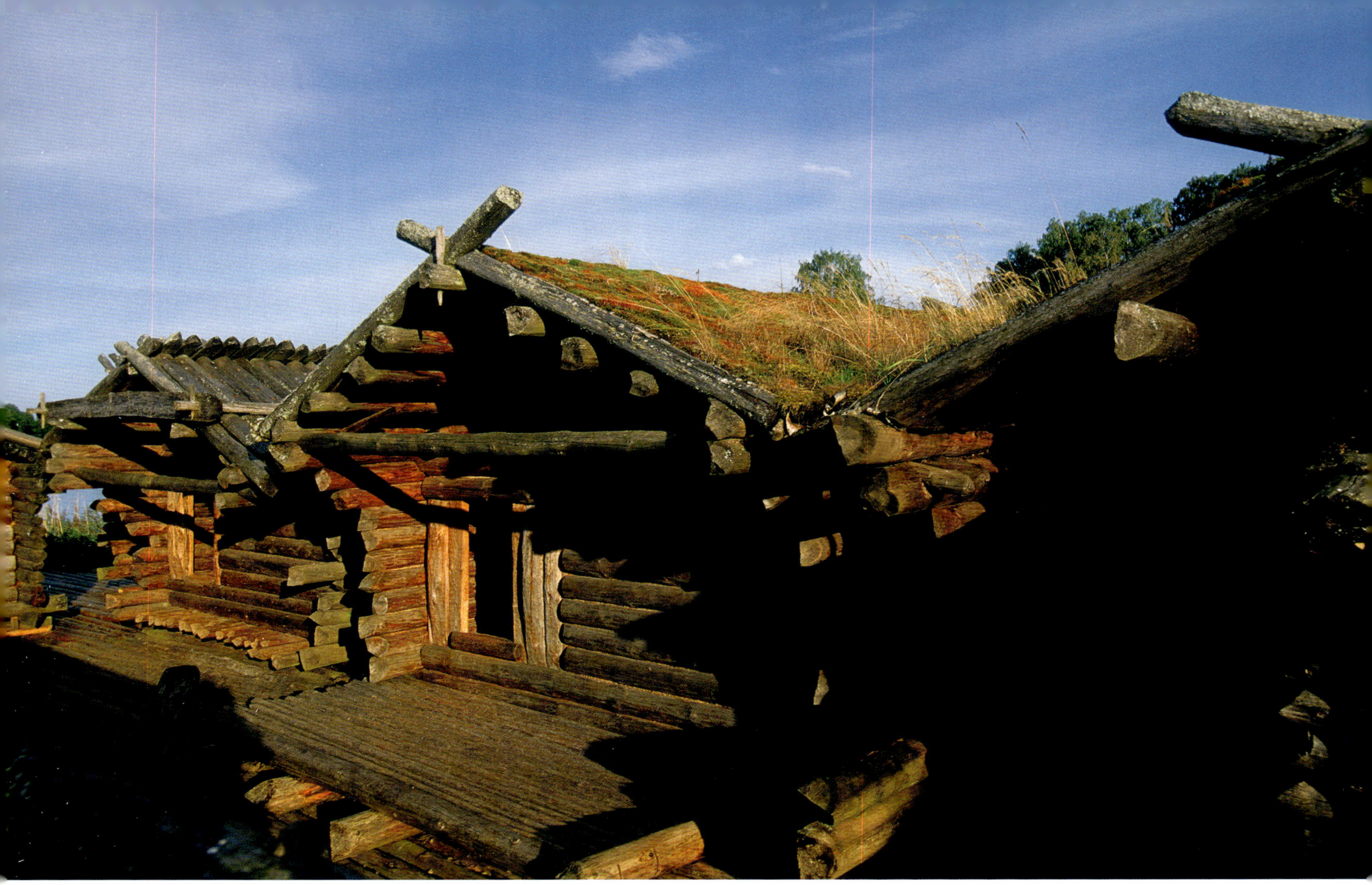

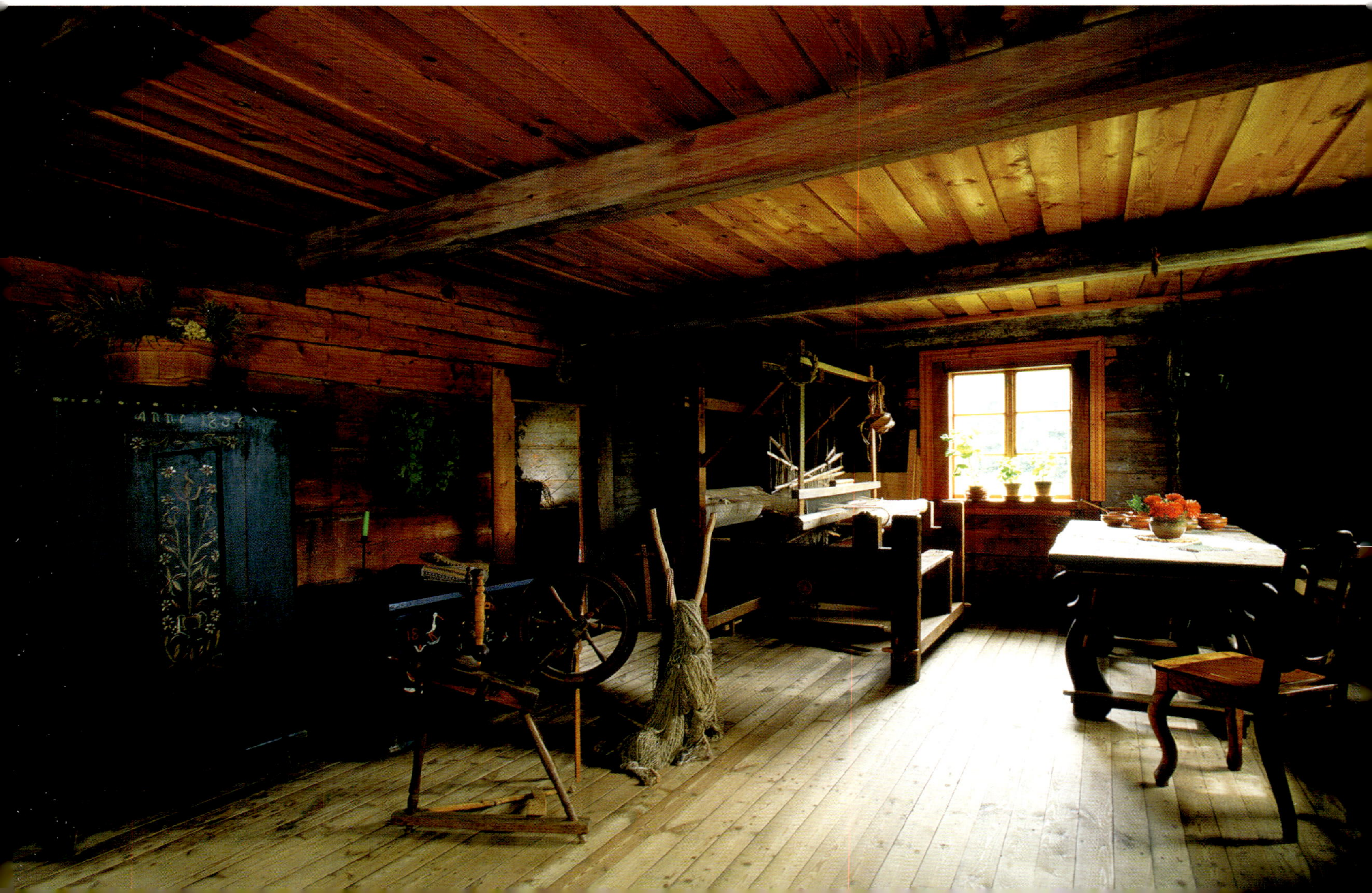

Russifizierung bei der Bevölkerung auf heftige Ablehnung. Vor Tausenden von Zuschauern finden nun Sängerfeste statt, bei denen als Ausdruck nationaler Identität vordergründig nicht sonderlich politisch erscheinende Lieder zur Aufführung kommen. Auch bei der Lösung der baltischen Staaten aus der Sowjetunion spielen solche Sängerfeste eine bedeutende Rolle.

Volkslieder und Volkskultur sind im kulturellen Leben bis heute ein fester Bezugspunkt. Selbst die zeitgenössische Kunst und die aktuelle Literatur sind vielfach noch von Inhalten und Formen geprägt, die bäuerliche Traditionen zitieren. Diese sind, um ein in Deutschland nicht gern gebrauchtes Wort zu strapazieren, der nationale Aspekt der baltischen Kulturen, die ansonsten natürlich vollständig in internationale Strömungen eingebettet sind. Um die traditionellere Seite der interessanten Wechselbeziehung zu verstehen, ist es notwendig, einen Blick auf Weltbilder, Lebensbedingungen und Mythen zu werfen, die weite Teile der Bevölkerung bis ins späte 19. Jahrhundert hinein prägten.

Bauernhöfe – Architektur, Kunst und Alltag

Während der Stil der baltischen Gutshöfe dem wechselhaften gesamteuropäischen Architekturgeschmack folgte, gab es in der traditionellen bäuerlichen Architektur über viele Jahrhunderte hinweg wenig Änderungen: Es erhielt sich eine auf die Zeit vor der Christianisierung zurückgehende reine Holzbauweise, in der selbst Eisennägel und -schrauben häufig fehlen. Der Bauernhof war eine in sich geschlossene Welt, auf dem, meist weit vom Gutshof entfernt, die baltische Landbevölkerung ihre eigenen kulturellen Traditionen pflegte. Bei der Anlage vieler Höfe beeinflusste der vorchristliche Sonnenkult die Ausrichtung

Bilder links
Museumsbauernhaus in Āraiši und Bauernstube im Freilichtmuseum am Jugla-See, Lettland

der Häuser und der auf den Hof führenden Tore: Diese lagen an den beiden Stellen, an denen die Sonne zum Zeitpunkt der Sommersonnenwende, dem im Baltikum auch heute noch wichtigsten Fest des Jahres, auf- und unterging.

Das Landleben spielte sich nicht nur im zentral auf dem Hof gelegenen Haus des Bauern ab: In zahlreichen, in ihren Funktionen klar ausdifferenzierten Gebäuden wurde gelebt und gearbeitet. Im Winter mussten natürlich auch Badestuben, Korndarren, Werkstätten und andere Nebengebäude beheizt werden. Weil man auf die Wärme jedes verfügbaren Ofens angewiesen war, wurden die entsprechend gestalteten Gebäude samt ihren Anbauten auch zu Wohnzwecken genutzt. Der steinerne Ofen, der oft gleichzeitig als Herd diente, war der zentraler Ort des bäuerlichen Alltags. Dieser Ofen wurde üblicherweise nicht von der Wohnstube, sondern von einem auch als Eingang und Küche dienenden Vorraum aus beheizt. Während der Heizperiode wurden in dieser «schwarzen Küche» Schinken, Wurst und Speck geräuchert, dort wurde Brot gebacken, und auf den Simsen wurde Bienenwachs zur Herstellung von Kerzen geschmolzen.

Die von geharzten Kienspänen knapp beleuchteten, wegen der nötigen Wärmeisolierung mit nur kleinen Fenstern versehenen Wohnräume waren gleichzeitig Werkstatt für Kleider, Möbel und die Gerätschaften, die für den Ackerbau benötigt wurden. Untermalt vom Rhythmus sich drehender Spinnräder, wurde im Winter viel Zeit auf die Herstellung kunstvoll gestalteter Textilien verwendet. Sie waren Ersatz für metallenen Schmuck, denn Metall war teuer, schwer zu verarbeiten und auf dem Land praktisch nicht verbreitet. Im gesamten Kunsthandwerk der baltischen Staaten fällt eine reiche Ornamentik auf: Geometrische Formen und stilisierte Tier- und Pflanzenmuster dienten gewissermaßen als Alphabet, mit dem es möglich war, Losungen und Glückwünsche zwischen den Generationen, unter Verheirateten und an Freunde weiterzugeben. Der heute vielleicht bedeutendste Zweig des Kunsthandwerks ist die Schmuckproduktion, die im Baltikum auf ein faszinierendes Material zurückgreifen kann: den fast allgegenwärtigen Bernstein.

Bernstein – das «Gold der Ostsee»

Eine alte litauische Sage berichtet von einem Fischer namens Kastytis, der sich in Jurate, die Göttin des Meeres, verliebte. Beide heirateten heimlich in den Gemächern ihres auf dem Meeresgrund gelegenen Bernsteinschlosses, was Göttervater Perkunas derart erzürnte, dass er den Palast mit einem mächtigen Donnerschlag zerstörte. Die größeren an die Küste gespülten Bernsteinstücke gelten als Trümmer des zerstörten Palastes, die vom Meer kreisrund geschliffenen Perlen als Tränen der weinenden Jurate.

Aus dem «Gold der Ostsee» zog der Deutsche Orden märchenhafte Gewinne. Die an Küsten mit Bernsteinvorkommen lebende Bevölkerung wurde zum «Bernsteinfischen» gezwungen. Bei stürmischer See gelangte das leichte fossile Harz, das in Salzwasser schwimmt, mit Seetang vermischt an die Meeresoberfläche. Männer, die sich gegen den Wellengang mit Seilen sicherten, schöpften mit feinmaschigen Köchern das Gemisch aus Tang und Harz aus der Ostsee. Sie warfen es an Land, wo es von Frauen und Kindern sortiert wurde. Dort standen notdürftig zusammengezimmerte Hütten, in denen die Leder- und Wollbekleidung der Männer, die mehrmals täglich gewechselt wurde, über offenem Feuer trocknete. Ihre Beute nahmen noch am Strand Inspektoren des Deutschen Ordens an sich.

Im Spätmittelalter kam das Königsberger Bernsteinkontor, über das der Rohstoffhandel mit baltischem Bernstein kontrolliert wurde, in den Besitz preußischer Fürsten. Die künstlerische Arbeit mit dem leicht zu bearbeitenden Material war fester Bestandteil der Prinzenerziehung: Farblich sorgfältig aufeinander abgestimmte Bernsteinplättchen wurden von ihnen auf die sonst schon fertigen hölzernen Möbelstücke geklebt. Während des Barock entstanden aus professionellerer Hand mit Bernsteinstücken verzierte Spiegelrahmen, Aufsatzschränke, Kronleuchter und Prunksessel. Als Geschenke gingen die Werke derjenigen Meister, die ihr Handwerk wirklich beherrschten, an die führenden Höfe Europas. Das bekannteste Beispiel aus dieser Zeit ist das seit dem Zweiten Weltkrieg verschollene Bernsteinzimmer.

Der Beginn des industriellen Zeitalters leitete eine neue Epoche in der Kulturgeschichte des Bernstein ein: Die Firma Stantien & Becker errichtete Tagebaubergwerke an der ostpreußischen und der südlitauischen Küste. In der Nähe der Bergwerke entstanden, nach Vorbildern aus der Kohleförderung des Ruhrgebiets, zum Betrieb gehörige Zechensiedlungen von Bergarbeitern. Die größten Zechen im heute auf Königsberger Gebiet liegenden Jantarnyi hießen Anna und Henriette, und das Hotel am Platz trug den schönen Namen «Glück auf». Die Fördermenge baltischen Bernsteins stieg von etwa zehn Tonnen auf 400 Tonnen im Jahr, und vor allem die schweren in Silber gefassten Bernsteinketten wurden zur Jahrhundertwende ein europaweit verbreitetes Massenprodukt.

Einen seiner Höhepunkte erlebte zu Kunst und Politkitsch verarbeiteter Bernstein im Deutschen Kaiserreich und im Nationalsozialismus: Das aus dem Harz vorgeschichtlicher Wälder entstandene Material passte

Bilder rechts und nächste beiden Doppelseiten
- **Bernsteinverkauf in Riga. Ordensburg (1209) in der Hansestadt Cēsis, Lettland**
- **Lettland: Bischofsburg (1214) Turaida (Treyden) am Gauja-Fluss. Estland: Bischofsburg (14. Jh.) in Kuressaare (Arensburg) auf Hiiumaa, Ordensburg (1471) von Toolse (Tolsburg) und Bischofsburg (1279) von Haapsalu (Hapsal)**
- **Blick vom Burgfried der Museumsburganlage von Turaida ins Grün des Gauja-Tales**

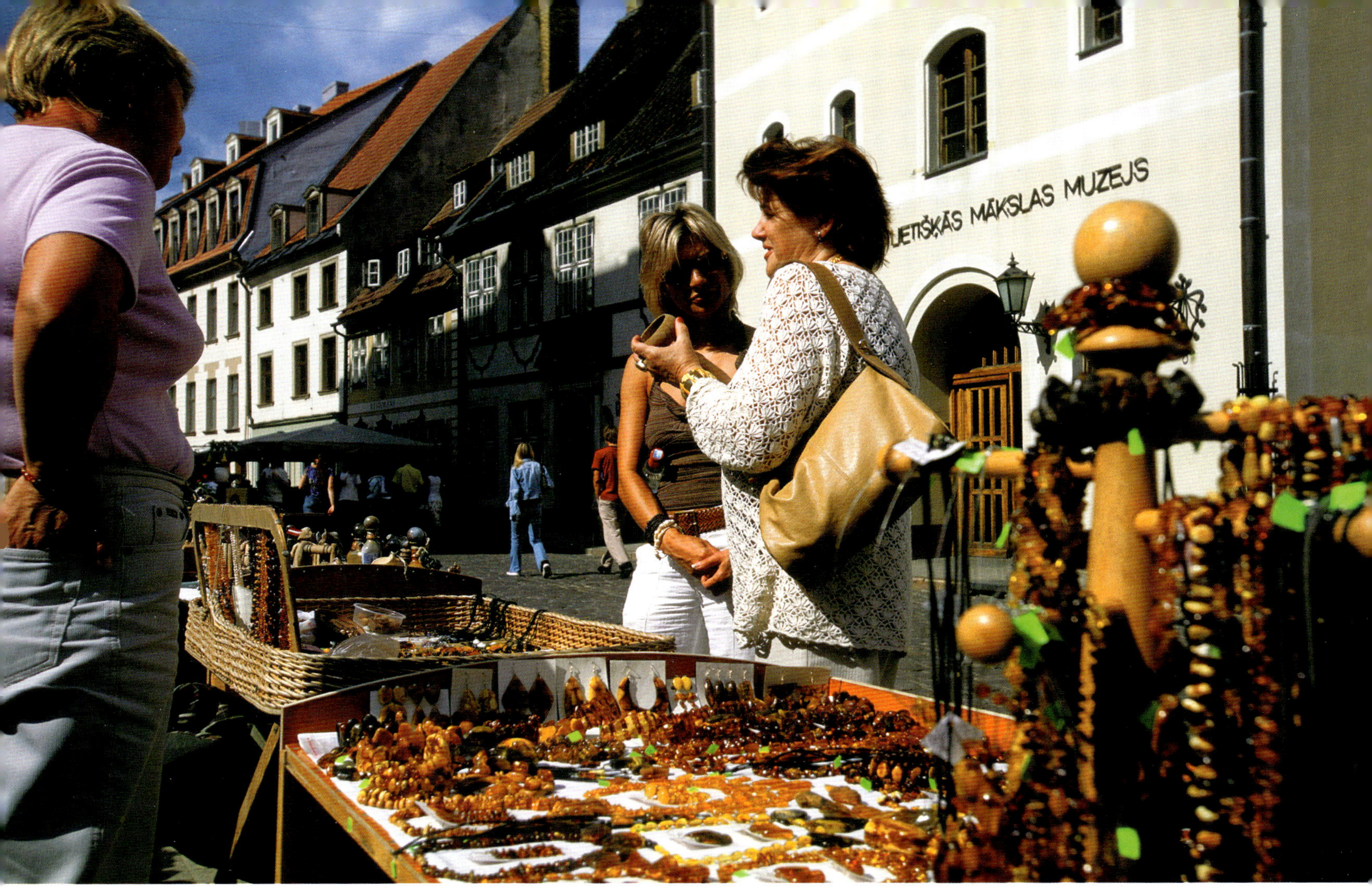
MĀKSLAS MUZEJS

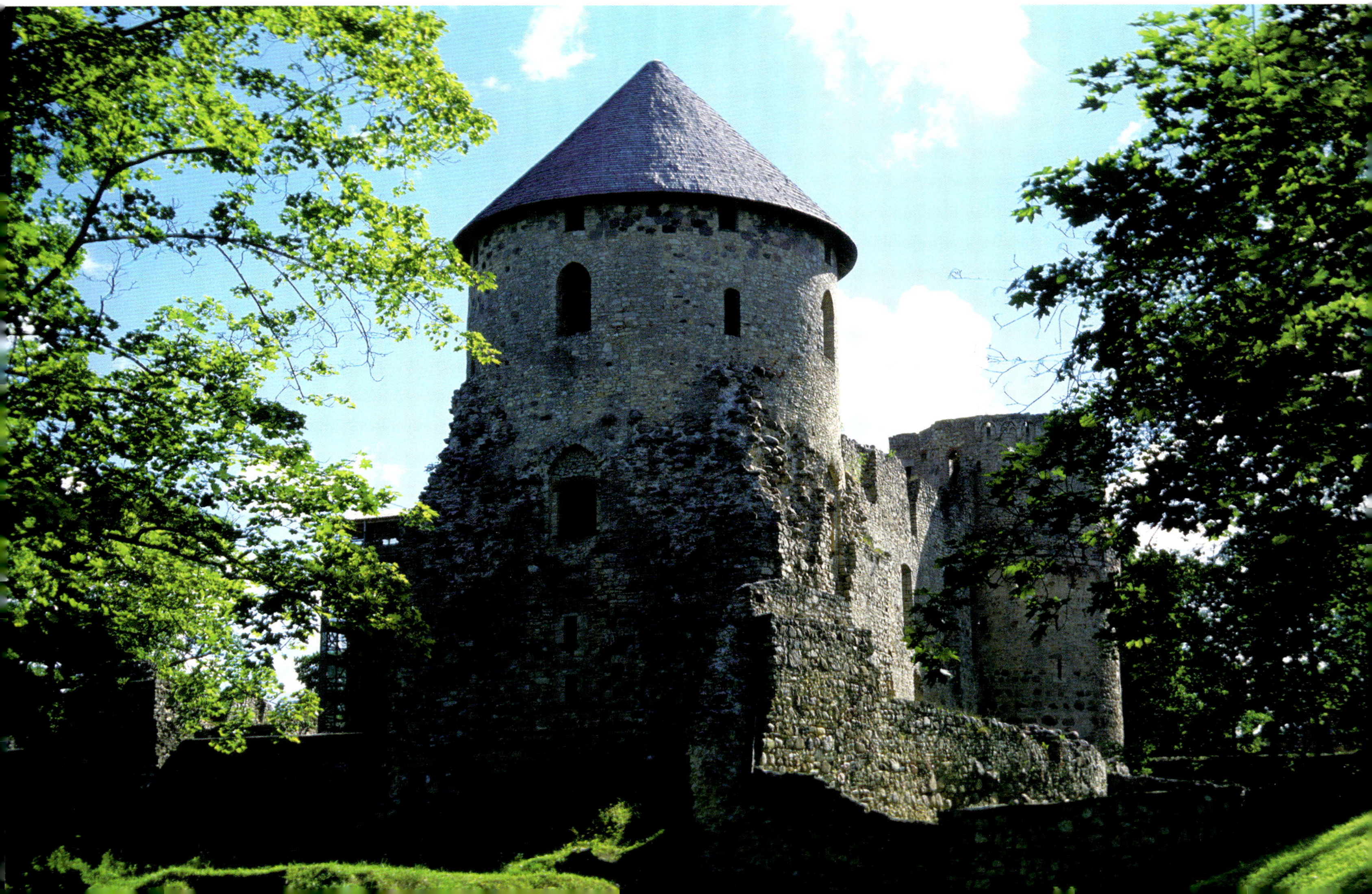

terra magica

terra magica

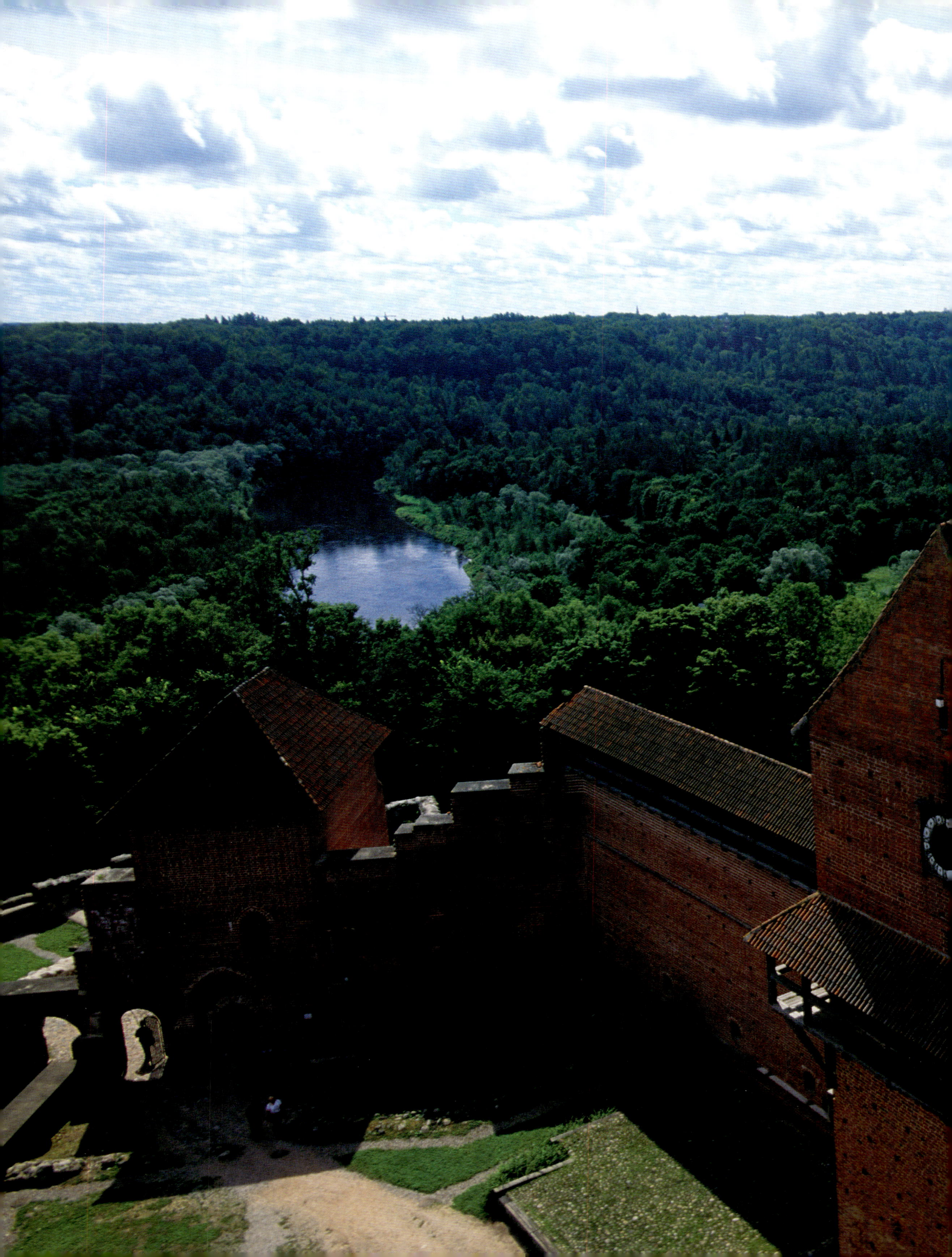

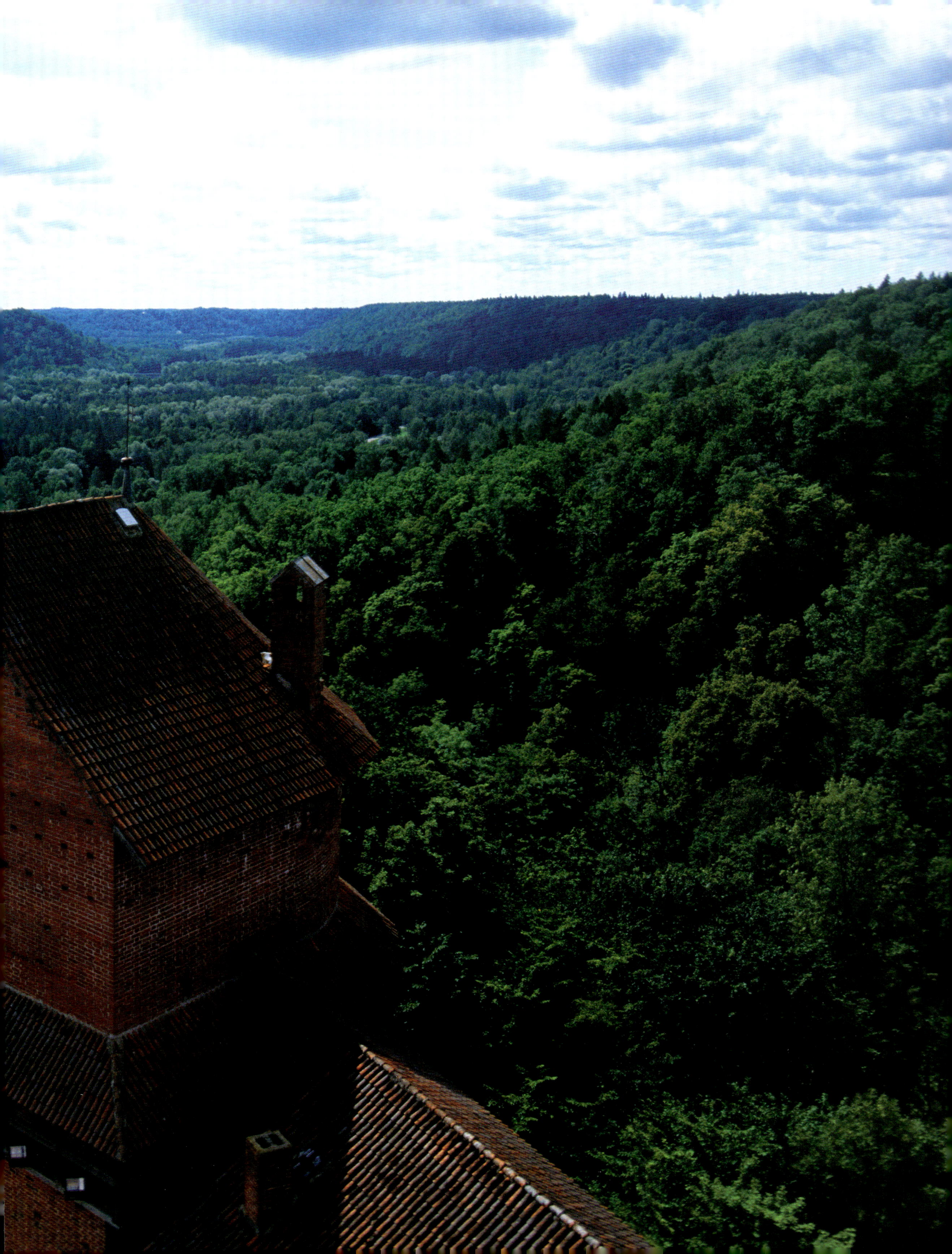

dank seiner erdverbundenen Entstehungsgeschichte und seiner regionalen Herkunft perfekt in die Blut- und-Boden-Ideologie der Epoche. Vor allem im Ersten Weltkrieg behauptete man, mit der Eroberung des Baltikums an gute alte deutsche Traditionen anzuknüpfen: Ziel der Besetzung sollte die Errichtung eines von deutscher Kultur geprägten Staates sein. Man plante allen Ernstes sogar die Ansiedlung deutscher Bauern, von denen die Ortsansässigen lernen sollten. Schließlich hatten sie ja vor Jahrhunderten schon erfolgreich gelernt, was das Christentum ist.

Ordensburgen

Von der Christianisierung des Baltikums war die einheimische Bevölkerung alles andere als begeistert. Daher mussten die von den Ordensrittern errichteten Burgen mehrere Funktionen gleichzeitig erfüllen: Fast überall entstand eine Mischung aus klösterlicher Anlage und Wehrburg. Nach dem immer wieder leicht modifizierten Plan eines rechteckigen Kastells gebaut, umschlossen sehr hohe Mauern einen ausreichend großen Innenhof. In Krisenzeiten fanden dort auch Handwerker und Kleinhändler Platz, die sonst in den Holzhäusern der Vorburgen lebten. Hier konnte zur Not auch das Vieh untergebracht oder Getreide gelagert werden.

Die Ausstattung der Burgen variierte beträchtlich. Eine der größten und heute noch fast vollständig erhaltenen Anlagen steht auf der estnischen Insel Saaremaa in Kuressaare: In der Burg erstrecken sich unter von mächtigen Pfeilern getragenen Kreuzgewölben, wie in allen Konventen des deutschen Kulturkreises, Räume mit klar ausdifferenzierten Funktionen: Kapellen, Dormitorien, Speise- und Festsäle sowie die deutlich komfortableren Räume der geistlichen Führung. Für die Räume des Bischofs gab es sogar eine Fußbodenheizung, die ihre Wärme über ein ausgeklügeltes System von Warmluftschächten bezog. Die schlichte, fast schmucklose Architektur spiegelte im 13. Jahrhundert den Lebensstil eines disziplinierten, bis ins Detail geregelten Tagesablaufs.

Als die politische Lage sich mit der fortschreitenden Christianisierung stabilisierte, verlor die Verteidigungsfunktion der Burgen ebenso an Bedeutung wie die strengen klösterlichen Regeln. Der Livländische (1558–1583) und der Nordische Krieg (1700–1721) führten zur Zerstörung fast aller Ordensburgen. In Estland und Lettland zeugen seitdem zahllose mächtige Ruinen von der fernen Vergangenheit der Ordensritter. Ihre Nachfahren bevorzugten ganz andere Architekturen und eine verfeinerte, feudale Kultur.

Gutshöfe

Die Blütezeit der Gutshöfe begann, nachdem der Livländische und der Nordische Krieg sowie Pestepidemien ganze Landstriche entvölkert hatten. Das Baltikum war damals kein guter Ort zum Leben, und zahlreiche Gutsbesitzer hatten sich vorübergehend nach Deutschland oder Schweden in Sicherheit gebracht. Dem deutschen Landadel sicherte Zar Peter der Große zu, dass er seine Privilegien behalten dürfe. Im Zeitalter des Barock spiegelte sich die verspielte Selbstgefälligkeit der Gutsherren in der Architektur von Gutshöfen, in deren Einflussbereich in vielen Fällen mehr als 1000 Menschen lebten. Bald verdrängten die der Antike nachempfundenen klaren Linien des Klassizismus illusionistische Fassaden und opulent ausgestattete Treppenhäuser. Auch die strenge Geometrie formaler barocker Gärten wich großzügigen Landschaftsparks nach englischem Vorbild. Die gestaltete Landschaft wurde nun mit Tempeln, Brücken, Seen, Pavillons, künstlichen Grotten und Ruinen versehen.

Bilder rechts
Gutshaus in Kolga (Kolk) und Herrenhaus Palmse (ab 17. Jh.), Lahemaa, Estland

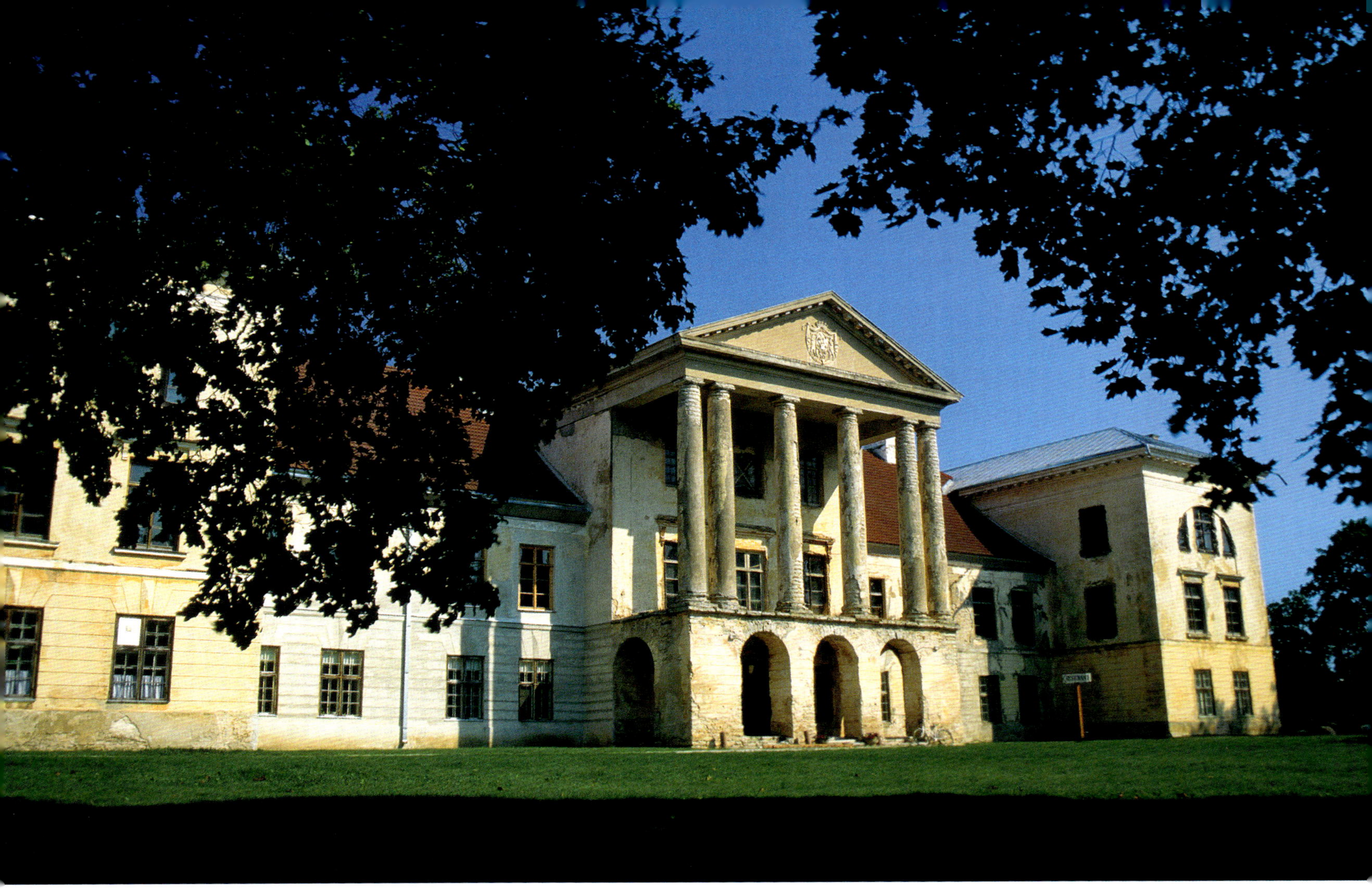

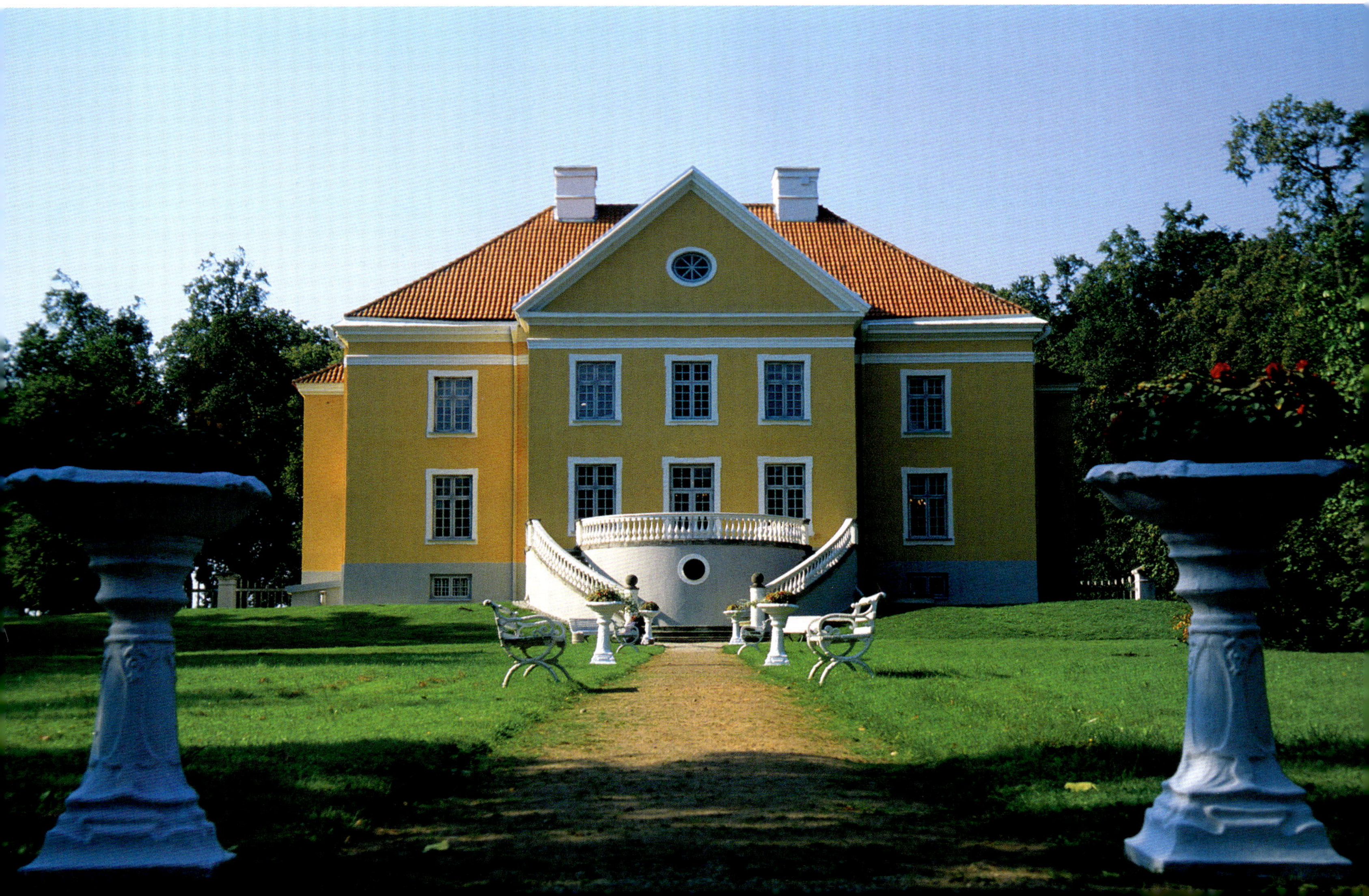

Ab Mitte des 19. Jahrhunderts hinterließ der Historismus seine Spuren: Die rasante Entwicklung des Verlagswesens machte breiten Massen kunstgeschichtliche Inhalte in Text und Bild zugänglich, die in den vorangegangenen Epochen einer Elite vorbehalten gewesen waren. In den Geisteswissenschaften erforschte man vergangene Zeitalter, und nach der Antike wurde nun vor allem das Mittelalter romantisch verklärt.

Herrenhäuser, die sich stilistisch an der norddeutschen Backsteingotik und an verwandten Strömungen aus England orientierten, waren in der zweiten Hälfte des 19. Jahrhunderts relativ kostengünstig zu haben. Der Grund dafür lag darin, dass die industrielle Fertigung von Ziegeln eine Standardisierung des Bauprozesses erlaubte. Es entstanden aber auch aufwendige Projekte in anderen Neo-Stilen: Der Gutshof Alatskivi mit seiner schneeweißen Fassade und zahlreichen Türmchen ist dem schottischen Schloss Balmoral Castle nachempfunden. Ganz dem französischen Manierismus ist das Anwesen im lettischen Stameriena verhaftet.

Gutshöfe galten den Sowjets als ein Ausdruck des überwundenen Feudalismus. Sie wurden gerne dem schleichenden Verfall preisgegeben oder absurden Nutzungsformen zugeführt. Heute befinden sich in vielen Gutshöfen Hotels, in denen man, noch für relativ wenig Geld, wirklich fürstlich übernachten kann. In anderen Gutshöfen befinden sich Museen oder Konzertsäle. Vor allem ungeklärte Eigentumsverhältnisse, Geldmangel der Eigentümer und Immobilienspekulation führen jedoch leider dazu, dass der Verfall mancherorts noch immer ungebremst fortschreitet.

Die Hanse: alles vorgeschrieben – auch wieviel Bier auszuschenken ist

Schon bei den ersten Stadtgründungen im Baltikum, als die deutschen Kaufleute zur Absicherung von Handelswegen ihre Allianz mit dem Klerus schlossen, bestanden sie auf einer weitgehenden Selbstverwaltung ihrer Angelegenheiten. Ende des 13. Jahrhunderts gehörten alle bedeutenden baltischen Städte der Hanse an. Der Stadtrat regelte den bürgerlichen Alltag sehr detailliert: Grundbesitz durfte nur erwerben, wer als Mitglied einer Gilde auch ratsberechtigter Bürger war. Die Länge der Fassaden wurde über einen vom Rat ausgehändigten Faden definiert, und es gab recht genaue Vorschriften zu Hygiene, Wasserkreislauf sowie zur Pflasterung und Instandhaltung der Straßen.

Am deutlichsten sind die Spuren hanseatischer Architektur heute in Tallinn zu sehen, wo in einigen Straßen ein spätmittelalterliches Speicherhaus neben dem nächsten steht. Üblicherweise diente ein großes Tor zur Straße hin als Warenausgang. Ankommende Waren verschwanden, häufig mittels eines im Giebel angebrachten Aufzugs, hinter den zahlreichen Luken der Fassade. Größter und wichtigster Raum des Wohnbereichs war meist die zweigeschossige Diele. Dort, im geräumigen Eingangsbereich, spielte sich das gesamte Arbeitsleben ab, dort versammelte sich der Kaufmann mit Familie und Bediensteten zu den Mahlzeiten, und an den großen Tischen fanden oft mehr als zwanzig Personen Platz.

Die Fenster waren zunächst nicht aus Glas, sondern aus Pergament oder der Haut von Tierblasen gefertigt. Erst im 15. Jahrhundert wurde sprödes, dickes Glas in Blei gefasst. Zunftordnungen legten eindeutige ethische und kaufmännische Regeln über den Umgang mit Lehrlingen und Gesellen sowie bezüglich der Qualität auszuliefernder Produkte fest. Für die Mitglieder von Zünften galt eine detaillierte Kleiderordnung. Was die Ausrichtung von Festen zur Meisterprüfung angeht,

Bilder rechts und nächste beiden Seiten
- *Riga: oberer Teil der Renaissancefassade des Schwarzhäupterhauses, dem Vereinshaus der ledigen Kaufleute*
- *Fassaden alter Hansahäuser in Tallinn*
- *Modernstes «Hansahaus»: Hansa-Bank in Riga*

ANNO 1334 renov. ANNO 1999

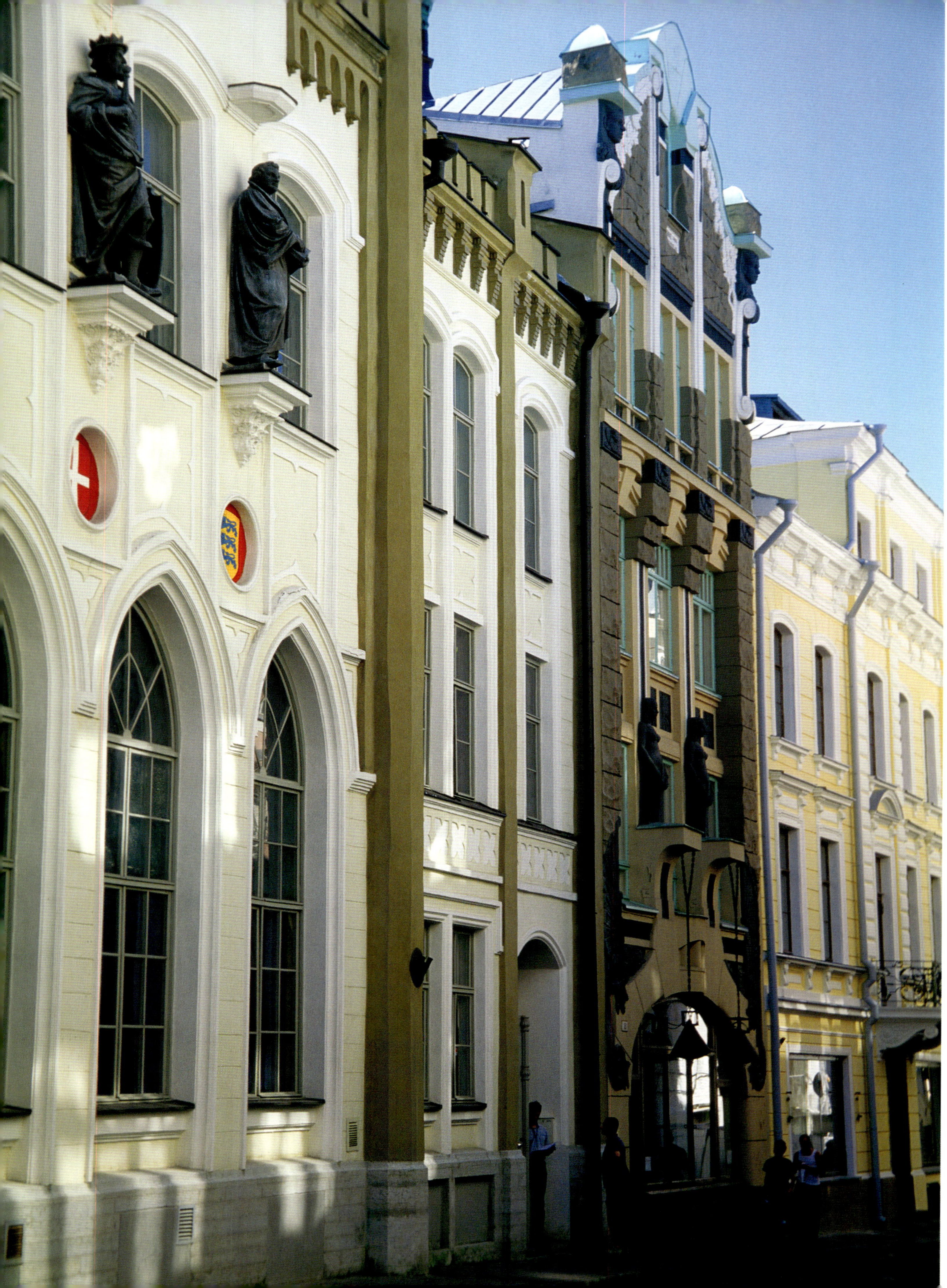

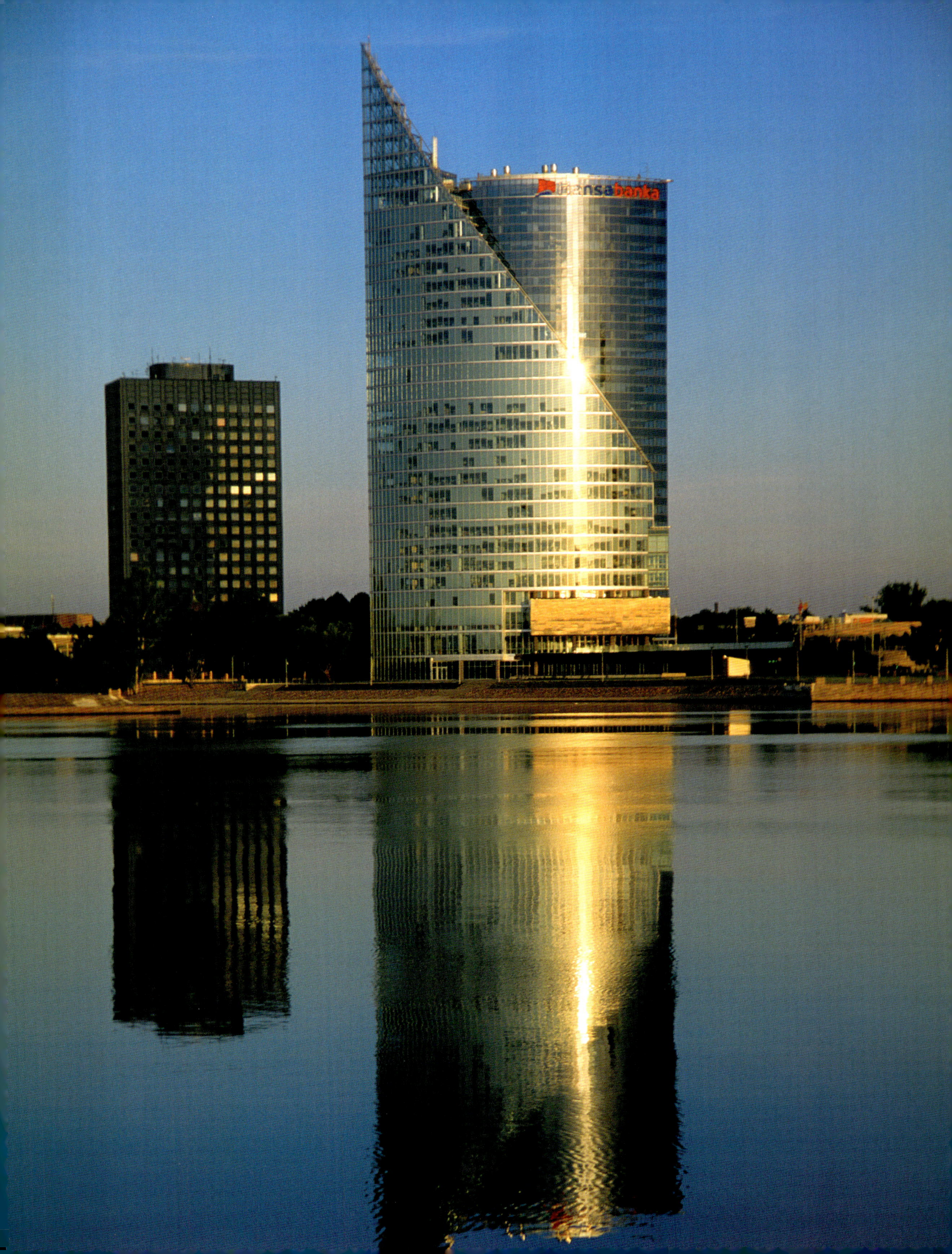
hansabanka

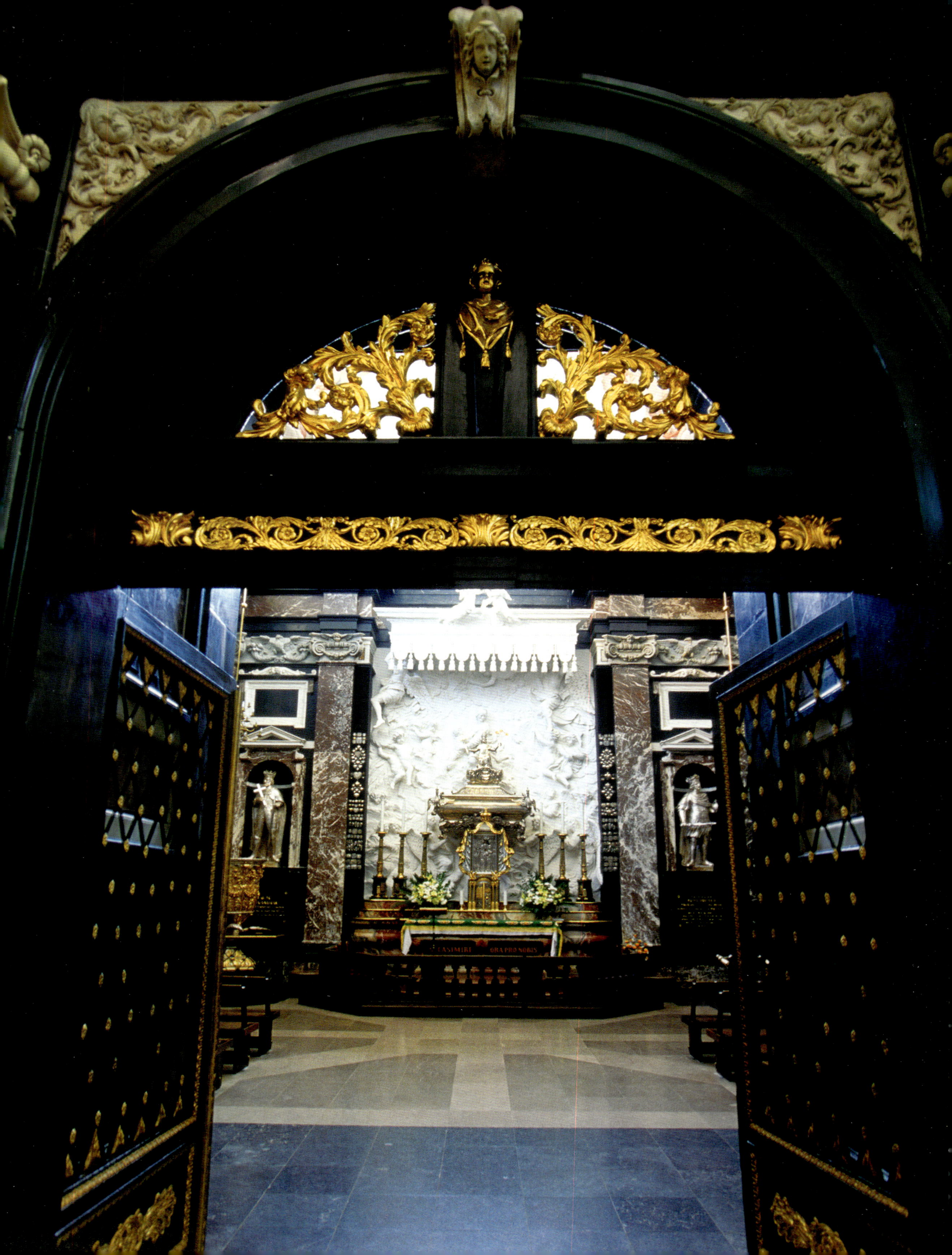

wurde neben Zusammensetzung und Größe des Festmahls auch die Menge des auszuschenkenden Biers vorgeschrieben.

Der Marktplatz war in den Hansestädten bis ins frühe 19. Jahrhundert hinein das wirtschaftliche Zentrum der Stadt, und was sich dort alles abspielte, ist für das lettische Riga recht gut überliefert: Der Platz war einmal von zahlreichen Speicherhäusern umgeben, von denen heute nicht mehr viel zu sehen ist. Die wichtigste Institution des Marktes war die Waage. Dort kamen Fuhrwerke mit Getreide und allen erdenklichen anderen Gütern an. Sie wurden von vereidigten Schreibern gegen Gebühr gewogen, nach Qualität sortiert und anschließend in Speicher transportiert. Von dort aus gingen sie an nationale und internationale Abnehmer.

Nachts mussten Prostituierte, die von der Polizei aufgegriffen worden waren, den in der Regel stark verunreinigten Platz für den neuen Markttag säubern. Der Marktplatz diente auch als Richtplatz, und vor Enthauptungen wurde der benötigte Pflock auf einer Fläche mit weißem Sand aufgestellt. Vor dem Eingang zum Ratskeller standen «Schandsteine», auf denen schuldig Gesprochene ihre Strafe im wahrsten Sinn des Wortes absitzen mussten. Das am Rand des Marktes gelegene Schwarzhäupterhaus war das Domizil der ledigen Kaufleute, deren Hauptaufgabe die Sicherung des Fernhandels mit Russland war. Sie waren bei der Bevölkerung sehr beliebt, denn von ihnen wurden zahlreiche Stadtfeste und die mehrtägige mittelalterliche Fastnacht organisiert.

Mit solch rauschenden Festen war es vorbei, als der Protestantismus in Riga Einzug hielt: Prunksucht wurde nun als unsittlich bekämpft. Drastische Regelungen trafen nicht nur reiche Kaufleute wie Johann Rheuttern, der für seine mit Glasfenstern ausgestattete Karosse ein stattliches Strafgeld an die Stadt entrichten musste. Für alle Teile der Bevölkerung galt es schon als unschicklich, anlässlich einer Taufe ein Gastmahl zu geben, bei einem Fest zwei verschiedene Sorten Wein zu servieren oder Angehörige in einem bemalten Sarg zu beerdigen.

In den großen litauischen Städten, vor allem auch in Vilnius, sind kaum Spuren hanseatischer Architektur, jedoch viele von internationalen Architekten ausgeführte barocke Gebäude zu sehen. Litauen unterhielt rege Handelsbeziehungen zwar mit der Hanse, und diese hatte in den großen Städten normalerweise mindestens ein Kontor. Politisch wie kulturell orientierte man sich in Litauen jedoch eindeutig an Polen. Neben prächtigen Gebäuden der Feudalarchitektur wurden vor allem zahlreiche Kirchen gebaut. Auch die Häuser reicher Kaufleute sahen ganz anders aus als die weiter nördlich. So war es im weitläufigen Stadtgebiet von Vilnius möglich, wirklich großzügig zu bauen. Durch große Eingangstore gelangte man dort mit den Pferdefuhrwerken in geräumige Innenhöfe, von wo aus die einzulagernden Waren ringsum verteilt wurden.

Auch nach der Auflösung der Hanse als internationale Handelsorganisation im Jahr 1669 blieben die Städte des nördlichen Baltikums ein von westeuropäischer Kultur dominierter Kulturkreis, in dem deutsches, holländisches und englisches Kapital das Wirtschaftsleben bestimmte. Die Architektur in den noch durch Stadtmauern eingefassten Städten folgte gesamteuropäischen Strömungen. Vor allem im durch Stadtbrände und Kriege immer wieder zerstörten Riga wurden Baulücken unter anderem durch Gebäude des holländischen Barock und des englischen Historismus gefüllt. Mit dem Fall der Stadtmauer entstanden in der aufstrebenden Industriemetropole vielstöckige historistische Mietshäuser. Nicht nur der Baustil, sondern auch die ethnische Zusammensetzung der Stadtbevölkerung begann sich ab Mitte des 19. Jahrhunderts zu ändern.

Bild links
Blick in die St. Kasimir-Kapelle – ein frühbarockes Juwel der Kathedrale von Vilnius

DIE ZEIT DES «NATIONALEN ERWACHENS» VON 1800 BIS 1939

Litauen

Die nach Ende des Nordischen Krieg geschlossene Universität von Vilnius wird 1803 neu gegründet. Unter dem Einfluss der deutschen Aufklärung und der Romantik beschäftigt man sich dort nun mit der Aufarbeitung des bäuerlichen litauischen Kulturguts. Die Bewegung wird wesentlich vom durch Russland enteigneten litauischen Kleinadel getragen. Dieser unterstützt 1832 einen Bauernaufstand, mit dem das Ende der Leibeigenschaft herbeigeführt werden soll. Der Aufstand wird von russischen Truppen niedergeschlagen, die Universität Vilnius wird als Ausgangspunkt des Aufstands geschlossen und erst 1920, im dann von Russland unabhängigen Litauen, wieder eröffnet.

Litauische Kultur und Sprache werden im russischen Gouvernement Litauen radikal unterdrückt: 1863 tritt ein Verbot von Druckerzeugnissen in litauischer Sprache in Kraft. Katholiken werden aus dem Staatsdienst entlassen; einige Kirchen und Klöster werden geschlossen. Die im zu Preußen gehörenden Memelgebiet um Klaipėda lebenden Litauer fühlen sich verpflichtet, ihren Landsleuten zumindest kulturell zu helfen, und beginnen damit, Bücher in der verbotenen Sprache über die Grenze zu schmuggeln. Im Memelgebiet wird ab 1883 auch die litauische Zeitschrift *Aušra* («Morgenröte») verlegt, in der folkloristische Traditionen aufbereitet werden, und in der unter anderen der als Nationaldichter geltende Maironis Gedichte und Texte publiziert, die sich offen gegen die zaristische Herrschaft aussprechen.

Um die Jahrhundertwende greift der bedeutende litauische Musiker Mikalojus Čiurlionis auf die in *Aušra* veröffentlichten folkloristischen Studien zurück: Er arrangiert litauische Volkslieder für Chor und Klavier, und auch seine berühmteste sinfonische Dichtung, *Das Meer*, weist direkte Bezüge zu folkloristischen und mythologischen Themen auf. Čiurlionis ist auch ein bedeutender Maler: Seine Werke zwischen Symbolismus und Impressionismus behandeln häufig Schöpfungsmythen und kosmische Vorgänge. Viele Bilder entstehen aus dem Anspruch heraus, Musik farbig auf die Leinwand zu bannen. Im agrarisch geprägten und von Russifizierungsmaßnahmen in seiner Entwicklung behinderten Litauen des 19. Jahrhunderts gibt es nur eine sehr dünne bildungsbürgerliche Schicht. Viele Künstler und Intellektuelle zieht es nach Warschau, Königsberg und Sankt Petersburg, wo sie nicht nur bessere Produktionsbedingungen, sondern auch ein ausreichend großes und interessiertes Publikum vorfinden. Čiurlionis, im Westen kaum bekannt, bleibt im Land und wird im 20. Jahrhundert einen großen Einfluss auf alle Gebiete der litauischen Hochkultur ausüben.

Estland und Lettland

Die Universität im durch den Nordischen Krieg völlig verwüsteten Tartu (Dorpat) wird 1802 wieder eröffnet. Engagierte deutschbaltische Professoren und Studenten zeigen im Zeitalter der Romantik Interesse an den alten, materiell untergegangenen Kulturen der Esten und Letten, deren Weltbilder, Traditionen und Gebräuche in der jahrhundertelangen Fremdherrschaft in Form von Volksliedern mündlich überliefert wurden. Man beginnt sich auch für traditionelle Holzarchitektur, Ornamentik und Ausdrucksformen der bildenden Künste zu interessieren.

In den Landessprachen erscheinen, zunächst unter deutschbaltischer Redaktion, Grammatiken, Wörterbücher, Zeitungen und literarische Texte. Ab Mitte des 19. Jahrhunderts bauen estnische und lettische Studenten auf solchen Arbeiten auf. Die wichtigsten Zeugnisse dieser Anfangsphase des «Nationalen Erwachens» sind in Estland das Nationalepos *Kalevipoeg* von Friedrich Reinhold Kreutzwald und die von der Romantik inspirierten Naturgedichte von Lydia Koidula.

Vielleicht die prächtigste Universitätsbuchhandlung der Welt – in Vilnius

In Lettland sind das von Andrejs Pumpurs zusammengetragene Nationalepos *Lāčplēsis* und die von der Spätromantik inspirierten Balladen von Auseklis von Bedeutung.

Dass es nicht nur Literatur gab, die für eine romantisierende Realitätsflucht stand, beweisen in Lettland die Brüder Matīss und Reinis Kaudzīte mit dem ersten, 1879 erschienenen lettischen Roman: Stilistisch an Cervantes und Gogol orientiert, thematisiert *Mernieku laiki (Die Zeit der Landmesser)* ausgesprochen unterhaltsam das Konkurrenzverhältnis und ethische Fragen unter lettischen Bauern, die sich aus der Fronpacht freigekauft haben.

Die eigentlichen Wurzeln der lettischen Literatur liegen in den Texten der vierzeiligen Dainas, die Kultur und Alltag des lettischen Volkes erschöpfend wiedergeben. Die eigentlich für die Rezitation im privaten Kreis vorgesehenen Lieder kommen 1873 in Riga bei einem Sängerfest erstmals zur öffentlichen Aufführung. 1894 beginnt Krišjānis Barons eine Sammlung von Dainas mit enzyklopädischem Anspruch, die bis heute fortgesetzt wird und mittlerweile etwa 1,5 Millionen Texte umfasst.

In den russischen Gouvernements Estland und Lettland findet in der zweiten Hälfte des 19. Jahrhunderts eine umfangreiche Russifizierungskampagne statt: Alle Ausdrucksformen nationaler Kultur sollen in der Öffentlichkeit so weit wie möglich zurückgedrängt werden. In den Schulen wird Russisch zur alleinigen Unterrichtssprache, und in Tallinn und Riga entstehen in

terra magica

diesen Jahren an markanten Punkten der Innenstädte riesige russisch-orthodoxe Kathedralen, deren Bau mit Geldern aus der Staatskasse finanziert wird.

Die architektonische Dominante der Epoche ist in Riga jedoch eine ganz andere: Die Stadtmauer weicht einem Ring aus Parkanlagen. Außerhalb des Rings entstehen nun Straßenzüge mit riesigen Mietshäusern in historistischen Stilrichtungen. Viele von ihnen werden von deutschbaltischen und lettischen Architekten gebaut, die ihre Ausbildung am Rigaer Polytechnikum erhalten haben. An der gleichen Hochschule lernen auch die Architekten, die unmittelbar nach der Jahrhundertwende das Stadtbild wesentlich prägten: Die Rigaer Innenstadt weist bis heute die weltweit höchste Dichte an Jugendstilbauten auf.

Von den frühen Jahren des 20. Jahrhunderts an nimmt das kulturelle Leben einen Aufschwung ohnegleichen: Noch vor dem Ersten Weltkrieg werden in allen großen Städten Theater, Opernhäuser und Symphonieorchester unter baltischer Leitung gegründet. Dort kommen nun nicht mehr nur deutsche oder international bekannte Werke zur Aufführung, sondern auch Opern, Sinfonien und Theaterstücke lettischer und estnischer Autoren. Die Werke sind selbstverständlich von gesamteuropäischen Strömungen beeinflusst, behandeln jedoch thematisch oft Inhalte der eigenen Geschichte und Kulturgeschichte.

Auch in den bildenden Künsten machen sich sowohl der Einfluss der internationalen Kunstszene als auch landestypische Traditionen bemerkbar. In der Zeit nach dem Ersten Weltkrieg orientiert sich Estland über alle Kunstrichtungen hinweg vor allem am skandinavischen Kulturkreis; in Lettland nimmt der Einfluss französischer Kultur zu. Man ist bestrebt, zu russischer und

Bilder rechts
- **Estland: Denkmal der Küssenden Studenten in Tartu**
- **Litauen: Theater in Klaipėda (Memel) mit dem Denkmal des Dichters Simon Dach («Ännchen von Tharau») und Dramentheater in Kaunas**

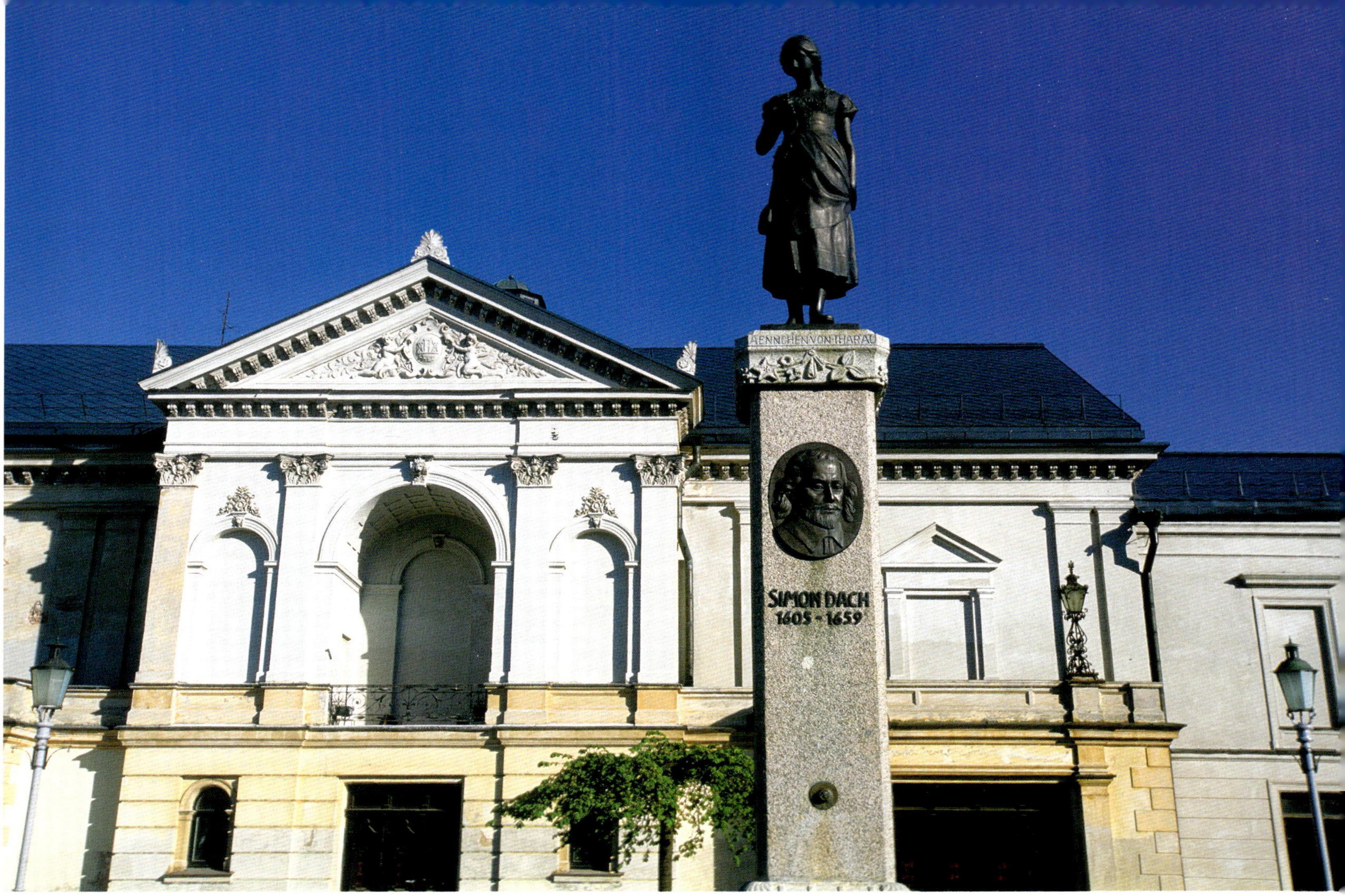
AENNCHEN VON THARAU
SIMON DACH
1605 - 1659

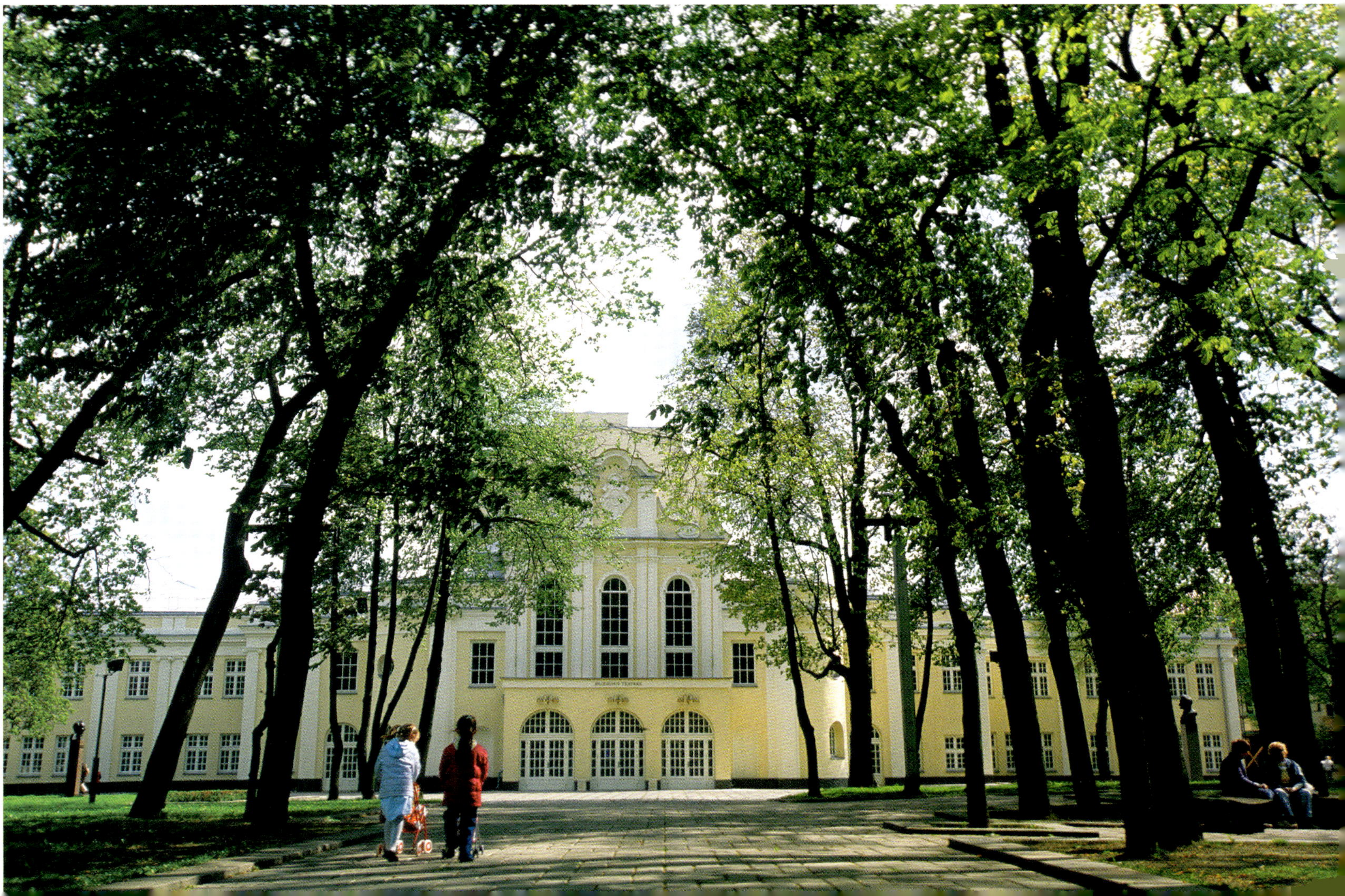

deutschbaltischer Kultur einen gesunden Abstand zu finden, um wirklich eigenständige Positionen zu entwickeln. Die Zeit zwischen den beiden Weltkriegen, in der die Bildungsausgaben bis zu 15 Prozent des Staatshaushalts betragen, werden auch als das «Zweite Nationale Erwachen» bezeichnet. Doch die Lage zwischen zwei Großmächten sollte sich ein weiteres Mal als ungünstig erweisen, und mit der Annektierung durch die Sowjetunion beginnt eine ganz andere Art von kulturellem Leben.

Kultur seit 1945

Die völkerrechtswidrige Annektierung der baltischen Staaten durch die Sowjetunion hat ab 1945 drastische Auswirkungen auf das kulturelle Leben: Während des Ersten und des Zweiten Weltkriegs emigrieren viele Künstler und Intellektuelle, und die beginnende Sowjetisierung zieht eine weitere Emigrationswelle nach sich. Vor allem in den USA, aber auch in Deutschland, Frankreich und in den skandinavischen Ländern entsteht eine breite baltische Kunst- und-Kultur-Szene des Exils; in Münster gibt es sogar ein lettisches Gymnasium.

In stalinistischer Zeit nimmt die Kulturpolitik im Baltikum kafkaeske Züge an: Es gibt einen Katalog von Wörtern, die sich in offiziellen Gedichten auf den Namen Stalin reimen dürfen, und es gilt die Regel, dass sich in einem Gedicht nicht mehr als ein Viertel des Inhalts auf Naturthemen beziehen darf. Ein Überschreiten dieser Quote gilt als schöpferisches Versagen und wird mit Nichtpublikation abgestraft. In der Zeit der 60er- bis 80er-Jahre dienen künstlerische Ausdrucksformen sehr oft der Bestätigung, Verbreitung und Teilung von Ideen, die nicht explizit geäußert werden durften.

Ab den 70er-Jahren bilden sich zunehmend Wechselbeziehungen zur Exilkunst und zur internationalen Kulturszene. Konzeptkunst und Performance, aber auch Strukturalismus und Poststrukturalismus werden zu beliebten Strömungen, da sie von den Zensurbehörden nur teilweise verstanden werden und als unverdächtig erscheinen. In Litauen besinnt man sich auf die von Čiurlionis begründeten Traditionen des Symbolismus, und auch in verschlüsselten Kunstformen surrealistischer Prägung sieht man ein geeignetes Medium, um subversive Botschaften zu übermitteln.

Während die Architekturgeschichte der Sowjetzeit in weiten Teilen eine Geschichte des Verfalls ist, spielt in allen drei Ländern die klassische Musik eine herausragende Rolle. Und sie tut dies ungeachtet der Tatsache, dass viele Musiker besserer Verdienstmöglichkeiten wegen ins Ausland gehen – bis heute in den 2000er-Jahren. Der bekannteste Vertreter moderner klassischer Musik ist zweifellos der aus Estland stammende Komponist Arvo Pärt. Aus Lettland kommt die Kremerata Baltica, ein Kammermusikensemble junger Musiker, das es ebenfalls zu Weltruhm gebracht hat. Das Litauische Symphonieorchester spielt, neben dem gängigen klassischen Repertoire, Werke von Čiurlionis und von zeitgenössischen litauischen Komponisten ein.

Neben den ebenfalls hervorragenden Symphonieorchestern Estlands und Lettlands ist vor allem der lettische Chor Ave Sol erwähnenswert: Das Ensemble bringt im eigenen Haus unter anderem die großen Werke der klassischen lettischen Chormusik zur Aufführung. Vor allem aus Estland und Litauen kommt guter Jazz; in Vilnius steht abseits der Altstadt das weltweit erste Frank Zappa gewidmete Denkmal. Dass auch die etwas trivialeren Musikrichtungen in den baltischen Staaten gut verankert sind, zeigt sich unter anderem daran, dass Estland 2001 und Lettland 2002 den Eurovision Song Contest gewannen. In den Großstädten gibt es viele Liveclubs, in denen zwischen eingängigem Jazz über rockigen Folk bis hin zu hartem Techno alle Musikrichtungen vertreten sind.

Von international herausragender Bedeutung ist die Literaturszene der kleinen Länder: Der bedeutendste

Museum für Moderne Kunst in Vinistu, Estland

estnische Schriftsteller, Jan Kross, wurde wiederholt für den Literatur-Nobelpreis vorgeschlagen, und die Esten sind, was die Menge der pro Kopf und Jahr konsumierten Literatur angeht, weltweit führend. In Lettland werden die wichtigsten Lyriker Generationen übergreifend wie Popstars gefeiert; sie erreichen bei nur etwa 1,5 Millionen Muttersprachlern Zehntausender-Auflagen. 1997 waren die baltischen Staaten Gastland der Leipziger Buchmesse. Für Litauen kam der große Durchbruch als international beachtete Literaturnation 2002, als es Gastland an der Frankfurter Buchmesse war.

Ein für viele sicher noch zu entdeckendes Highlight ist die lebhafte zeitgenössische Kunstszene des Baltikums. Anfang der 90er-Jahre herrschte eine regelrechte Schaffenskrise, weil mit der Sowjetunion der Gegner der politischen Konzept- und Aktionskunst abhanden gekommen war. Viele Künstler gingen damals, auch weil sie irgendwie ihren Lebensunterhalt bestreiten mussten, in die kreativen Berufe rund um Grafik, Design und Werbung. Mittlerweile werden von vielen Künstlern die neueren Ausprägungen des globalisierten Kapitalismus alles andere als kritiklos gesehen, und in vielen neuesten Werken der Kunst und Literatur eröffnen sich auch für Westeuropäer interessante Außenansichten auf einen Lebensstil, der seit der neu gewonnenen Unabhängigkeit und dem EU-Beitritt gewissermaßen importiert wurde.

terra magica

Estland

Hansestadt Tallinn

An wenigen Orten Europas ist die Zeit der Hanse so lebendig nachvollziehbar wie in der estnischen Hauptstadt. Die gesamte Altstadt wird noch von der gleichen mächtigen Stadtmauer eingefasst, die alle Kriege des vergangenen Jahrtausends überstand. In Tallinn gibt es eine Ober- und eine Unterstadt: Oben auf dem Domberg steht der 45 Meter hohe Turm des Langen Hermann, auf dem noch vor der offiziellen Unabhängigkeitserklärung im Februar 1989 die estnische Fahne gehisst wurde.

Nebenan residiert heute, hinter einer barocken Fassade, das estnische Parlament. Die Burg, die der Stadt den Namen *Taani linn* (Dänenburg) gab, befand sich an genau der gleichen Stelle. Die Dänen, später der Orden, blickten von oben auf die nach hanseatischem Recht verwalteten bürgerlichen Stadtteile deutscher Kaufleute. Heute eröffnet sich dank zahlreicher Aussichtsplattformen ein schöner Blick über das mittlerweile 400 000 Einwohner zählende Tallinn, den Hafen und die Parkanlagen.

Das bedeutendste Gebäude der Oberstadt ist die weiße Domkirche mit ihrem spätbarocken Turm, in der dem deutschbaltischen Adel aufwendige Grabmale errichtet wurden. Das mit Abstand auffälligste Gebäude des Dombergs ist die riesige Alexander-Newski-Kathedrale. Sie verschandelt nach Meinung vieler Esten seit ihrer Erbauung im Jahr 1900 das mittelalterliche Stadtbild und wurde im Zuge der im gesamten Baltikum stattfindenden Russifizierungskampagnen unter zaristischer Herrschaft gebaut. Doch der mit Mosaiken und Ikonen opulent ausgestattete Innenraum ist durchaus sehenswert. Vom Domberg aus führt die Pikk jalg, die älteste Straße Tallinns, in die Unterstadt. Vor allem entlang der Straßen Pikk und Lai, die früher zum Hafen führten, sind zahlreiche Kaufmannshäuser des Spätmittelalters bis heute erhalten geblieben. Die Fassaden der vielstöckigen Häuser zeigen den Reichtum einer einst sehr wichtigen Hansestadt. Stadtgeschichtlich von großer Bedeutung sind die Gildenhäuser. Dort wurden nicht nur berufsständische Versammlungen abgehalten und Feste gegeben: Im prächtigen Haus der Großen Gilde in der Pikk 7 befand sich beispielsweise eine Brautkammer, in der frisch Vermählte ihre Hochzeitsnacht verbringen mussten. Zur Ausstattung des Hauses gehörte auch eine aufwendig gestaltete Sterbedecke, die Mitgliedern über den Sarg gelegt wurde.

Es ist überliefert, dass diese Decke bei einer der ersten Pestepidemien wegen der vielen Todesfälle im Jahr 1603 so stark abgenutzt wurde, dass eine neue angeschafft werden musste. Seuchen stellten eine unmittelbare Bedrohung für die Bevölkerung dar, doch wer vermutet, dass die Straßen des mittelalterlichen Tallinn von Abfällen übersät waren, liegt falsch: Es gab ein ausgeklügeltes Abwassersystem, und der Stadtrat erließ detaillierte Bau- und Hygienevorschriften die Müllentsorgung betreffend. Gerüchteweise war der Ausbruch der Pest auch nicht dem schlampigen Umgang mit Lebensmitteln zuzuschreiben: Ausgerechnet die seit 1422 am größten und schönsten Platz der Stadt gelegene Ratsapotheke, die als eine der ältesten Apotheken Europas gilt, soll die Quelle des Übels gewesen sein. Heute ist der Rathausplatz mit seinen unzähligen Straßencafés der beliebteste Treffpunkt der Altstadt,

BILDER AUS ESTLAND von Seite 97 bis 121

Bilder rechts und nächste Doppelseite
Altstadt von Tallinn: Blick in die Unterstadt und Aussicht vom Turm der Oleviste-Kirche (Olafskirche) über Türme und Dächer der Altstadt

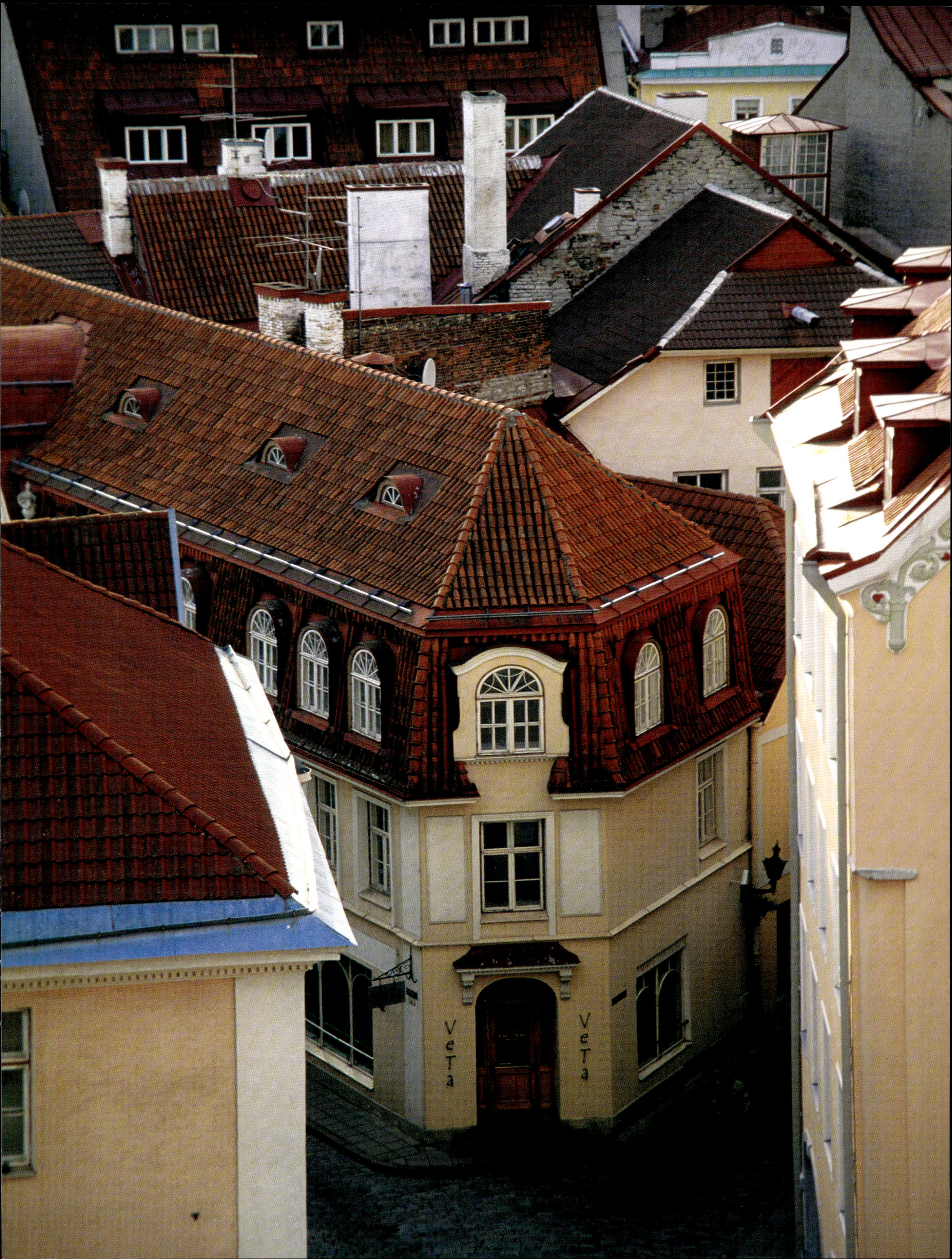
VeTa
VeTa

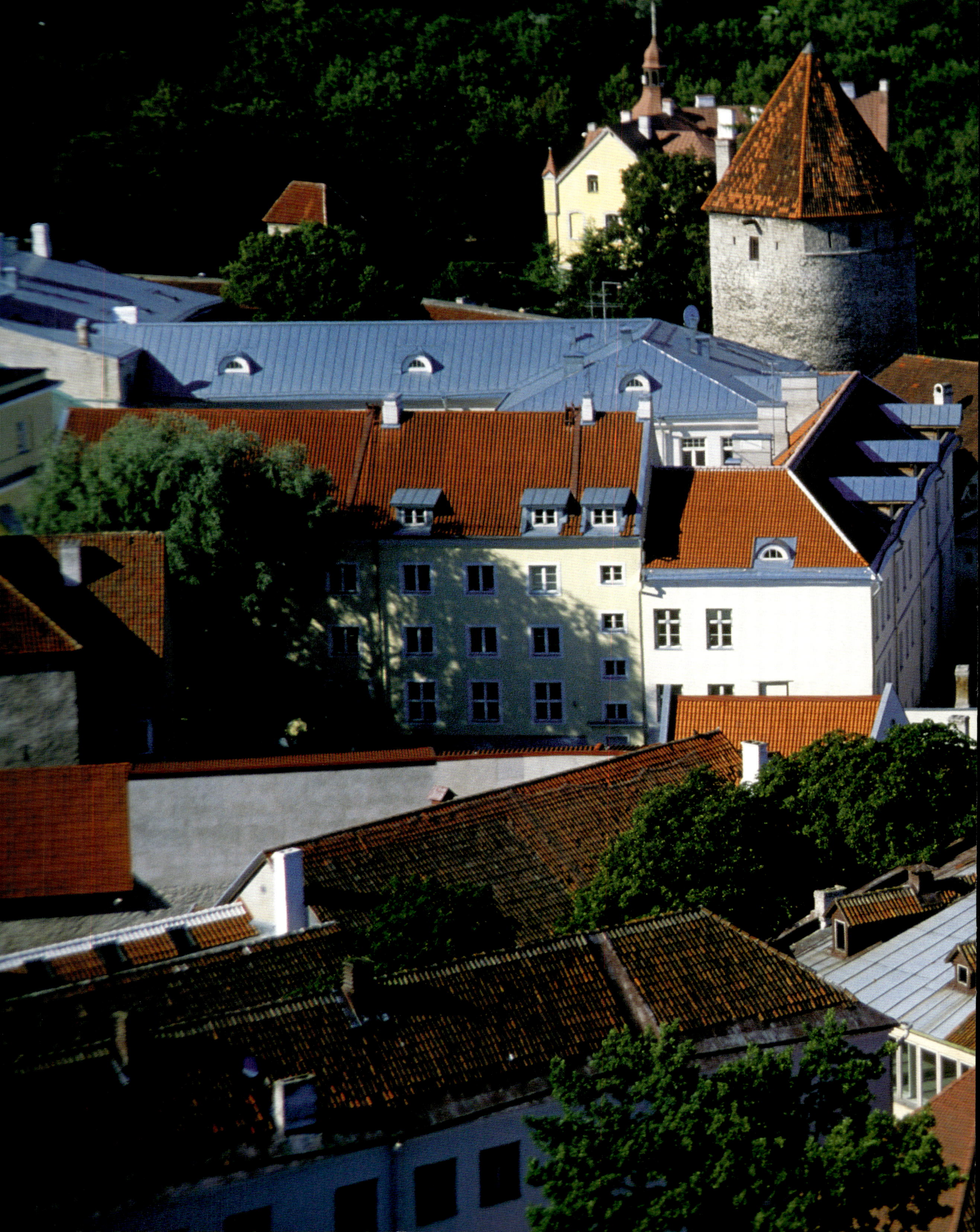

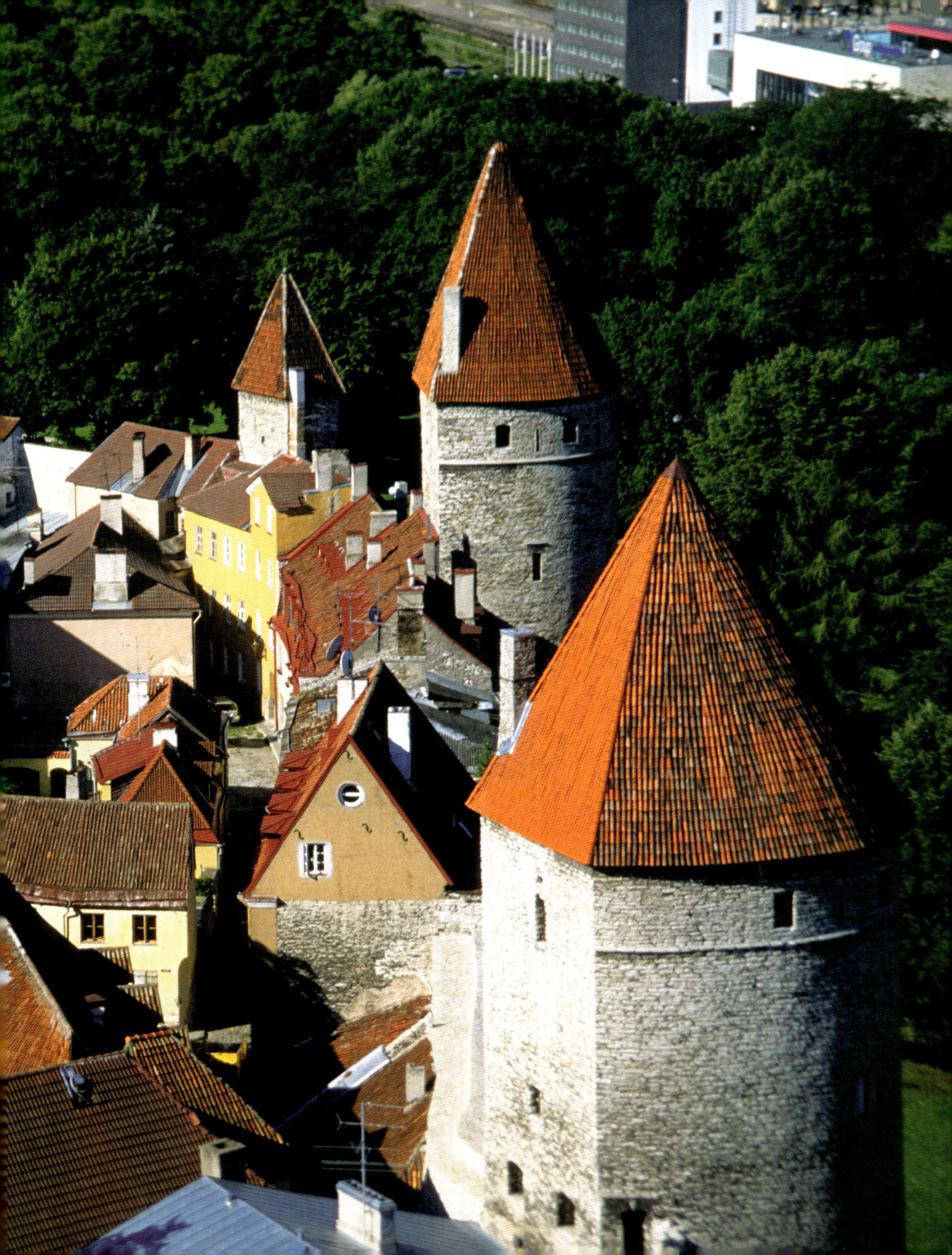

und das nicht nur, weil er so schön zentral gelegen ist: Unterschiedlichen historischen Epochen zugehörige Häuser säumen den Platz, und das Rathaus selbst ist mit seinem farbig gestalteten gotischen Bürgersaal eine der bedeutendsten Sehenswürdigkeiten Tallinns. Über dem Ratssaal hängt eine lateinische Inschrift, die die Ratsmitglieder dazu auffordert, Freundschaft, Feindschaft und Schmeichelei zum Wohl der Stadt und zum Gefallen Gottes vor der Tür zu lassen. Der eine Fahne tragende Krieger auf der Spitze des Rathauses hat alle Wirren der Geschichte erfolgreich überstanden und wird im Volksmund Alter Toomas genannt.

Vom Rathausplatz aus führen verwinkelte Gassen in unterschiedliche Gegenden der Altstadt. In Tallinn kann man mittlerweile sehr gut essen, und es gibt auch etliche Restaurants mit exotischer Küche. Neben vielen Kneipen, Musikclubs und ganz normalen Diskotheken gibt es inzwischen zum Bedauern vieler auch Etablissements, die eine Kundschaft mit eindeutigen Bedürfnissen anziehen. Für eine Stadt mit nicht einmal einer halben Million Einwohner hat Tallinn ein ausgesprochen vielfältiges Nachtleben. Dies liegt zum einen an den Billigfluglinien, zum anderen aber auch daran, dass es mit der Fähre gerade einmal 60 Kilometer nach Helsinki sind.

Die wahren Hintergründe des tragischen Fährunglücks des Jahres 1994, bei dem 134 Menschen ums Leben kamen, liegen weiterhin im Dunkeln. Britische Experten fanden im Jahr 2000 am Wrack der *Estonia* Sprenglöcher und Spuren von Plastiksprengstoff. Die Fähre war für die Esten ein Symbol der neu gewonnenen Weltoffenheit, und ihr Untergang ist auch wegen der vielen Opfer ein nationales Trauma.

Ganz in der Nähe des Meeres liegt das Barockschloss Kadriorg, das Zar Peter I. seiner Gemahlin Katharina 1724 nach Plänen italienischer Architekten errichten ließ. Besonders sehenswert ist der zweigeschossige Festsaal, dessen aufwendige Stuckarbeiten in deutschbaltisch-italienischer Koproduktion entstanden. Eine ganz andere Welt findet sich an den Ufern der Ostsee im estnischen Freilichtmuseum: In Rocca al Mare werden anhand authentischer Gebäude in traditioneller Holzarchitektur die Lebensumstände der estnischen Bevölkerung vor dem 20. Jahrhundert unmittelbar nachvollziehbar.

Wer auf der Suche nach Kultur ist, wird in den vielen Museen der Stadt fündig werden, und das Angebot an kulturellen Abendveranstaltungen kann sich auch sehen lassen. In der estnischen Hauptstadt kann man etliche Tage verbringen, ohne sich zu langweilen. Tallinn ist ohne jeden Zweifel nicht nur das Wirtschaftszentrum, sondern auch die lebendigste, europäischste und quirligste Stadt des Landes. Doch das geistige Zentrum liegt 150 Kilometer südöstlich.

Universitätsstadt Tartu

Fast jeder, der in Estland eine Universität besucht hat, verbrachte seine Studienzeit in Tartu. Und vielleicht funktioniert das estnische Gemeinwesen auch deshalb so gut, weil sich von einem gewissen Bildungsgrad an aufwärts sehr viele Esten auch persönlich kennen. Tartu hat heute 120 000 Einwohner, was beachtlich ist, wenn man bedenkt, dass nach den Zerstörungen während des Nordischen Kriegs gerade einmal 28 Menschen innerhalb der Stadtmauern lebten. Die pittoreske Ruine des Doms ist ein letzter Überrest der mittelalterlichen, von einer Stadtmauer mit achtzehn Türmen eingefassten Stadt. Im 18. Jahrhundert entstand

Bilder rechts und nächste beiden Seiten
Tallinn
• **Altstadtabend; autofreie Altstadtgasse; Secessionshaus; Haustüre; Blick von der Fähre in die Altstadt; Barockschloss Katharinental (Kadriorg, 1718); Straßenrestaurants**
• **Drei von fünf Türmen der Alexander-Newski-Kathedrale**
• **Romantische Altstadtgasse Katariina Käk**

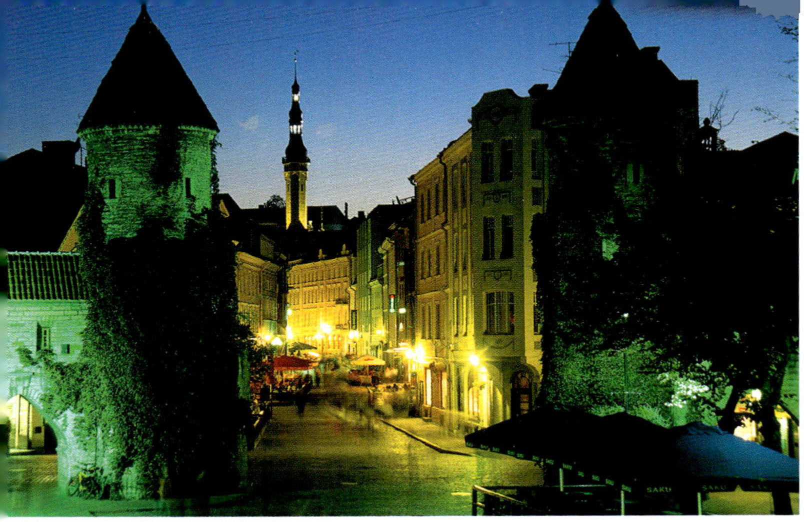

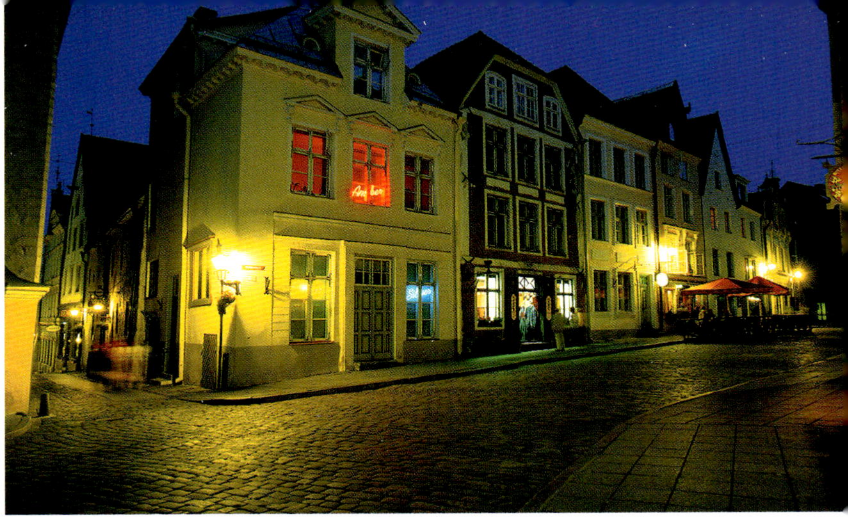

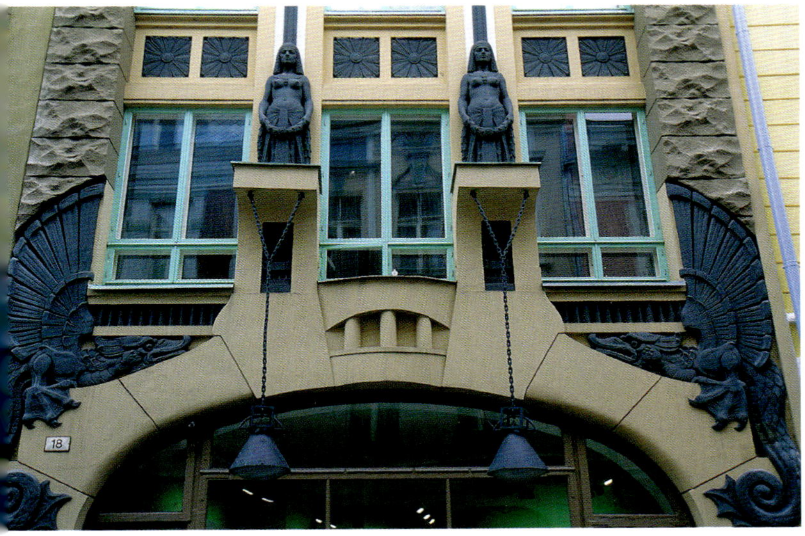
18

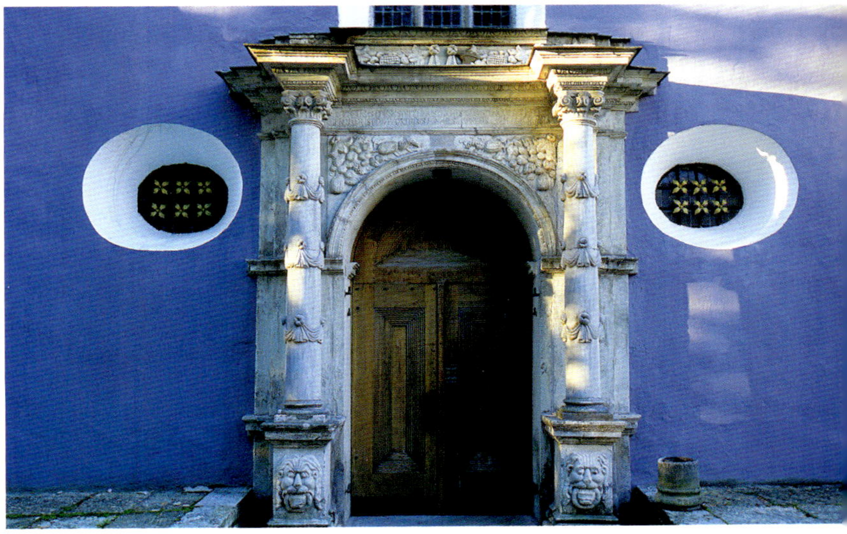

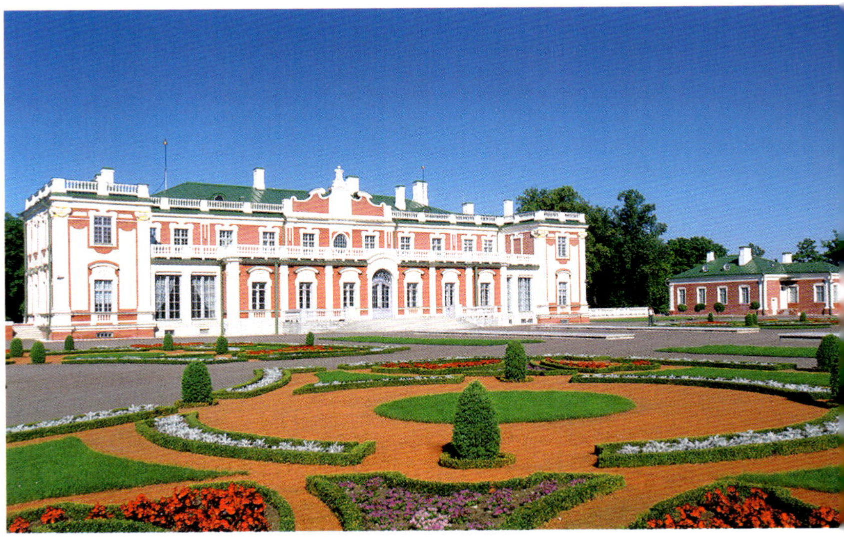

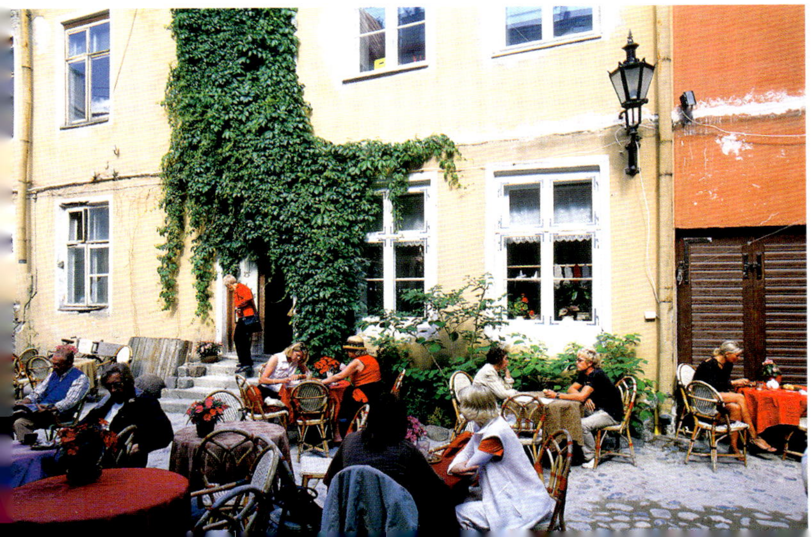

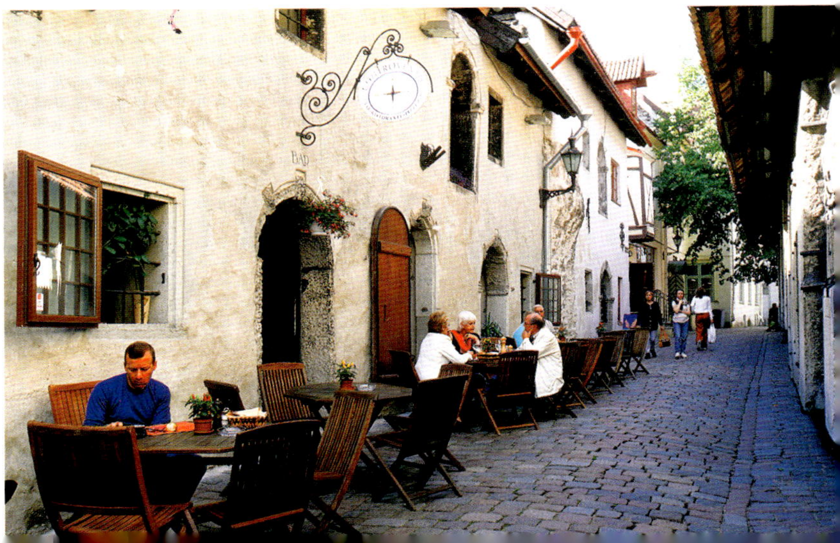

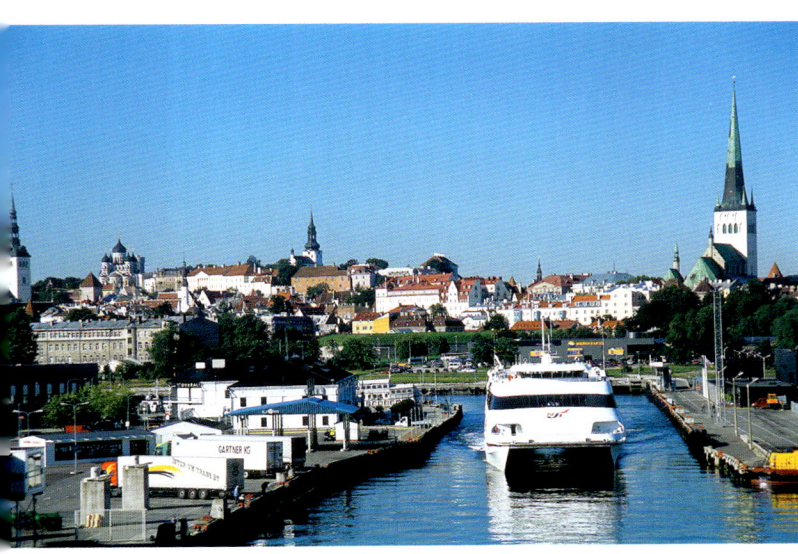

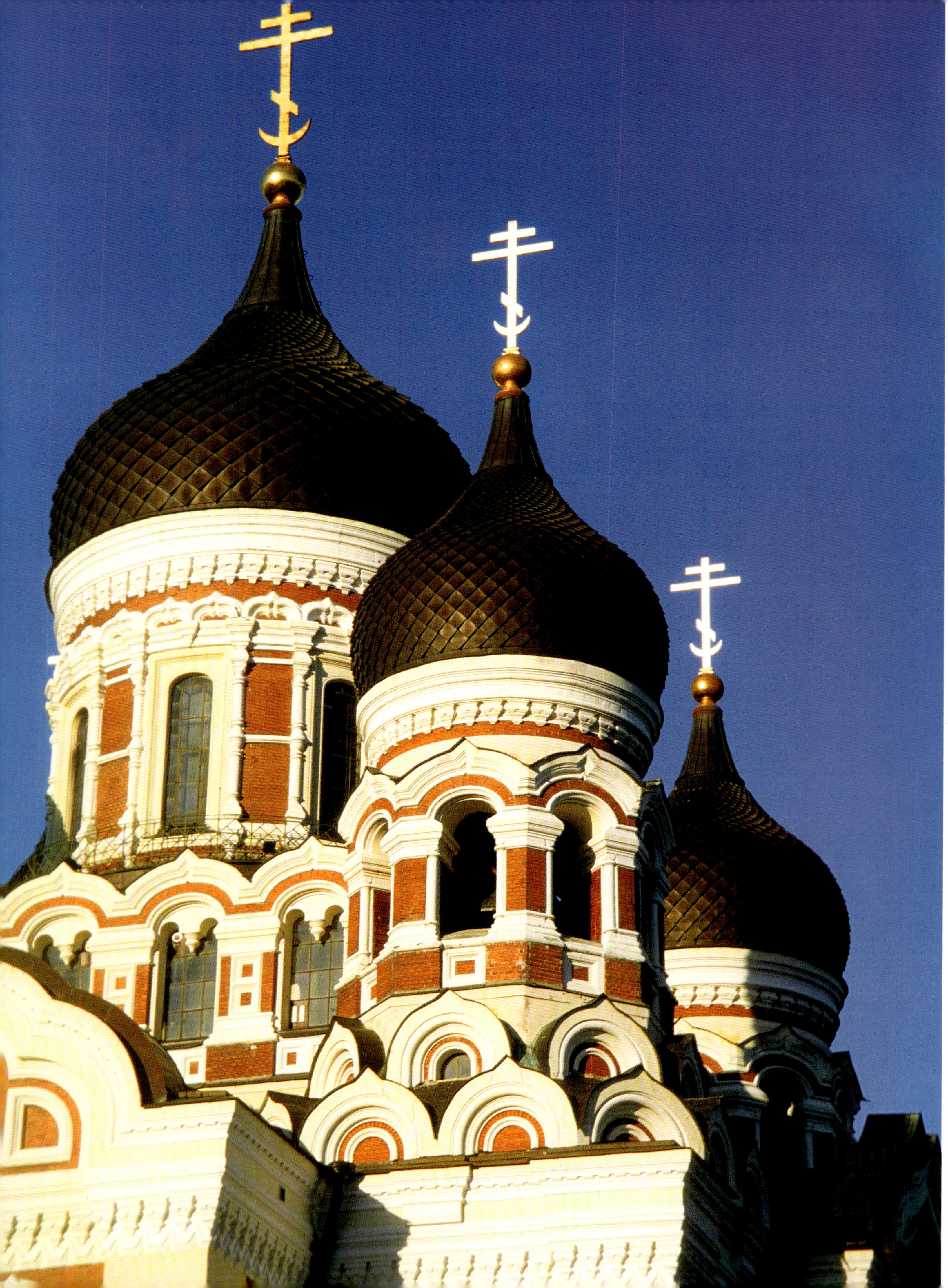

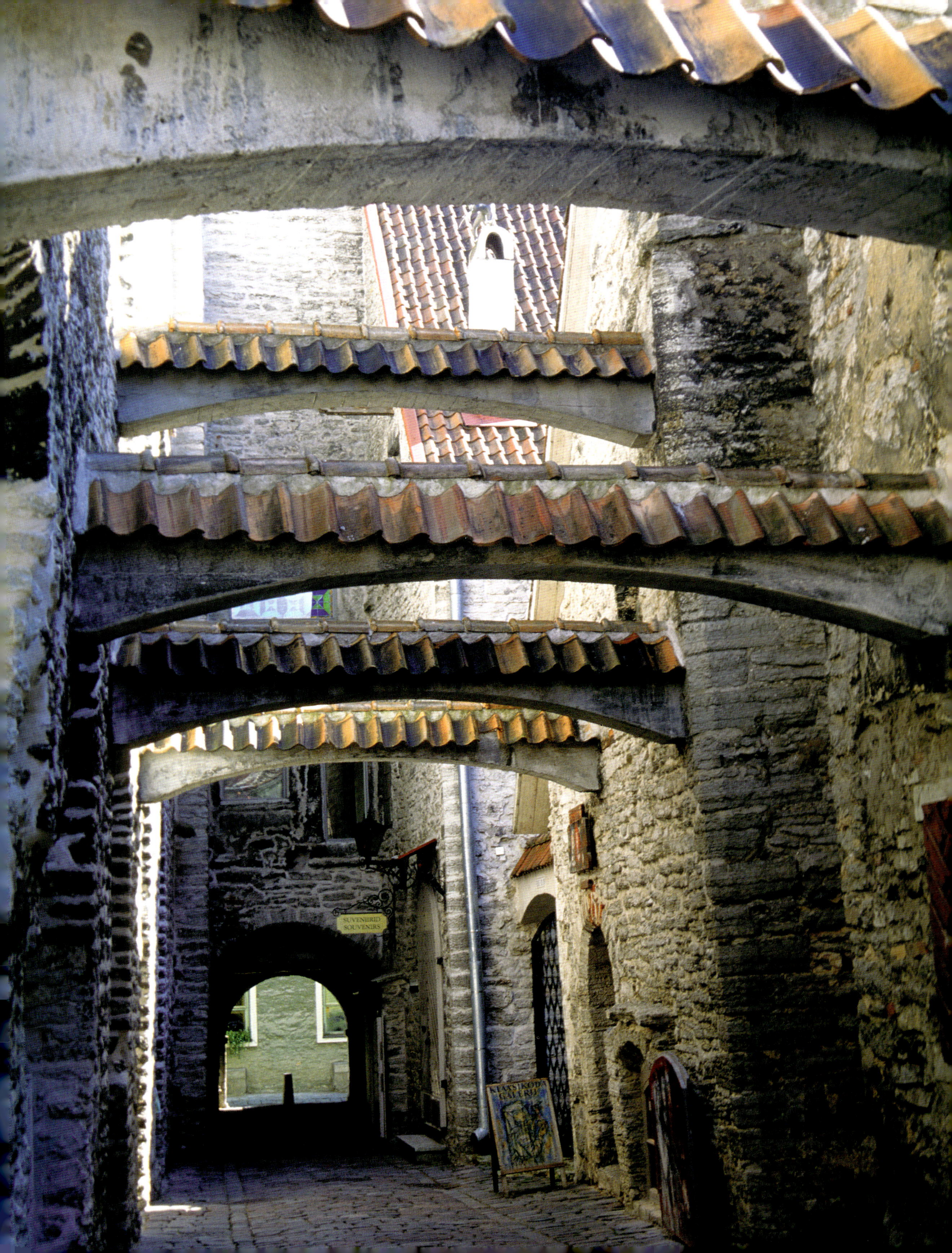
SUVENIIRID
SOUVENIRS

Hotell Draakon

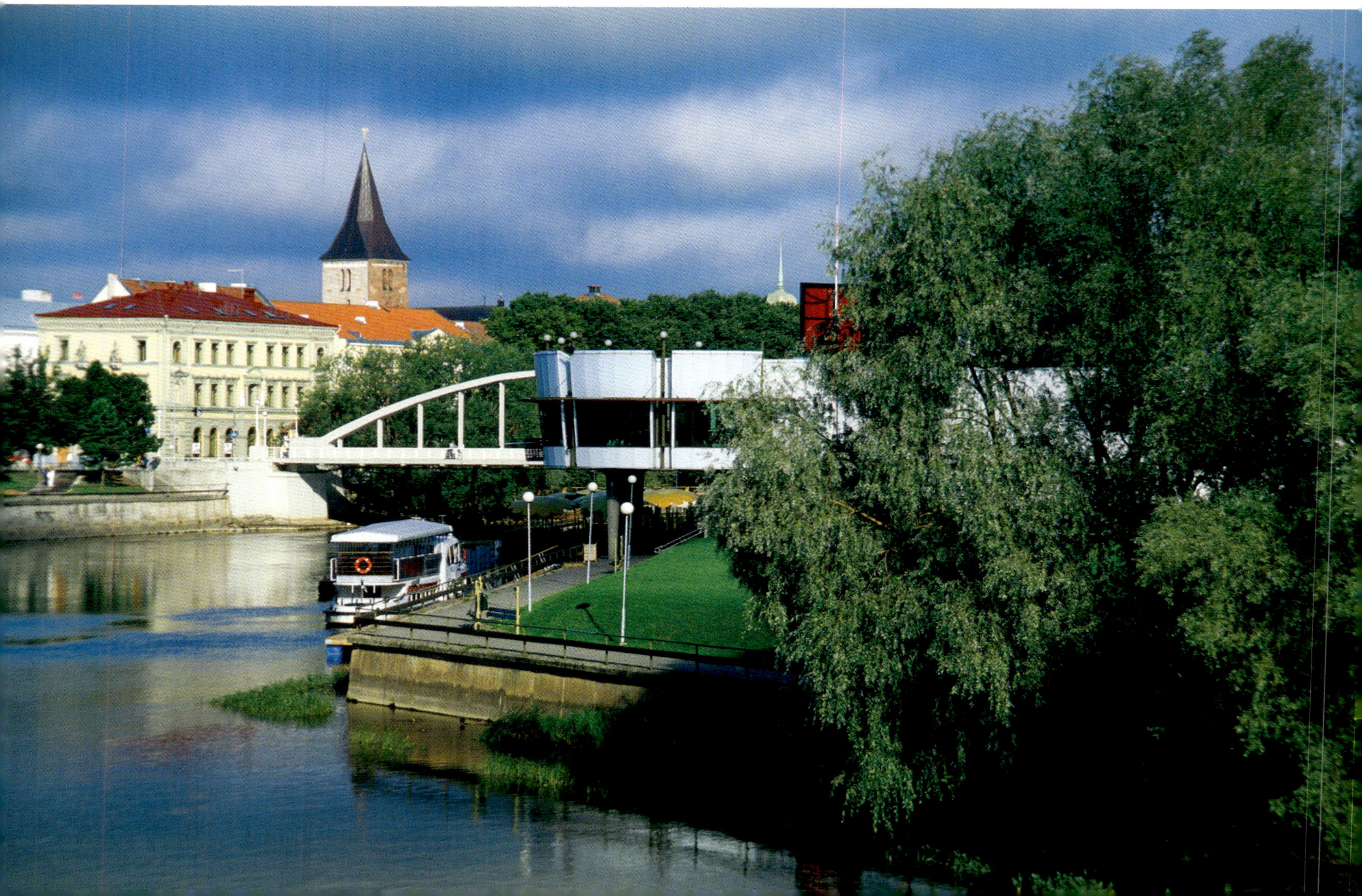

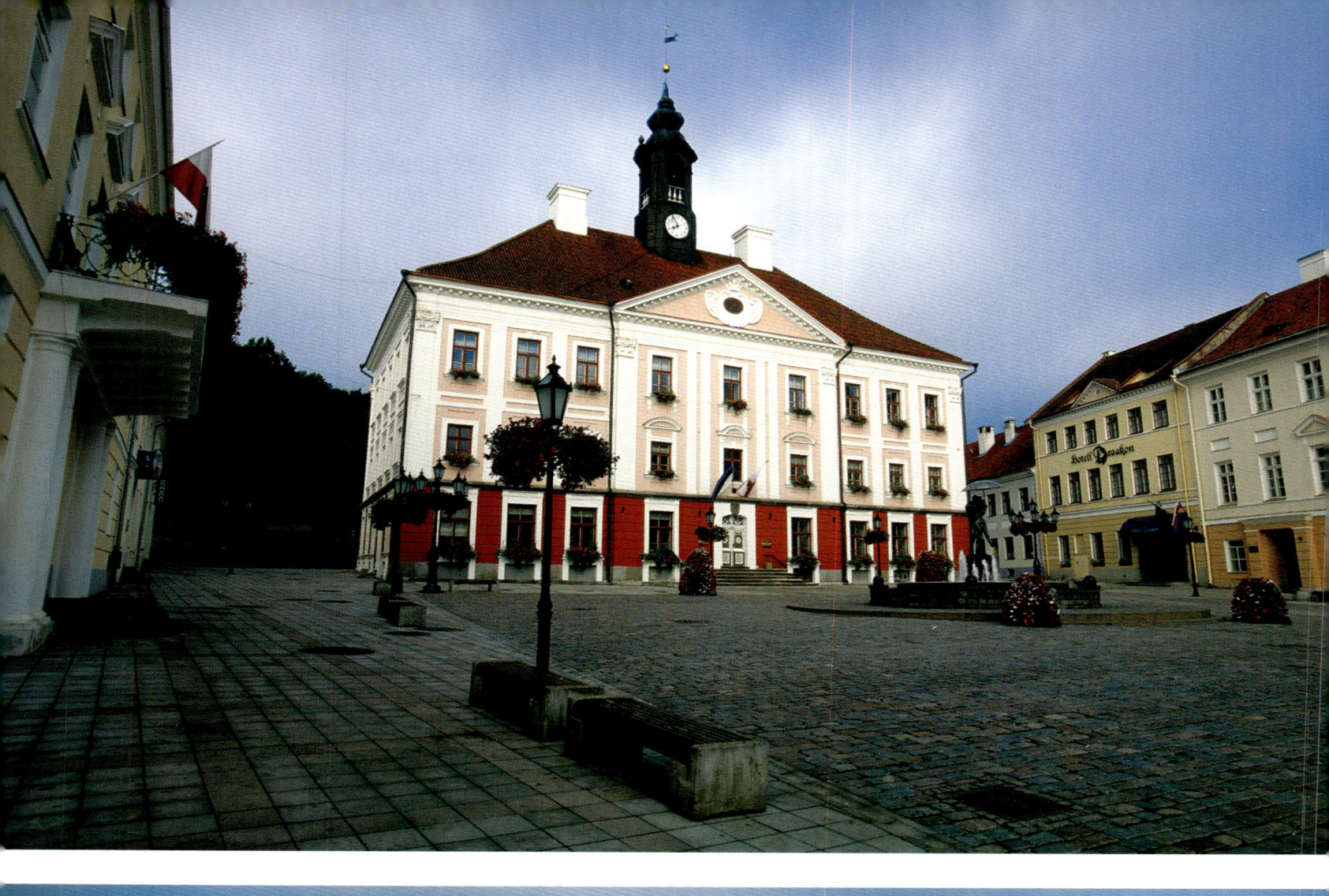

eine im Stadtzentrum nahezu flächendeckend klassizistische Bebauung.

Das von Säulen getragene Hauptgebäude der Universität spiegelt noch heute etwas von dem Aufbruchsgeist wider, der für die deutsche Aufklärung und ihre humanistischen Ideale so charakteristisch war. Zum Studium wurden nicht nur Deutschbalten, sondern auch Esten und Letten zugelassen, und die Universität war für die Herausbildung der estnischen und lettischen Nationalkultur von unschätzbarem Wert. Einer der beliebtesten Treffpunkte in Tartu ist die weitläufige Fußgängerzone des Rathausplatzes. Dort gibt es etliche nette Cafés sowie einen Brunnen mit reizvollem Wasserspiel und Regenschirm. Am Platz stehen das sehenswerte frühklassizistische Rathaus und das bemerkenswert schiefe Barclay-Haus. Auf feuchtem Grund durch hölzerne Stützpfähle abgesichert, senkte es sich im Lauf der Jahrhunderte deutlich zur Seite. Ein deutlicher Beweis estnischer Gründlichkeit ist, dass die Eingangstür wieder in die Vertikale gebracht wurde und nun selbst schief im Haus sitzt.

Nach Domruine, Universität und Barclay-Haus hat Tartu 1999 ein weiteres, sehr modernes Wahrzeichen bekommen, ein futuristisch anmutendes Hochaus, das im Volksmund respektlos Flachmann genannt wird. Es ist ein unübersehbares Symbol des sich am schnellsten entwickelnden «baltischen Tigerstaats»: Die Behörden in Estland waren schon online, als in Deutschland teure Beraterfirmen noch Konzepte für das E-Government entwickelten. Seit 2003 kann man an der Parkuhr mit dem Handy bezahlen, und die Informationstechnologie gilt in Estland als Boombranche Nummer eins.

Bereits knapp außerhalb der kleinen Innenstadt beginnt eine ganz andere Welt: Die Pastellfarben der klassizistischen Gebäude weichen der stärkeren Farbigkeit klassischer Holzarchitektur. Auch die von Obstbäumen und Nutzpflanzen bestandenen Gärten weisen darauf hin, dass das ländlichere Leben unmittelbar vor der Tür liegt.

Zwei Seen im Südosten

Etwa 40 Kilometer südlich von Tartu liegt der Pühajärv (Heiligensee). Das Gewässer mit seinen zahlreichen Buchten und fünf kleinen bewaldeten Inseln gilt als der schönste See Estlands. Im Sommer ist er ein beliebtes, von Tartu aus schnell zu erreichendes Badeparadies. Auf der Freilichtbühne finden regelmäßig Kulturveranstaltungen statt, es gibt Strandpartys und einen Tretbootverleih. Im Winter verwandelt sich die den See umgebende Landschaft in ein beliebtes Wintersportzentrum. Betrieben werden inmitten der bis zu 200 Meter hohen «Berge» vor allem Skilanglauf und Biathlon. Zu allen Jahreszeiten führen ausgeschilderte Wege durch Wälder, Auen und an Flussläufen entlang zu mehr als sechzig kleinen Seen. Mittlerweile haben auch Touristen aus dem Ausland die Idylle entdeckt, und es gibt eine gut ausgebaute Infrastruktur.

Otepää, direkt am Nordufer des Sees gelegen, ist für die estnische Nation von besonderer Bedeutung: In der kleinen Stadt mit dem Bär im Wappen, wo der lokale Gutsherr im Herbst die Kinder zum Auflesen von Nüssen in den Wäldern zwang, fand 1841 ein lokaler Bauernaufstand statt. 1884 wurde im Ort von einer Studentenverbindung die blau-schwarz-weiße Nationalflagge geweiht. Ein Akt, der den engagierten Verfechtern einer eigenen estnischen Nation in Tartu verboten worden war. Im 20. Jahrhundert wirkten in Otepää unter anderem der russische Schriftsteller Alexander Solschenizyn und der Physiker Andrei Sacharow, die sich sehr offen gegen den Gulag und Menschenrechtsverletzungen sowie für die Freiheit der Medien aussprachen.

Keine 30 Kilometer von Tartu in Richtung Osten könnte man meinen, das Meer erreicht zu haben. In

Bilder links
Tartu (Dorpat), Estlands älteste Stadt (1030):
Rathaus; am Stadtfluss Emajõgi

den Peipus-See, den Peipsijärv, würde der Bodensee fünfmal hineinpassen, und mitten durch den See verläuft die Grenze Estlands zu Russland. Die Bevölkerung am estnischen Ufer besteht vorwiegend aus Altgläubigen russischer Abstammung, die im nahen Nowgorod Ende des 18. Jahrhunderts durch die russisch-orthodoxe Kirche verfolgt wurden. Der wichtigste Wirtschaftszweig ist der Fischfang, und in manchen der kleinen, vom schleichenden Verfall gezeichneten Fischerdörfern scheint die Zeit stehen geblieben zu sein.

Von den Entwicklungen der neueren estnischen Wirtschafts- und Gesellschaftsordnung abgekoppelt, lebt dort eine völlig überalterte Bevölkerung. Ganz im Süden des Peipus-Sees liegt auf russischem Staatsgebiet die orthodoxe Klosterstadt Petseri. Der Ort mit seinen vielen schönen Kathedralen gehörte in der Zwischenkriegszeit zur Estnischen Republik. Eine beliebte Strategie Russlands in der Frage des eigentlich nach wie vor völkerrechtswidrig annektierten Gebietes ist es, die Frage des Grenzverlaufs an Fragen des Umgangs mit der in Estland lebenden russischen Minderheit zu verknüpfen. Beides hat, nüchtern gesehen, herzlich wenig miteinander zu tun.

Nationalpark Lahemaa

Landschaften und Kulturgut des Lahemaa-Nationalparks sind so bedeutend, dass er 1971 als erster Nationalpark der Sowjetunion gegründet wurde. Vor der Küste, deren Kliffe in der Nähe des Ortes Muuksi eine Höhe von bis zu 47 Meter erreichen, liegen un-

Bilder rechts und nächste Doppelseite
• *Am Pühajärvs (Heiliger See) – eine «Perle der estnischen Natur»*
• *Am und auf dem Peipsijärv (Peipus-See) – fünfmal so groß wie der Bodensee: Strand; auf der Seeinsel Piirissaar mit ihren russisch-altgläubigen Einwohnern*

terra magica

terra magica

terra magica

zählige Findlinge. Sie wurden von Gletschern, deren mächtige Eisdecke den gesamten Ostseeraum bedeckte, hierher transportiert. Der größte Stein liegt vor dem Ort Loksa; er ist mit 36 Meter Umfang und einer Höhe von sieben Metern eigentlich fast schon eine Insel. Im malerischen Küstendorf Altja klärt ein geologisches Museum über die Erdgeschichte auf, und im benachbarten Freilichtmuseum kann man die Entwicklung der 500-jährigen Ansiedlung nachvollziehen, die heute nur noch zwanzig ständige Einwohner zählt.

Lahemaa heißt auf Deutsch Buchtenland, und die Buchten des Nationalparks sind nicht nur zahlreich, sondern auch sehr unterschiedlich: Der Ort Võsu entstand erst Mitte des 19. Jahrhunderts, und das Seebad zeichnet sich aus durch die prächtigen Holzvillen der Epoche, einige wenige Hotelburgen und einen einladenden, feinkörnigen Strand. Da dieser recht flach ins Wasser abfällt, ist die Wassertemperatur auch abseits der absoluten Hochsaison noch akzeptabel. Im benachbarten Käsmu wurde das einzige zwischen Estland und Amerika verkehrende Segelschiff gebaut. Interessanter als das in einer Baracke untergebrachte Schifffahrtsmuseum ist wahrscheinlich ein Spaziergang am Strand, wo keine Steilküste den Weg ans Meer versperrt.

Die Kliffe reichen im Nationalpark bis zu 20 Kilometer ins Landesinnere hinein, und das steil abbrechende Kalksteinplateau bildet an einigen Stellen die Basis spektakulärer Wasserfälle. Diese verwandeln sich in kalten Wintern in pittoreske Eiskaskaden. Das Hinterland ist auf jeden Fall sehenswert: Einzigartig ist die steppenartige Landschaftsform der Alvare, wo eine maximal 30 Zentimeter dicke Humusschicht den nackten Kalkstein bedeckt. Die spärliche Vegetation besteht aus Wacholder und anderen Sträuchern, die mit dem extrem trockenen Boden zurechtkommen. Deutlich feuchter sind die wenig entfernt liegenden Hochmoore, deren eigenartige Landschaft man sich auf gesicherten Wegen erwandern kann. Das Landesinnere des Nationalparks ist durch eine abwechslungsreiche Mischung von offenen Flächen, viel Wald und etlichen kleineren Seen geprägt, durch das sich einige sehr schöne und abseits der Wasserfälle zum Teil auch mit dem Kanu befahrbare Flüsse winden.

Lahemaa ist ein beliebtes und von Tallinn aus auch mit öffentlichen Verkehrsmitteln gut erreichbares Naherholungsgebiet. Wer länger als nur ein paar Stunden im Rahmen einer geführten Exkursion durch den Nationalpark streifen will, findet im Nationalparkzentrum in Palmse vielfältige Angebote. Es gibt noch einen weiteren Grund, warum man an Palmse eigentlich nicht vorbeikommt: Das hochherrschaftliche Ensemble mit zahlreichen sehenswerten Gebäuden aus Barock und Klassizismus gilt als der am besten erhaltene Gutshof des Baltikums.

Der Gutshof Palmse

Die Geschichte des Gutshofs *(Bild Seite 83)* geht auf ein wenig befestigtes Zisterzienserinnenkloster zurück, dessen marode Bausubstanz nach der Säkularisierung an einen Kaufmann aus Tallinn verkauft wurde. Er zog, wie seine Vorgängerinnen, seine Profite aus den umliegenden Bauernhöfen unfreier Esten. Bis ins frühe 18. Jahrhundert hinein war das Anwesen von Pestepidemien, Hungersnöten und kriegsbedingten Zerstörungen gezeichnet. Unmittelbar nach dem Nordischen Krieg war Palmse ein kaum bewohnbares Ruinenfeld. Notdürftig über den Kellergewölben gezimmerte Holzdächer schützen die wenigen Überlebenden vor Nässe und Kälte. Der durch Erbfolge bestimmte Ahrend Diedrich von Pahlen kam 1722 aus

Bilder rechts und nächste beiden Seiten
• **Pärnu: Altstadt mit Holzhäusern;**
Villa Ammende, heute Hotel
• **Wie ein Gemälde: Abendszenerie bei Altja**
• **Wasserfälle: der Valaste – Estlands höchster – bei Ontika und der Jägala (östlich von Tallinn)**

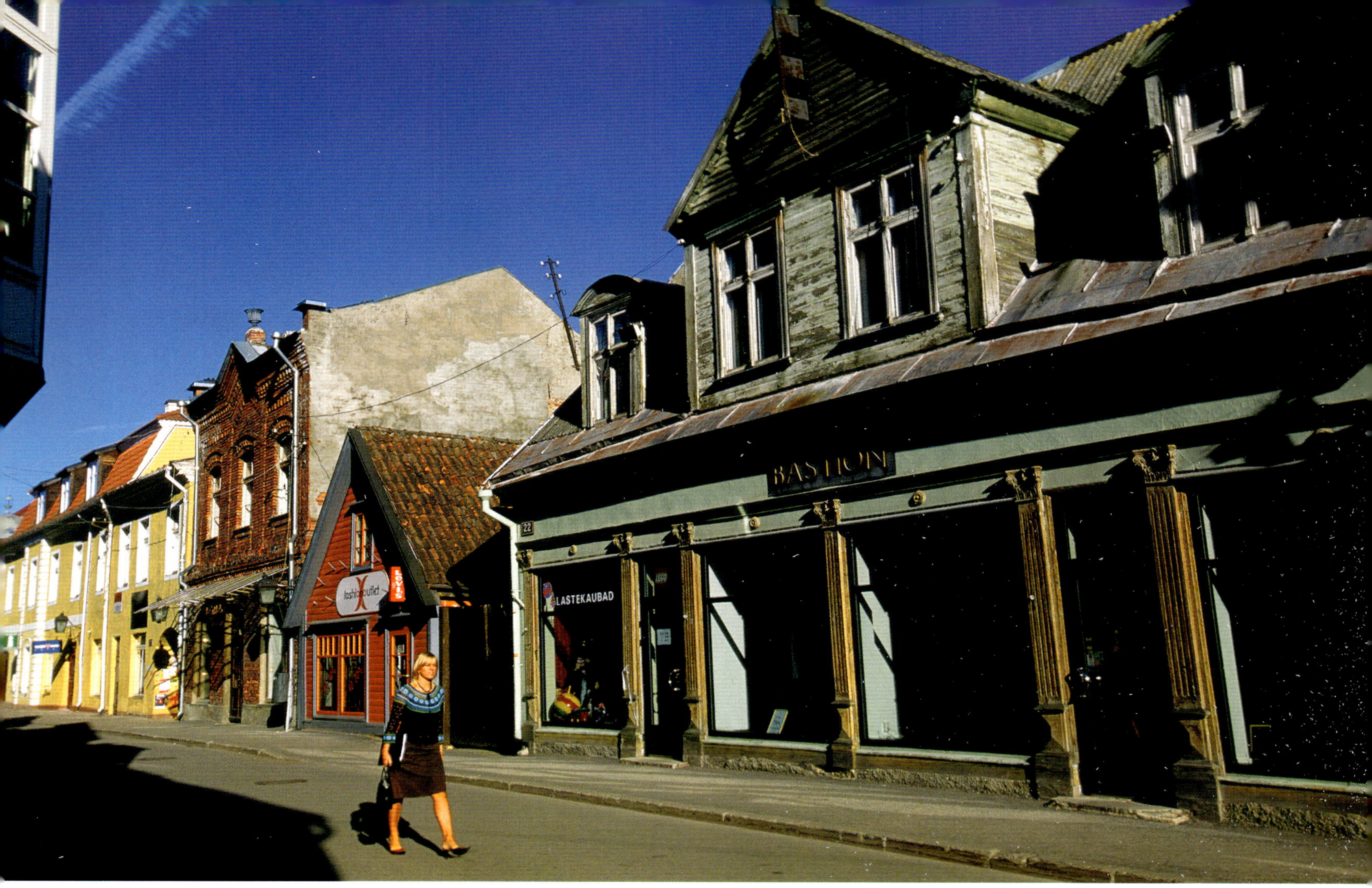
BASTION
LASTEKAUBAD

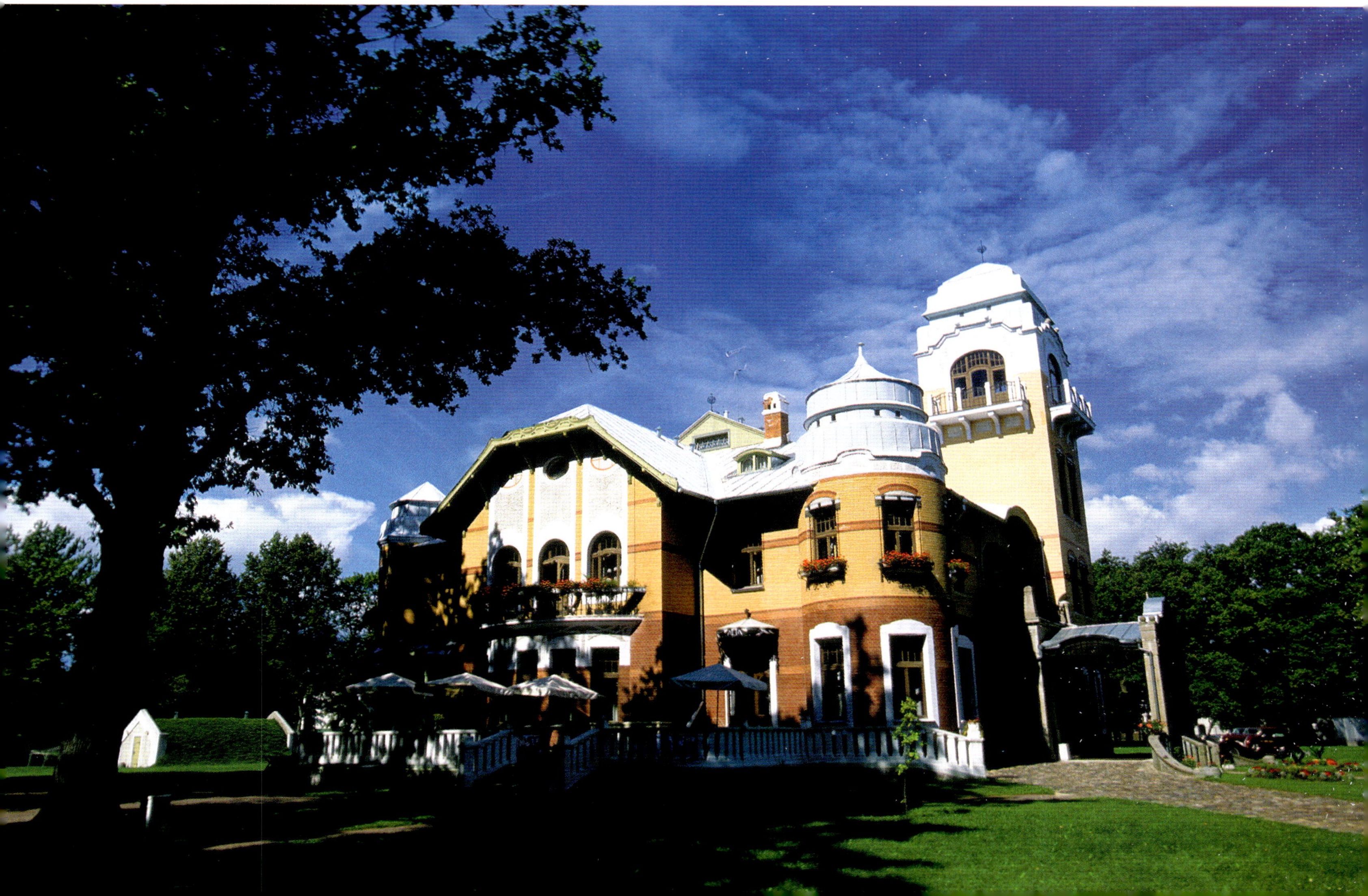

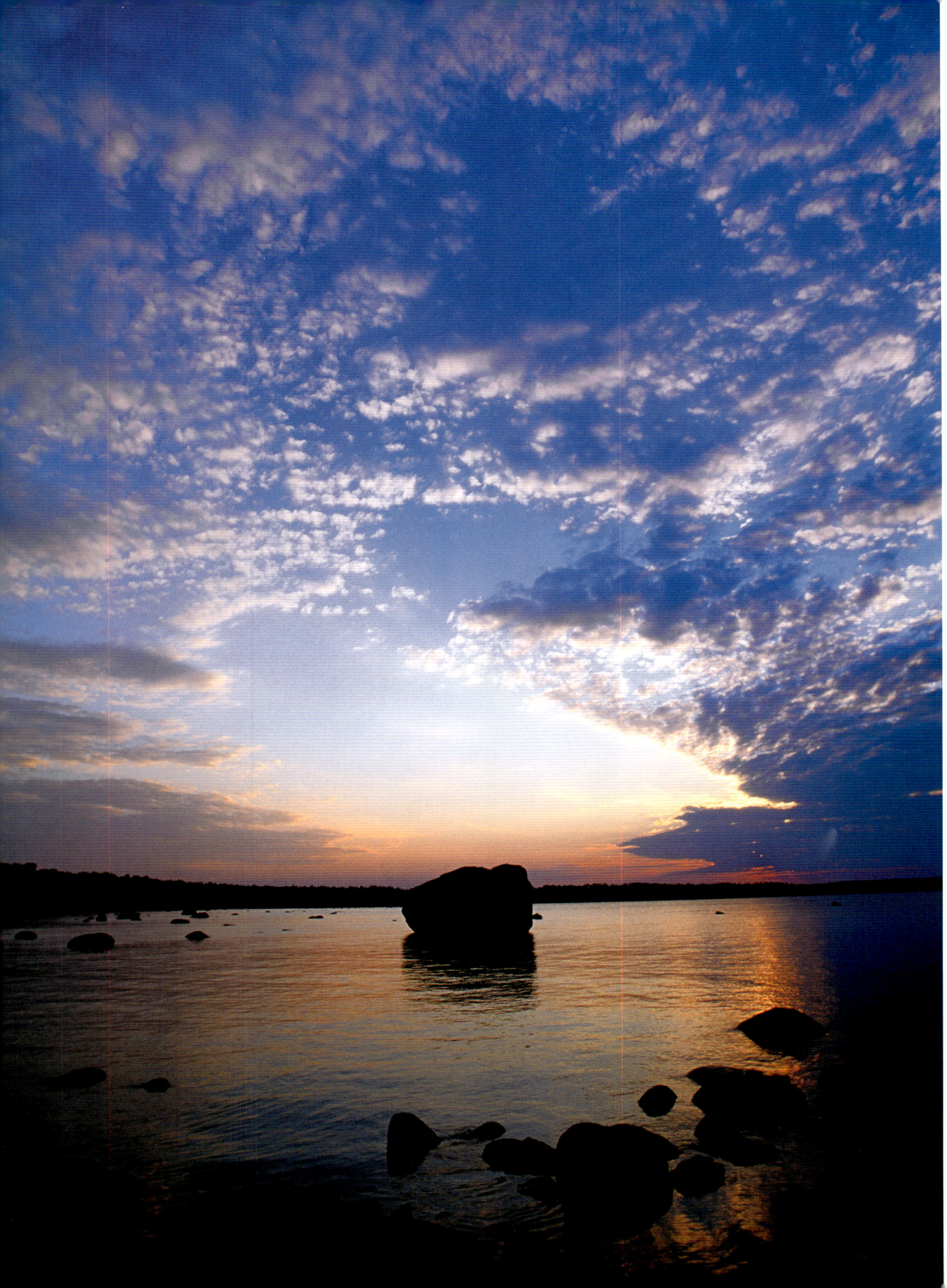

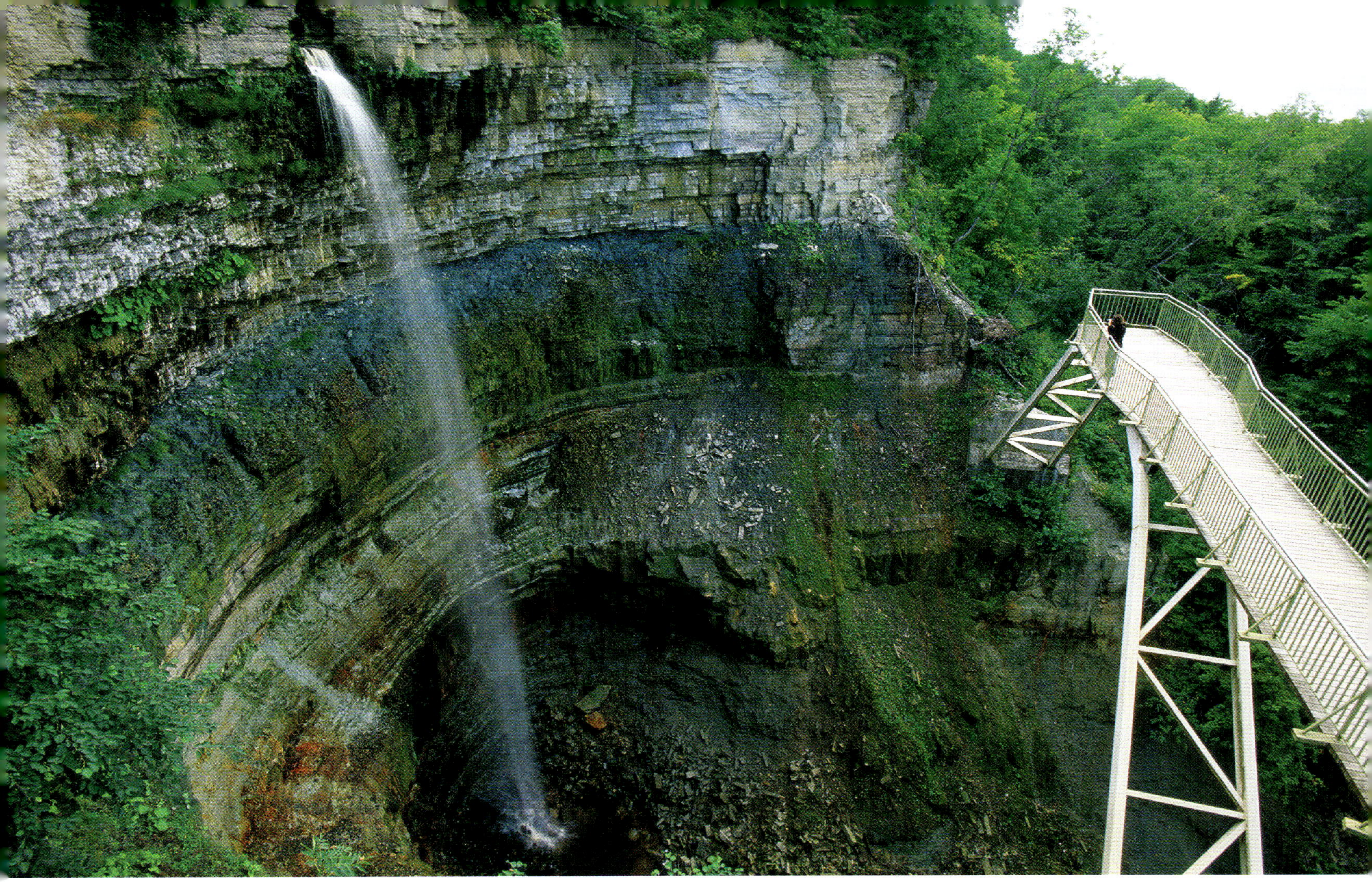

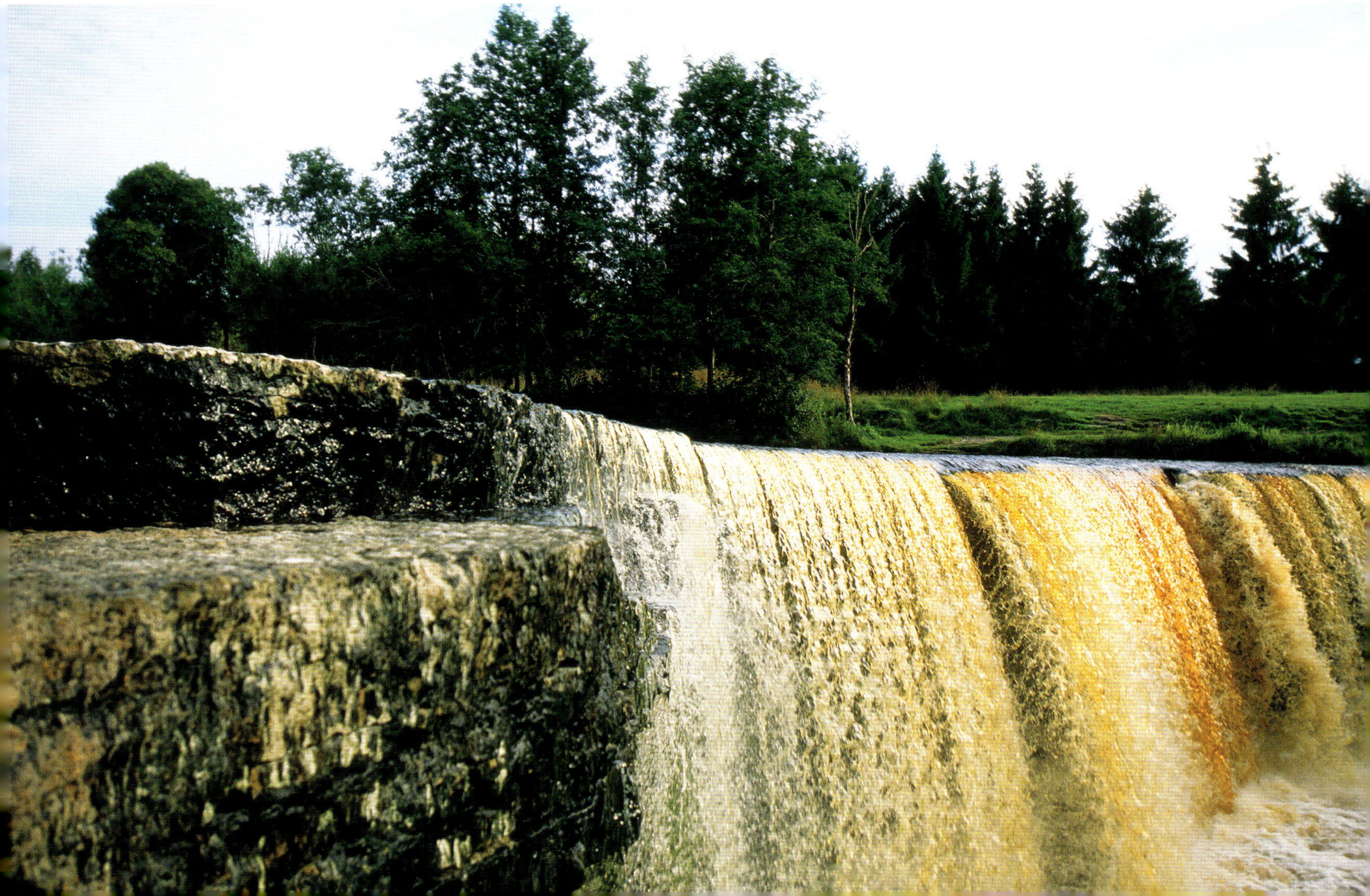

dem schwedischen Exil, um den Hauptsitz der Familie in Augenschein zu nehmen. Doch er blieb nicht lange. Der noch junge Gutsherr studierte zunächst einmal in Halle, Kassel und Straßburg Architektur und Ingenieurwissenschaften.

Eines der ersten großen Architekturhandbücher, die 1721 erschienene, vier Bände umfassende *Vollständige Anleitung zur Civil-Baukunst*, begleitete ihn auf seinen weiteren Reisen nach Paris, durch Holland und in andere Teile Europas. In den 1730er-Jahren kehrte er nach Palmse zurück, um den seinerzeit vom Großvater erworbenen Gutshof neu zu errichten. So entstand eines der ersten großen Barockensembles Estlands. Vor dem Herrenhaus gruppierten sich entlang klar definierter Achsen Ställe und Speicher, Korndarren, Verwalterhäuser und andere Gebäude. Links und rechts der Lindenalleen gab es in den Ziergärten zu Ornamenten arrangierte Blumenbeete und als Irrgärten angelegte Heckenlabyrinthe.

Die Lebensweise derer von Pahlen war nicht mehr die von Großgrundbesitzern, sondern die feudaler Herren. Die Angestellten des Hofes lebten, wie die Bauern der zum Gut gehörigen Dörfer, nach wie vor in ihren traditionellen Holzbauten und fristeten eine eher jämmerliche Existenz. Zur Welt der deutschen Gutsherren, deren Sprache sie nur fragmentarisch verstanden, hatten sie keinen kulturellen Zugang. Die fein säuberlich getrennten Welten begannen sich im Zeitalter der Aufklärung langsam zu vermischen.

Aus der Familie von Pahlen kamen viele bedeutende Politiker und Gelehrte, die nun weniger absolutistische als vielmehr humanistische Ideale verfolgten. Als das Herrenhaus im letzten Jahrzehnt des 18. Jahrhunderts seine heutige, frühklassizistische Form bekam, erhielten ehemals leibeigene junge Bauern ihre Ausbildung zu Maurer, Maler, Steinmetz und Zimmermann. Eine Generation später, unter Karl Magnus von Pahlen, wurden nicht nur die meisten Wirtschaftsgebäude umgebaut: Der Garten wurde völlig neu geordnet und verwandelte sich in einen Landschaftspark mit Pavillons, Brücken, Wasserspielen und Badehäusern. In der beeindruckend großen Orangerie wurden Palmen und exotische Früchte kultiviert. Und man betrieb gar eine eigene Schnapsbrennerei.

In der alten Brennerei findet man heute ein Restaurant, zu dem natürlich auch eine Bar gehört. In einem Nebengebäude ist das Informationszentrum des Nationalparks Lahemaa untergebracht. Im Hauptgebäude gibt es neben Gemälden, schönen Möbeln und aufwendig gestalteten Kachelöfen zahlreiche historische Fotos aus der Geschichte des Gutshofs. Palmse ist wahrscheinlich der beste Ort im Baltikum, wenn man nachvollziehen will, was es mit der deutschbaltischen Kultur abseits der großen Städte auf sich hatte.

Estlands Inselwelt

Zu Estland gehören, Schätzungen zufolge und «größere Steine» mitgerechnet, 1500 Inseln. Saaremaa als die größte unter ihnen hat etwa die Größe Mallorcas. Von den 40 000 Einwohnern leben dort fast 20 000 in der Inselhauptstadt Kuressaare, und – wenige Dörfer abgerechnet – der ganze Rest ist wunderbare, an vielen Stellen völlig unberührte Natur. Die Ordensburg der Hauptstadt ist die einzige ihrer Art, die bis heute mit ihrer Bausubstanz aus dem 14. Jahrhundert noch weitgehend erhalten ist. Die kastellartige, quadratisch angelegte Burg wird von 20 Meter hohen Mauern eingefasst.

Früher war die Burg, die damals noch runde Türme hatte, von einem breiten, mit Meerwasser gefüllten Wassergraben umgeben und galt als uneinnehmbar. Doch ganz sicher war man sich nicht, denn einer der Türme war gewissermaßen als letzte Rettung nur über eine in neun Meter Höhe angebrachte Zugbrücke zu erreichen. Weil die Feinde fehlten, die einen solchen

Bild rechts
In den Sandsteinhöhlen von Piusa

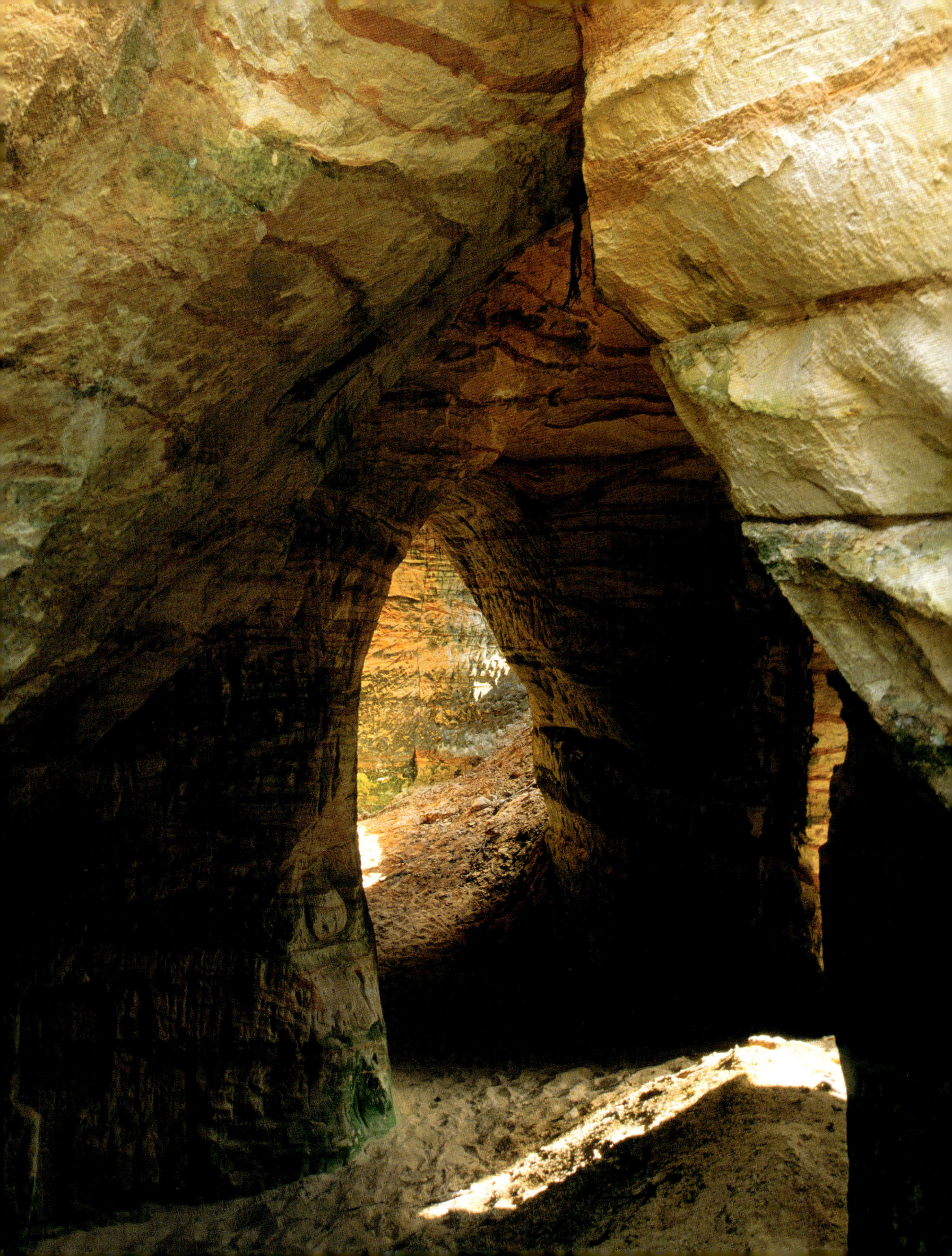

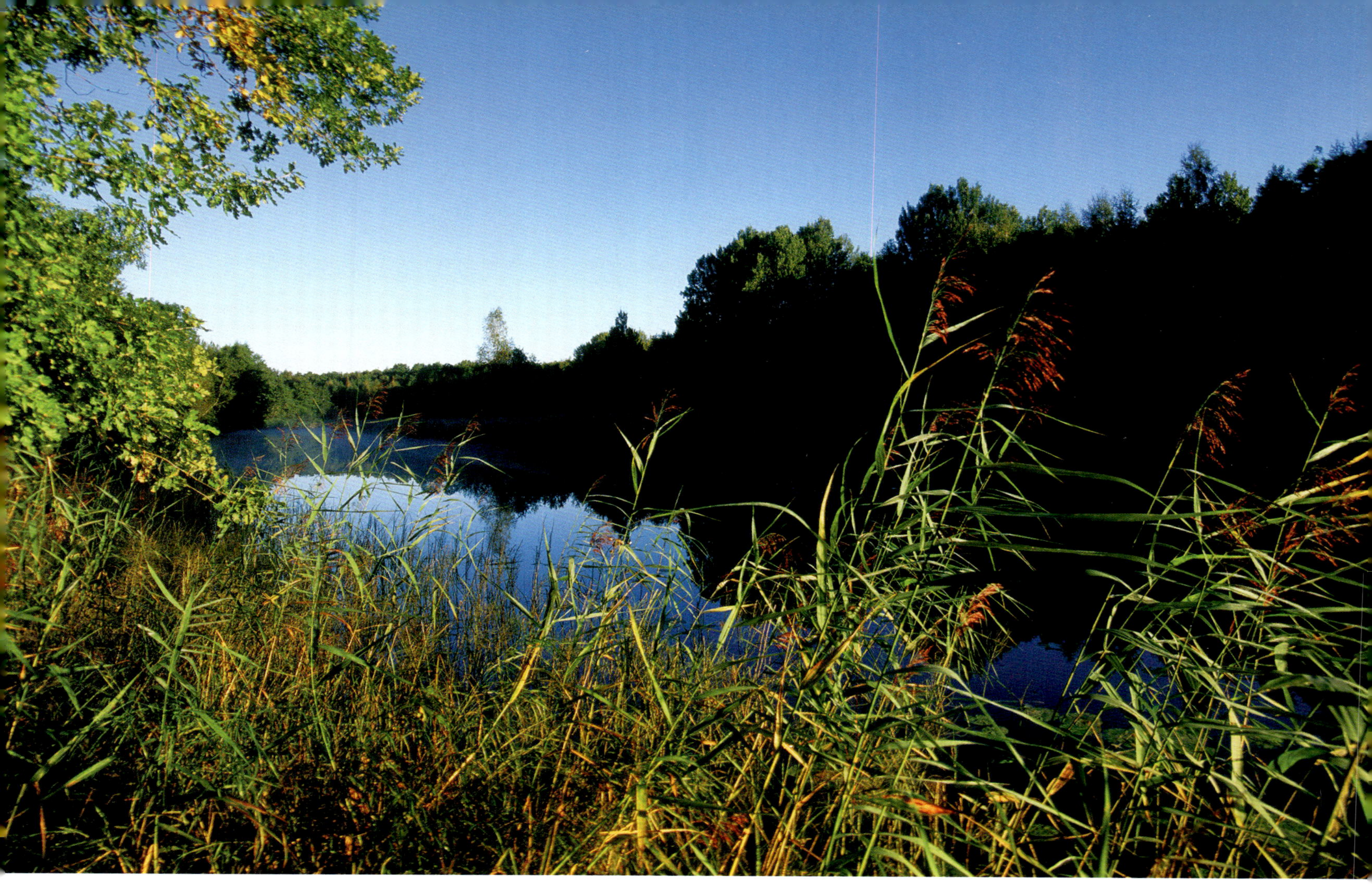

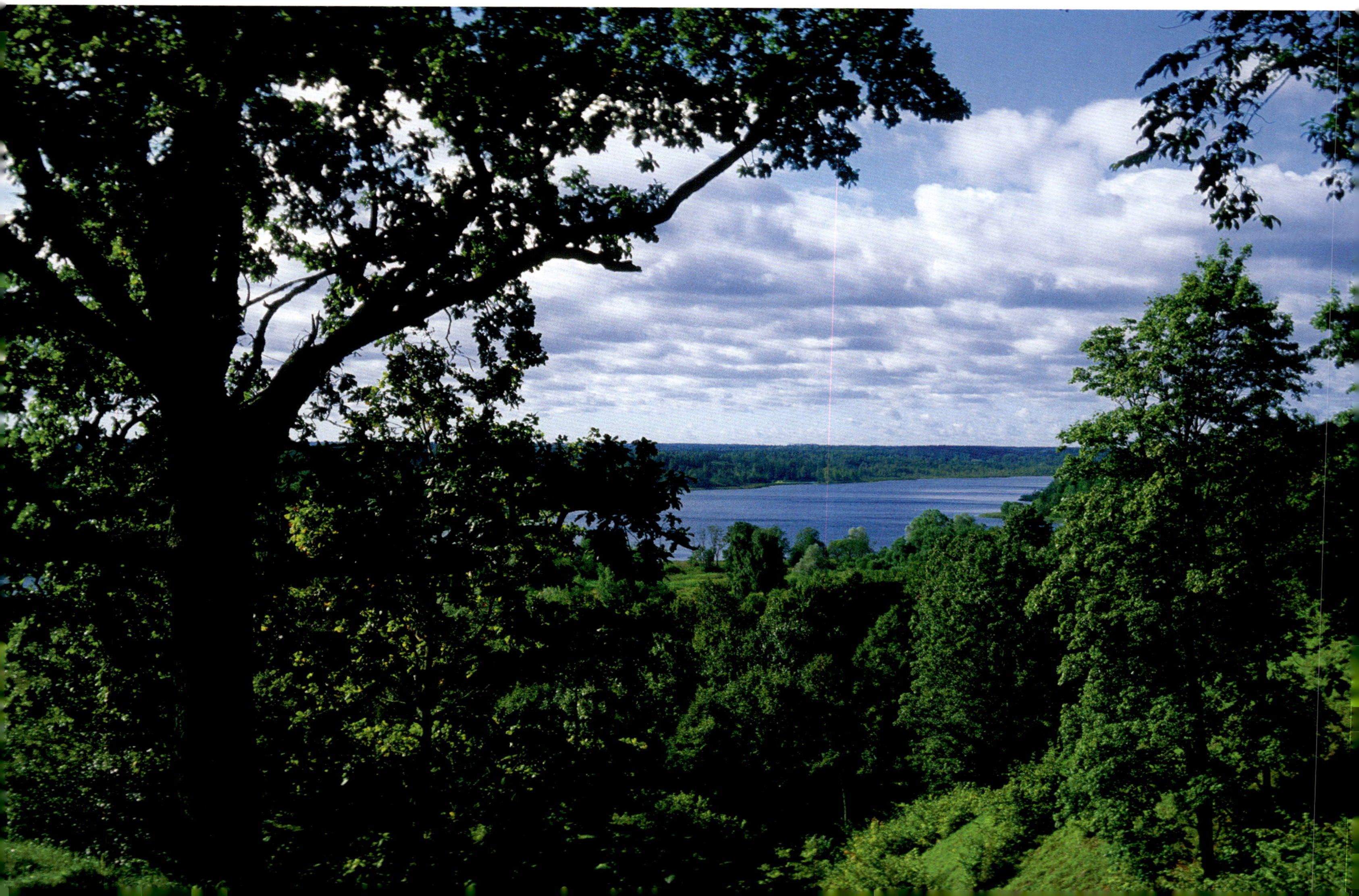

Rückzug nötig gemacht hätten, nutzte man den sicheren Ort die meiste Zeit über als Gefängnis. In den historischen Gemäuern gibt es nicht nur wunderbare spätgotische Architektur und einen holzgetäfelten Festsaal zu sehen, sondern auch eine sehr informative Dauerausstellung.

Ansichten ganz anderer Art bietet das Dorf Koguva auf Muhu, der großen Nebeninsel (Estlands drittgrößte Insel!) Saaremaas. 1968 wurde die gesamte, etwa hundert Gebäude zählende Ansiedlung samt ihren Bewohnern für besonders schutzwürdig erklärt und unter Denkmalschutz gestellt. Nahe am Meer führen schattige Wege an dicken, moosbewachsenen Steinmauern vorbei, hinter denen Gärten und Häuser der traditionellen Bauernarchitektur zu sehen sind.

In manchen dieser Gärten sind auch ausgediente Schiffe zu sehen, denen als guten Freunden der Fischer ein gebührender Platz nahe den Wohnhäusern eingeräumt wurde. Die Entstehungsgeschichte des Dorfes ist eine ganz besondere: 1532 soll ein leibeigener Bauer namens Hanske den letzten Großmeister des Deutschen Ordens, Walter von Plettenberg, vor dem Ertrinken in der eiskalten Ostsee gerettet haben. Ihm wurden daraufhin die Freiheit und der Grund und Boden geschenkt, auf dem sich in den kommenden Jahrhunderten das kleine Dorf entwickeln sollte. Im Geburtshaus des Dichters Juhan Smuul (1921–1971) wurde ein kleines Museum errichtet, das dem Dichter selbst und seiner ganz besonderen Heimat gewidmet ist.

6000 Jahre alter Kratersee

Relikt einer kosmischen Katastrophe ist ein Kratersee beim Ort Kaali: Etwa 3000 v. Chr. schlug dort ein etwa 1000 Tonnen schwerer Meteorit ein. Wie das

Bilder links
Morgen am Fluss Lemmjõgi. Blick von der Ordensburg in Viljandi (Fellin) auf den gleichnamigen See

Ereignis von den steinzeitlichen Vorfahren aufgenommen wurde, ist nicht bekannt, doch vor der Zeitenwende soll eine ringförmige Anlage den seltsamen, kreisrunden und 16 Meter tiefen Kratersee umfasst haben. An das denkwürdige Ereignis erinnert ein kleines geologisches Museum, doch außer dem wirklich runden See gibt es nicht viel zu sehen.

Das Beste an Saaremaa sind zweifellos die Landschaften, wobei diese dank sehr gewöhnungsbedürftiger Schotterpisten oft als kaum erreichbar erscheinen. Insbesondere die Nordküste in der Nähe von Leisi bietet mit Steilküsten und einsamen, schönen Badestränden reichlich Ruhe vor jeder Art von Zivilisation. Im Westen Saaremaas erreicht man den Vilsandi-Nationalpark. Die stark gegliederte Küste mit zahlreichen vorgelagerten Inseln ist ein einzigartiges Vogelparadies.

Alles andere als paradiesisch ging es in der Nacht vom 8. September 1944 auf der Halbinsel Sõrve zu: Wehrmacht und Rote Armee verzichteten weitgehend auf Schusswaffen, denn Freund und Feind waren im dichten Nebel kaum voneinander zu unterscheiden. Man schätzt, dass auf beiden Seiten der Front weit mehr als 1000 Soldaten im Nahkampf fielen. Sõrve ist der mit Abstand einsamste Teil Saaremaas, und in der flachen Heidelandschaft mit endlos langen Stränden stört höchstens das Geschrei der zahlreichen Vögel.

Nördlich von Saaremaa liegt die zweitgrößte Insel Estlands, Hiiumaa: Sie ist fast vollständig bewaldet, und das Landesinnere ist eigentlich nicht erreichbar. Die Insel mit etwa 40 Kilometer Durchmesser ist dreimal so groß wie Malta, doch leben hier gerade einmal 12 000 Menschen; 5000 davon in der «Inselhauptstadt» Kärdla. Mitten auf der praktisch unbewohnten Halbinsel Kõpu wurde 1503 der erste Leuchtturm der gesamten Ostsee gebaut. Der Heutige hat eine Beleuchtungsanlage, die von der Pariser Weltausstellung des Jahres 1900 stammt. Berühmt wurde die Insel durch Aktivitäten eines Barons aus dem deutschbaltischen Adelsgeschlecht Ungern-Sternberg: Der edle

Herr vertrieb und enteignete die jahrhundertelang auf der Insel siedelnden Schweden, errichtete (noch im beginnenden 19. Jahrhundert!) ein rigides System der Leibeigenschaft und betätigte sich als Seeräuber: Er setzte an den Küsten falsche Leuchtfeuer, um die Ladung der gestrandeten Schiffe an sich zu nehmen. Als sein Treiben selbst der zaristischen Regierung zu weit ging, wurde er in die sibirische Verbannung geschickt.

Ein-Mensch-Inseln

Alle anderen estnischen Inseln sind entweder unbewohnt oder zählen zwischen einem einzigen und 500 Bewohnern. So ist es nicht verwunderlich, dass ungefragtes Auftauchen von Touristen oft als ein Eindringen in die Privatsphäre empfunden wird. In diesen kleinen Gesellschaften haben sich auch einige skurril wirkende lokale Traditionen herausgebildet. Vor Pärnu, der drittwichtigsten Stadt Estlands, liegt die kleine, mit 500 Einwohnern für estnische Verhältnisse dicht besiedelte Insel Kihnu: Dort trägt man – genau wie auch auf der fast acht Quadratkilometer großen Insel Piirisaar im Peipus-See *(Bilder Seite 109)* – gerne Trachten, hängt weiterhin dem 1710 aus Opportunismus angenommenen russisch-orthodoxen Glauben an und fährt mit Motorrädern herum. Im Gegensatz zu vielen seiner Verwandten lebte der berühmteste Bürger der Insel, Kihnu Jõnn, nicht von der Jagd auf Fische und Seehunde: Er segelte auf den Weltmeeren umher, bis er 1913 mit seinem Schiff *Rock City* in nahezu heimischen Gewässern vor Dänemark Schiffbruch erlitt.

Bilder rechts und nächste Doppelseite
• Saaremaa: der sagenumrankte Kaali-See, wohl durch Meteoriten-Einschlag entstanden
• **400 Jahre alt ist der Leuchtturm inmitten der Halbinsel Kõpu (Insel Hiiumaa). Altstadt von Kuressaare auf Saaremaa. Freilichtmuseum in Koguva auf der Insel Muhu**

terra magica

terra magica

terra magica

Lettland

Riga – Metropole des Baltikums

Mit Vororten hat Riga etwa eine Million Einwohner. Die historische Altstadt der Metropole misst nicht einmal zwei Quadratkilometer. Auf engstem Raum konzentrieren sich historisch wichtige Gebäude, Museen und Kultur, wirtschaftliche Macht und Politik. Restaurants unterschiedlichster Geschmacksrichtungen, Straßencafés, Kneipen und alle nur denkbaren Varianten des großstädtischen Nightlife gibt es an jeder Ecke. Böse Zungen behaupten, dass die Altstadt nur um fünf Uhr morgens wirklich schön ist: Dies sei die Zeit, wenn der Geist der Stadt in menschenleeren Gassen zwischen Kirchen, Jugendstilmasken und mittelalterlichen Häusern umherweht – um sich auf die Suche nach einem sicheren Ort für den kommenden Tag zu machen.

Riga ist eine Stadt der Gegensätze: In der Altstadt, deren kopfsteingepflasterte Straßen für den normalen Autoverkehr gesperrt sind, sieht man auffallend viele Luxuskarossen neuester Bauart. Sie gehören führenden Politikern und Geschäftsleuten, die der Meinung sind, dass ihnen nach dem Zerfall der Sowjetunion vielleicht noch nicht die Welt, aber immerhin schon mal ein großer Teil Lettlands gehört. Bereits in den Morgenstunden strömen Tausende von Touristen in die engen Straßen, fasziniert von einer lange unbekannten europäischen Stadt, in der etwa jedes fünfte Gebäude eine bedeutende Sehenswürdigkeit ist. Mittags beginnen sich die Restaurants zu füllen, ihre Palette reicht von

BILDER AUS LETTLAND von Seite 122 bis 149

Bild rechts
Riga: Blick über die Daugava (Düna) auf den Dom (ab 1211) und auf Sankt Petri (ab 1209)

terra magica

mittelalterlicher Erlebnisgastronomie über die gehaltvolle traditionelle lettische Küche bis hin zu Feinschmeckerlokalen, die auch im internationalen Vergleich locker mithalten können. Die für Menschen aus dem Westen niedrigen Lebenshaltungskosten, das reiche kulturelle Angebot und das Savoir-vivre in der lettischen Hauptstadt hat, ähnlich wie in Prag, viele Ausländer angezogen, die mit eigenen Geschäftsideen nicht nur in der Gastronomie, sondern auch auf vielen anderen Gebieten wesentlich zum multikulturellen Flair der Stadt beitragen.

Ab spätestens 20 Uhr verändert die Altstadt ihr Gesicht, und es beginnt die Zeit der abendlichen Vergnügungen. Riga hat, ähnlich wie Berlin, keine Sperrstunde. Das gute lettische Bier, das tagsüber in Biergärten ähnelnden Straßencafés serviert wird, ist nun in unterschiedlichstem Umfeld zu haben: Über einer beliebten Kneipe der alternativen Szene liegt ein Jazzclub, der Treffpunkt von Kulturschaffenden und Intellektuellen ist. Keine 50 Meter weiter gibt es einen mittelalterlichen Gewölbekeller. Dort lockt eine arabisch anmutende Teestube mit Kissen, Wasserpfeifen und gelegentlichem Bauchtanz. Direkt gegenüber tanzt ein ganz anderes Publikum: Eine Diskothek, eigentlich eher ein inoffizieller Heiratsmarkt, lockt allein reisende Männer aller Altersstufen.

Paris des Nordens

Nebenan gibt es in einem britischen Pub viele Sorten englisches Bier und noch mehr englische Touristen. Auf der Straße werden Flyer für Stripteaselokale, Musikclubs und außerhalb der Altstadt gelegene Technodiscos verteilt, die Heimat einer lebhaften elektronischen Musikszene sind. Zwischen 21 und 22 Uhr, wenn die Vorstellungen der Oper, der Philharmonie und der zahlreichen Theater zu Ende sind, sucht sich das gesetztere Publikum in feinen Restaurants und eleganten Cafés seine Nischen in der pulsierenden Metropole. Viele von ihnen fliehen regelrecht vor dem Trubel der Altstadt in die ruhigen, weitläufigen Straßen der vom Jugendstil dominierten Neustadt. Dort steuern auch viele jüngere Rigaer gezielt ihre Etablissements an, in denen Subkulturen unterschiedlicher Ausprägung blühen oder wo man in einer ganz normalen Kneipe einfach ein ganz normales Bier trinken kann. In Riga wird nachts wirklich was geboten, und die Stadt gilt nicht zu Unrecht als das Paris des Nordens.

Auch wer an Kultur, Architektur und den vielen Spuren einer wechselhaften Stadtgeschichte interessiert ist, kommt in Riga auf seine Kosten. Beginnen wir mit den Kirchen: Nachdem Bischof Albert sich 1201 durch Erpressung ungläubiger Heiden das heutige Stadtgebiet unter den Nagel gerissen hatte, ließ er für die Kreuzritter ein Ordensschloss errichten. Die letzten Reste des denkwürdigen Ortes, von dem aus die Christianisierung des Baltikums organisiert wurde, sind die gotischen Gewölbe des heutigen Kunstgewerbemuseums.

Direkt nebenan ist in Form der Johanniskirche die Kapelle der Bischofsburg erhalten geblieben, gegenüber wurde für die bürgerliche Bevölkerung die Petrikirche errichtet. Zwischen Orden, Bischof und freien Bürgern, die alle ihre eigenen Wirtschaftsinteressen verfolgten, herrschte innerhalb der sehr engen Stadtmauern Krieg. Die Auseinandersetzungen begannen wenige Jahrzehnte nach der Stadtgründung und dauerten an, bis die Reformation im 16. Jahrhundert Orden und Bischof in der Bedeutungslosigkeit verschwinden ließ. Riga wurde eine protestantische Stadt, in der weniger die Religion, als vielmehr der Handelsverkehr zwischen Russland und Westeuropa die zentrale Rolle spielte. Für die internationale Händlergemeinschaft

Bilder rechts und nächste Doppelseite
- *Riga: Sankt Petri, 120 m hoch, und Schwabe-Haus des Schwarzhäupterhauses*
- *Petri-Kirche und Schwarzhäupterhaus-Ensemble am (1334) am alten Rathausplatz*

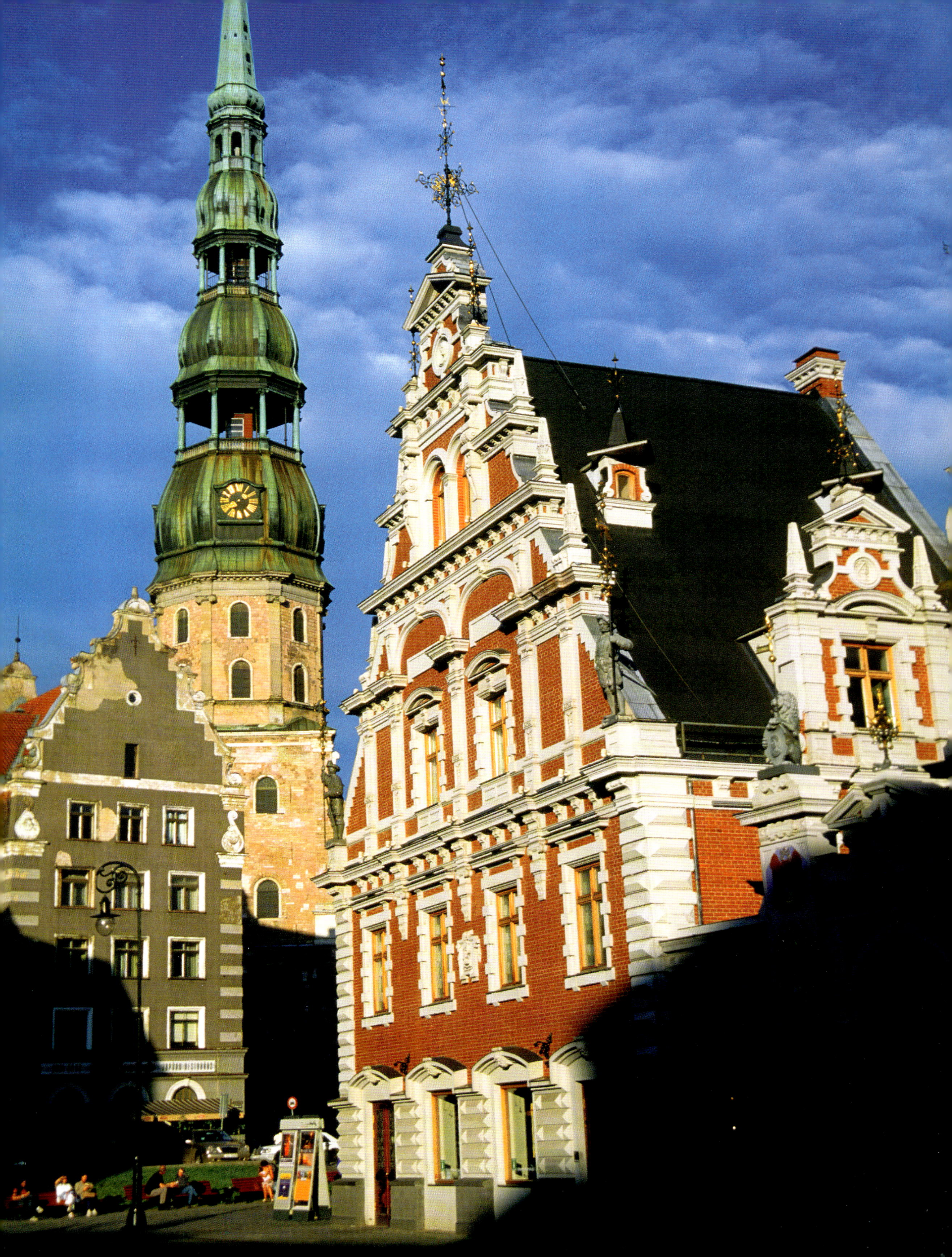

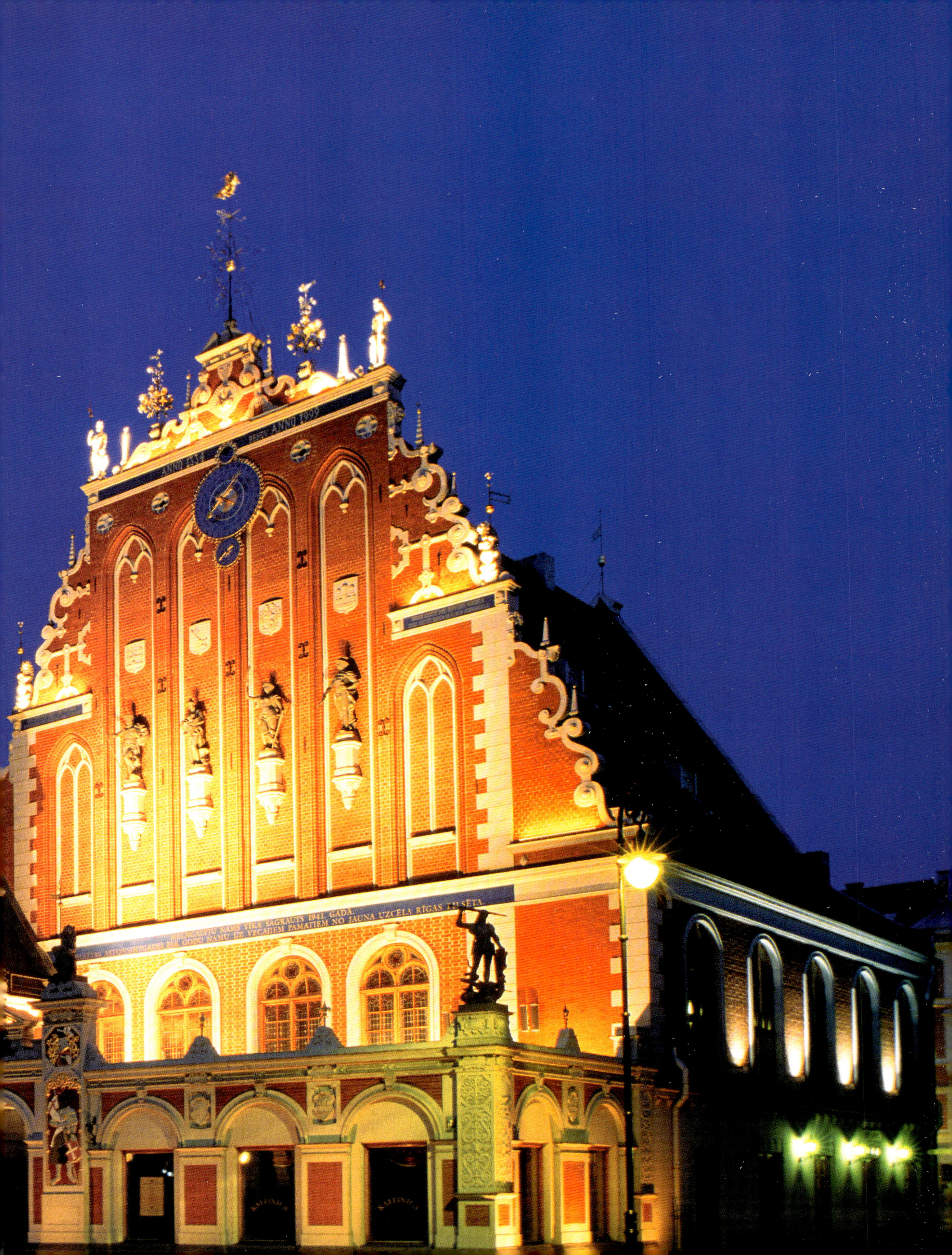
ANNO 1334
ANNO 1999
NAMS TIKA SAGRAUTS 1941. GADA.

wurden, bis ins späte 19. Jahrhundert hinein, bedeutende katholische, anglikanische und orthodoxe Kirchen gebaut.

Der wichtigste Sakralbau der Stadt und des gesamten Baltikums ist jedoch der Dom, der noch von Bischof Albert persönlich in Auftrag gegeben wurde. Im Dom liegt der Vorkämpfer des Christentums auch begraben, und zwar, wie man später feststellen musste, bezeichnenderweise direkt über einem heidnischen Friedhof. Im gotischen Innenraum finden auf einer der größten und besten Orgeln der Welt regelmäßig Konzerte statt. Das 6718 Pfeifen zählende Instrument ist ein Beweis schwäbischer Ingenieurkunst und wurde 1884 von der Firma Walcker aus Ludwigsburg gebaut.

17. Jahrhundert: Stadt deutscher Kultur

Die Beziehungen Rigas zu Deutschland sind ausgesprochen vielfältig: Der Deutsche Orden war die militärische Macht, die den mehrheitlich deutschen Kaufleuten der Hansezeit ein befriedetes Gebiet für ihre Geschäfte bot. Als der Orden 1663 aufgelöst wurde, war Riga eine Stadt deutscher Kultur, in der es eine enge Kooperation vor allem mit holländischen und später auch englischen Fernhändlern gab. In der Architektur hinterließen die Deutschbalten die deutlichsten Spuren, doch innerhalb der engen Stadtmauern entstanden auch schöne Häuser des holländischen Barock und viel später der englischen Neugotik.

Die Bebauung der Rigaer Altstadt ist, anders als die historischen Stadtkerne des spätmittelalterlichen Tallinn und des barocken Vilnius, uneinheitlich. Man orientierte sich an den jeweiligen architektonischen Moden: Kriege und Stadtbrände führten zu Baulücken, die ganz pragmatisch im gerade angesagten Baustil gefüllt wurden. Manche Gebäude wurden auch abgerissen und neu errichtet, weil in den engen Stadtmauern der Baugrund knapp war und weil man ein dem Zeitgeschmack entsprechendes, repräsentatives Gebäude haben wollte. Der erste große Einschnitt in der Sozial- und Baugeschichte der Stadt kam Mitte des 19. Jahrhunderts: In der rasch wachsenden Industriemetropole riss man die Stadtmauer ab, um eine moderne Großstadt europäischen Stils anzulegen. Wo die massiven Befestigungen waren, entstanden großzügige Parkanlagen, die von einem sich windenden Kanal durchzogen werden. Außerhalb der Stadtmauer wurden Straßenzüge mit mehrstöckigen historischen Mietshäusern gebaut, in denen nicht mehr nur Kaufleute, sondern auch in die Stadt strömende Angehörige anderer Berufsgruppen ein neues Zuhause fanden.

Die Mehrheit von ihnen war lettischer Abstammung, und die Führungsrolle der Deutschbalten begann zu schwinden. Um die 19./20. Jahrhundertwende erlebte Riga eine regelrechte Bevölkerungsexplosion. Deutschbaltische und lettische Architekten, die ihre Ausbildung am Rigaer Polytechnikum absolviert hatten, errichteten ganze Straßenzüge im Jugendstil. In diesen Jahren entstand nach Entwürfen deutscher Architekten auch der Stadtteil Mežaparks, die erste Gartenstadt Europas. Pittoresk am Ufer des Sees Ķīšezers gelegen, stehen dort unter Kiefern und exotischeren Bäumen prächtige Villen, viele von ihnen ebenfalls in reinstem Jugendstil.

Die beiden Weltkriege hinterließen in Riga deutliche Spuren. Unter anderem wurde nach Kriegsende von den Sowjets, als Symbol überwundener frühkapitalistischer Kultur, das Schwarzhäupterhaus gesprengt: Dieses Versammlungshaus lediger Kaufleute dominierte viele Jahrhunderte lang den Marktplatz, der als das Herz der Stadt galt. Das Schwarzhäupterhaus war nicht nur ein europaweit bekanntes Wahrzeichen Rigas, sondern auch ein zentraler Ort des öffentlichen Lebens, in

Bilder rechts

Riga: Gassenblick auf den Domturm; Börse am Domplatz; die Bremer Stadtmusikanten; restauriertes Stück der Stadtmauer; Figuren am Eingang des Schwarzhäupterhaus

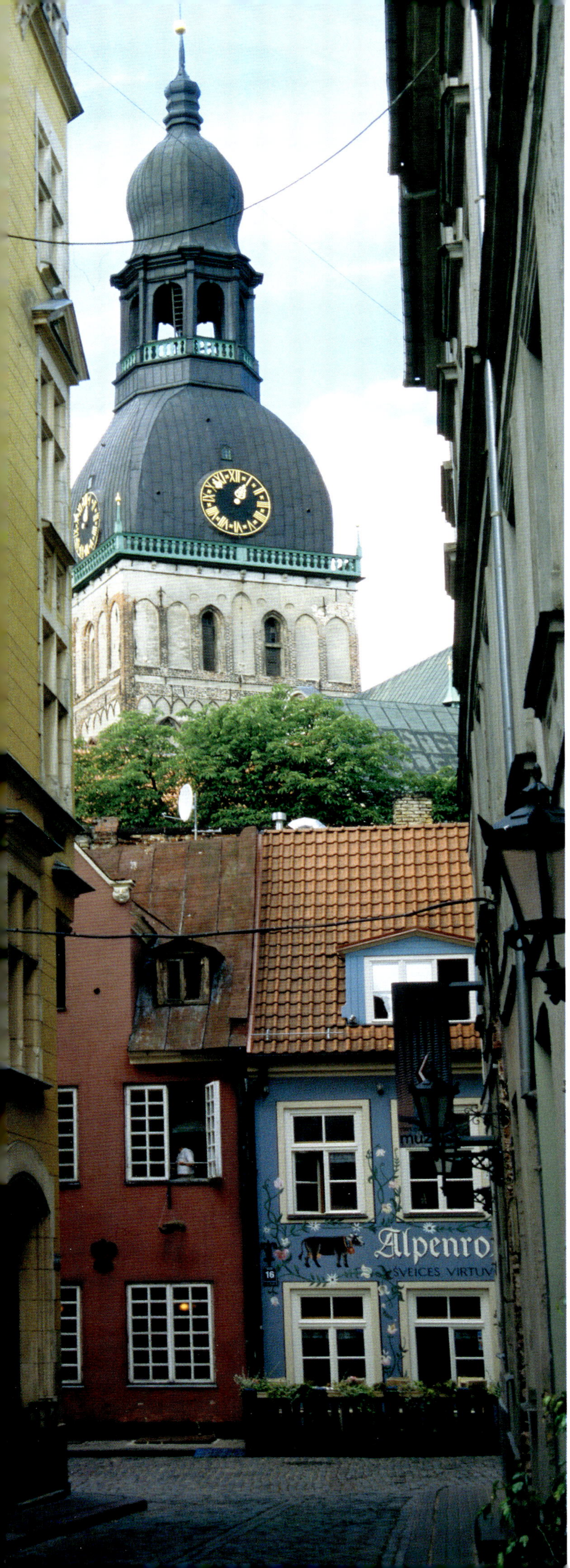

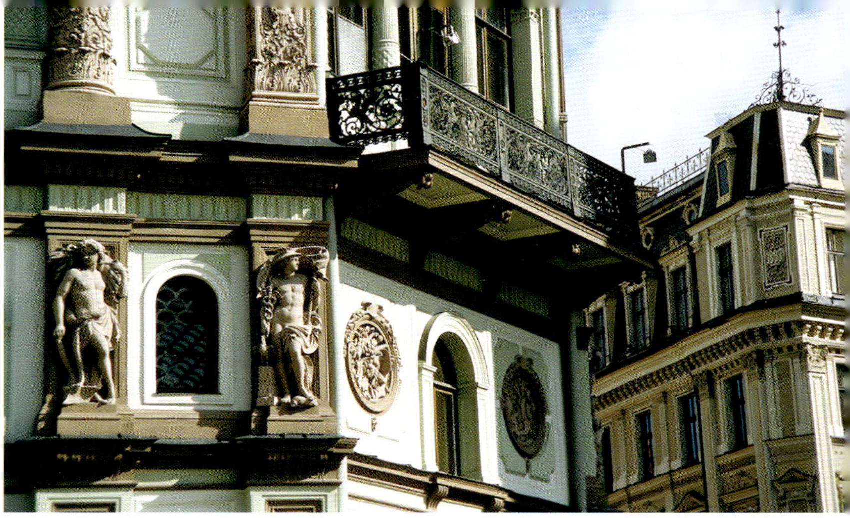

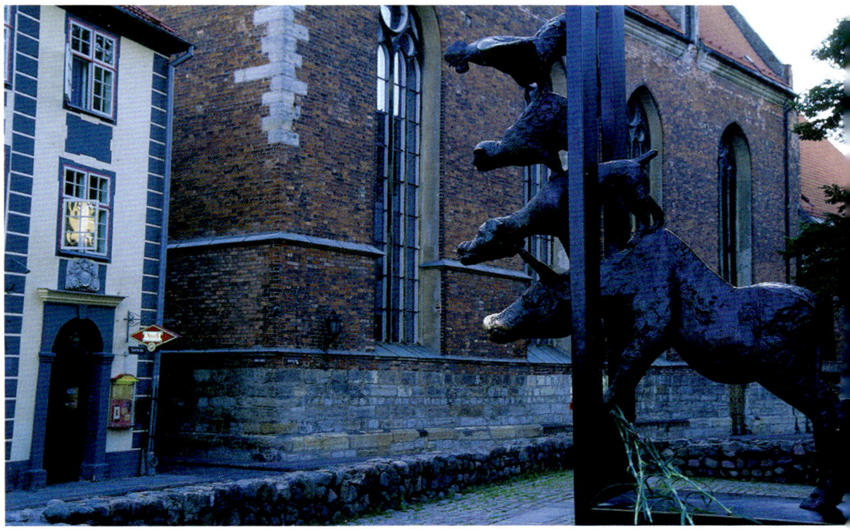

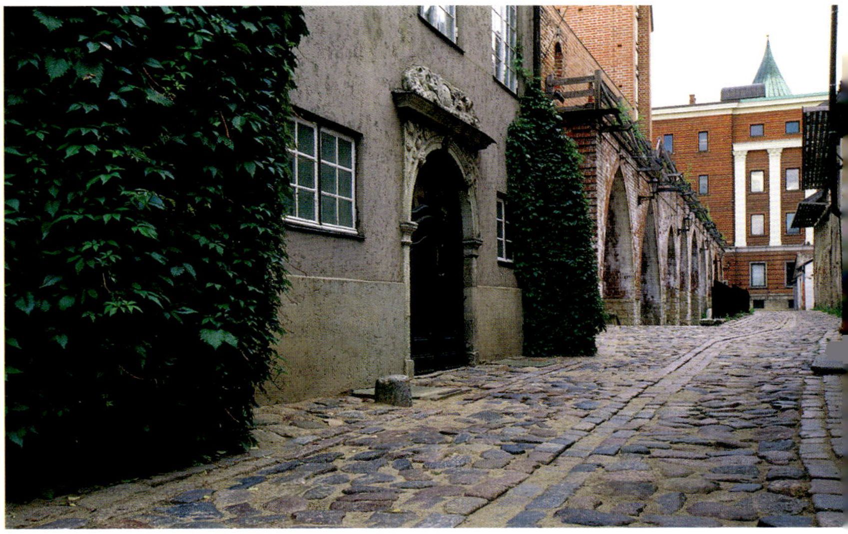

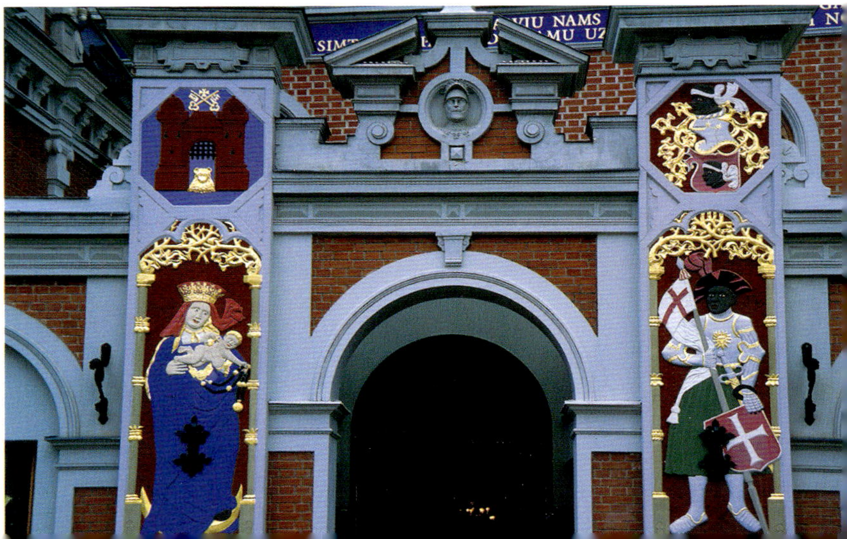

dem Versammlungen der internationalen Händlergemeinschaft stattfanden und viele Feste gefeiert wurden; es war auch der zentrale Veranstaltungsort der zwölf Tage dauernden mittelalterlichen Fastnacht. Das Haus steht heute wieder. Nach mehrjährigen Bauarbeiten wurde der «Neubau» auf Basis von Fotos und erhaltenen Bauplänen im Jahr 1999 fertig. Die Verbrechen der Deutschen Wehrmacht und der Roten Armee am lettischen Volk sind, wie auch die Zeit der 1991 zu Ende gegangenen sowjetischen Besatzung, im Okkupationsmuseum gegenüber dokumentiert.

Einen wichtigen Einschnitt in der Geschichte Lettlands stellte nach dem Zweiten Weltkrieg der Wiederaufbau in sowjetischem Stil dar: Es wurden, auch um Abhängigkeiten von Rohstofflieferungen aus anderen Sowjetrepubliken zu schaffen, vor allem weiterverarbeitende Industrien angesiedelt. Aus Russland, der Ukraine und Weißrussland wurden Gastarbeiter «angeworben», die nach der lettischen Unabhängigkeitserklärung mehrheitlich blieben und die heute knapp 50 Prozent der Bevölkerung Rigas stellen. Wie in Tallinn wurden sie auch hier mehrheitlich in neu errichteten Plattenbausiedlungen am Stadtrand untergebracht. Mittlerweile verlassen vor allem in die lettische Gesellschaft integrierte Russen dieses Milieu und suchen sich in anderen Stadtgebieten akzeptablere Wohnungen.

Jugendstil in Riga

Heute sind 40 Prozent der Bebauung der Innenstadt dem Jugendstil zuzurechnen, ein Prozentsatz, der weltweit von keiner anderen Großstadt erreicht wird. Zur Straße hin lagen die Wohnungen des gehobenen Bürgertums. Die Mehrheit der in die Stadt drängenden Bevölkerung lebte beengt in Zwei- bis Drei-Zimmer-Wohnungen, die entweder in den langen Seitenflügeln oder in Hinterhäusern lagen. Spekulanten bauten gezielt auf eine Maximierung ihrer Mieteinnahmen hin, und ihrem Gewinnstreben entgegenwirkende Gesetze fehlten fast vollständig. Die berühmtesten Häuser des Jugendstils stehen in der Alberta iela. Die dortige durchgehende Häuserzeile stammt von Michail Eisenstein, dem Vater des berühmten Filmregisseurs Sergei Eisenstein. Figuren, Halbfiguren und Masken erinnern an die antike Götter- und Sagenwelt, und Löwen sind am Dachfirst und unter Fenstern zu sehen. An Sphinxen und Drachen vorbei führt der Weg zu den Eingangstüren. Die für den Jugendstil typischen, kühn geschwungenen Omega-Fenster, dekorative geometrische Formen und Blumenmuster zitieren Elemente des Wiener Sezessionsstils.

Wie wichtig Eisenstein die Fassade war, zeigt sich am Haus Alberta iela 2a: Das oberste Geschoß ziert ein weiteres, falsches Stockwerk, durch dessen Fensteröffnungen nichts weiter als der Himmel zu sehen ist. Der eigentliche Jugendstil lehnte allein der Ausschmückung dienende Plastiken und Ornamente deutlich ab. In der Fassade sollten sich Funktionalität und Schönheit der Innenräume spiegeln. Unter diesem Credo bildete sich der für Riga bezeichnende und etwas nüchtern wirkende Stil des Vertikalismus aus: Das Erdgeschoss wurde üblicherweise von vornherein als Laden mit großen Schaufenstern konzipiert, und mit mehrstöckigen Erkern wurde die Vertikale betont.

Eine weitere Hauptrichtung des hiesigen Jugendstils ist die «nationale Romantik»: Lettische Architekten ließen sich von der traditionellen Holzarchitektur und der Ornamentik ihrer Vorfahren inspirieren. Diese zeigte sich vor allem in Keramik und Textilkunst. So kam es zu regelmäßigen Recherche-Reisen der Architekten in die noch von bäuerlicher Kultur geprägte Provinz, wo die Meister des Kunsthandwerks konsultiert wurden. An vielen Häusern im Stil der «nationalen Romantik» sieht man die Sonne symbolisierende Roset-

Bilder rechts und nächste vier Seiten
Riga: Jugendstilarchitektur in der Alberta iela – eine üppig-fantastische Augenweide

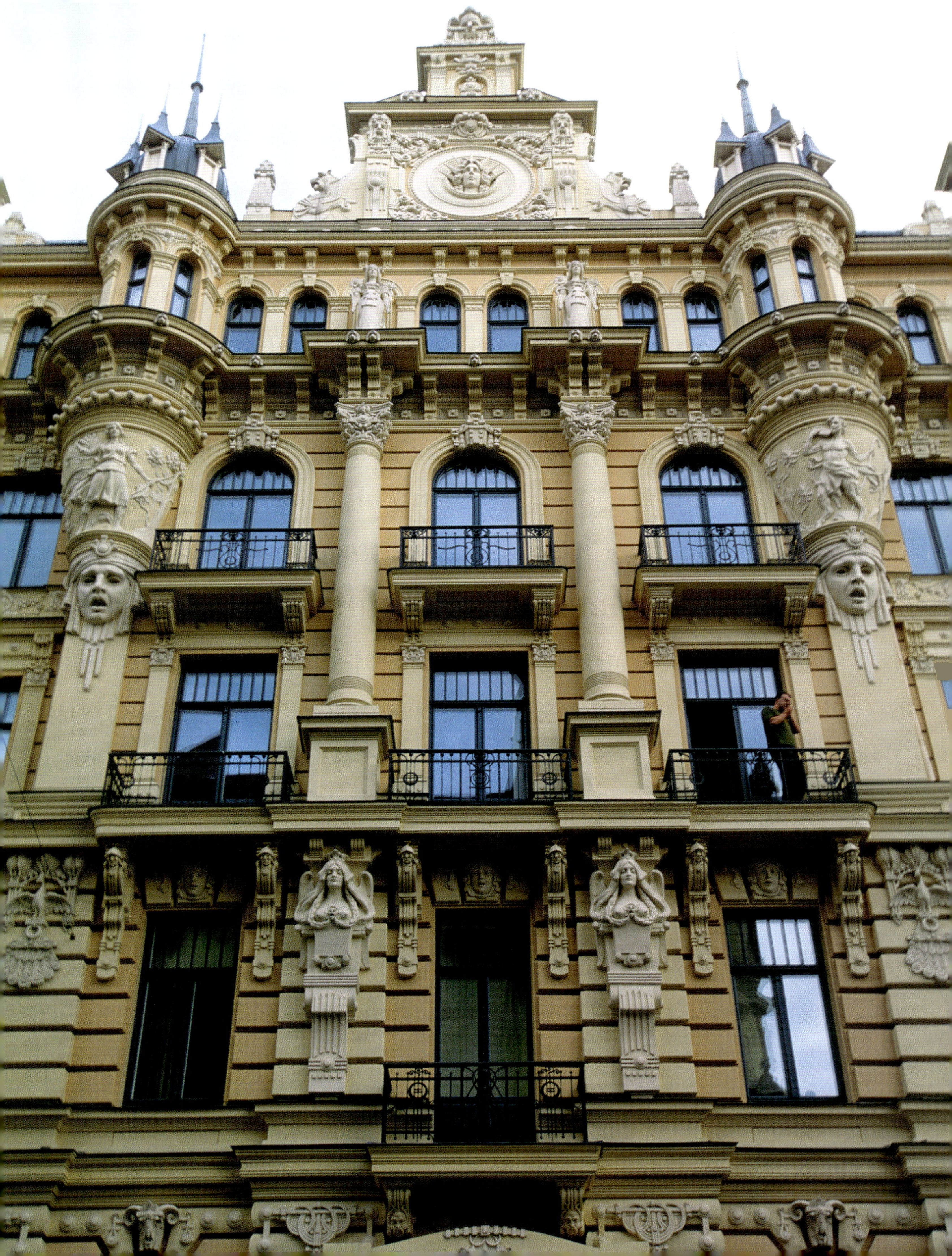

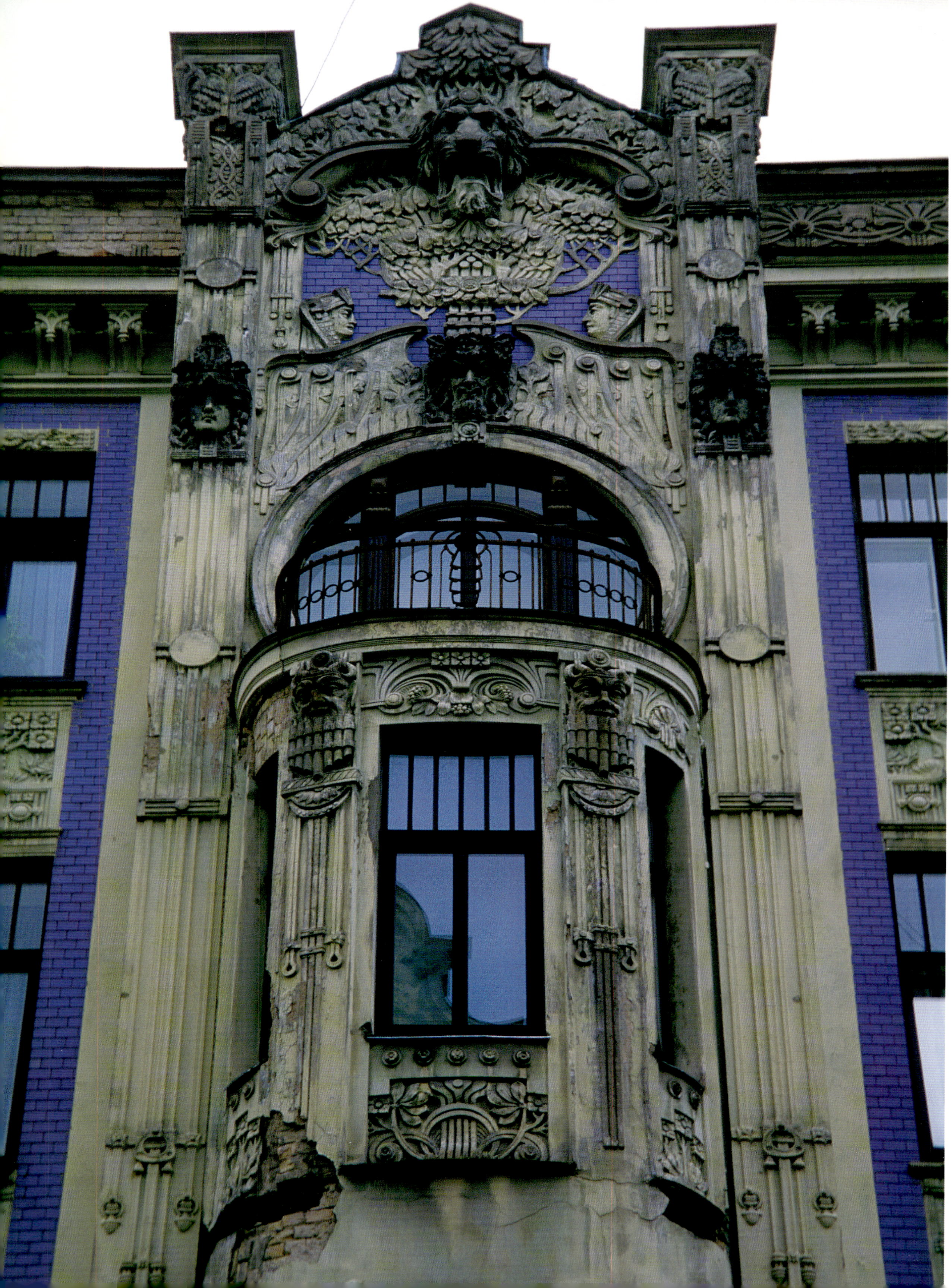

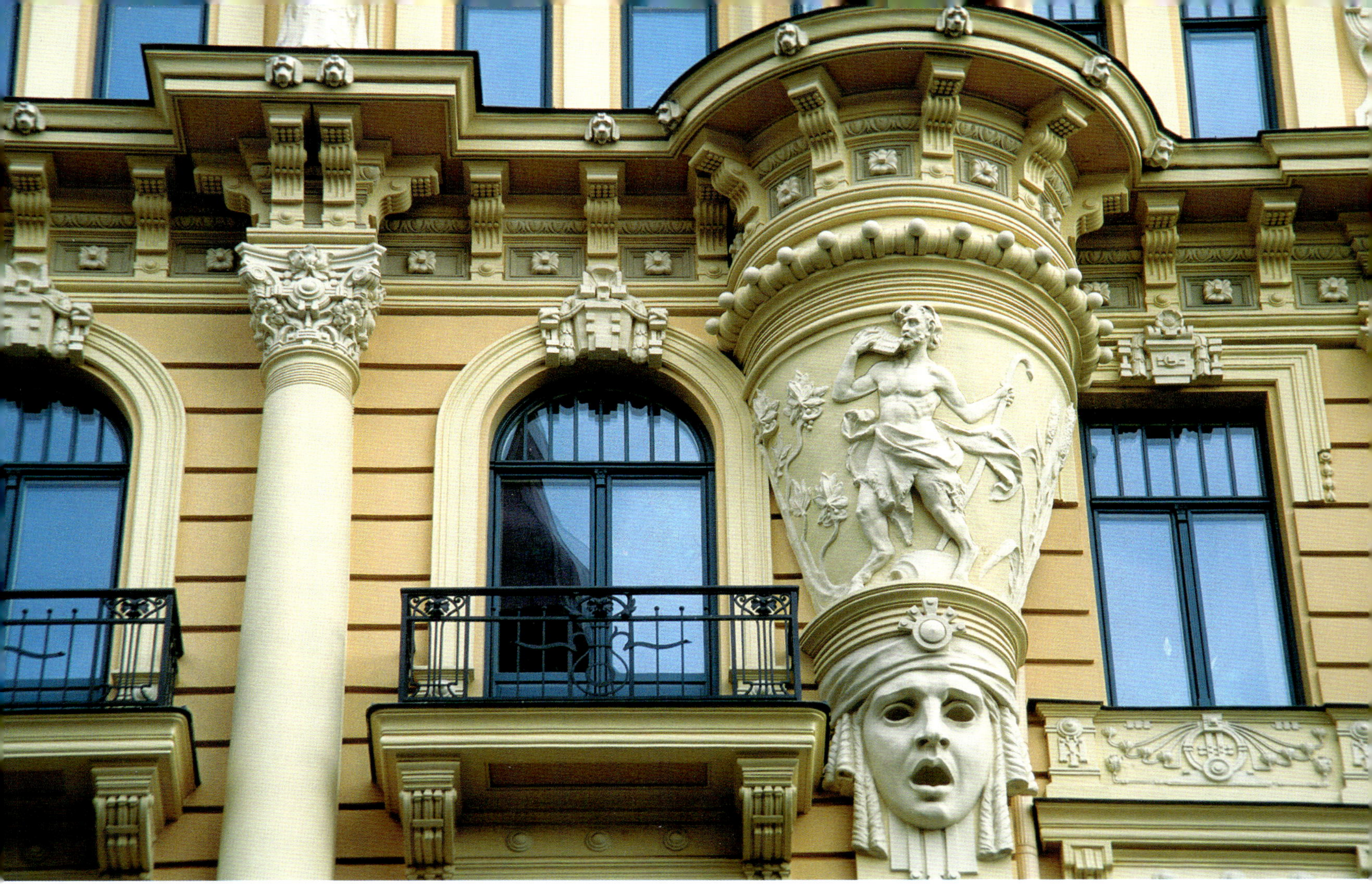

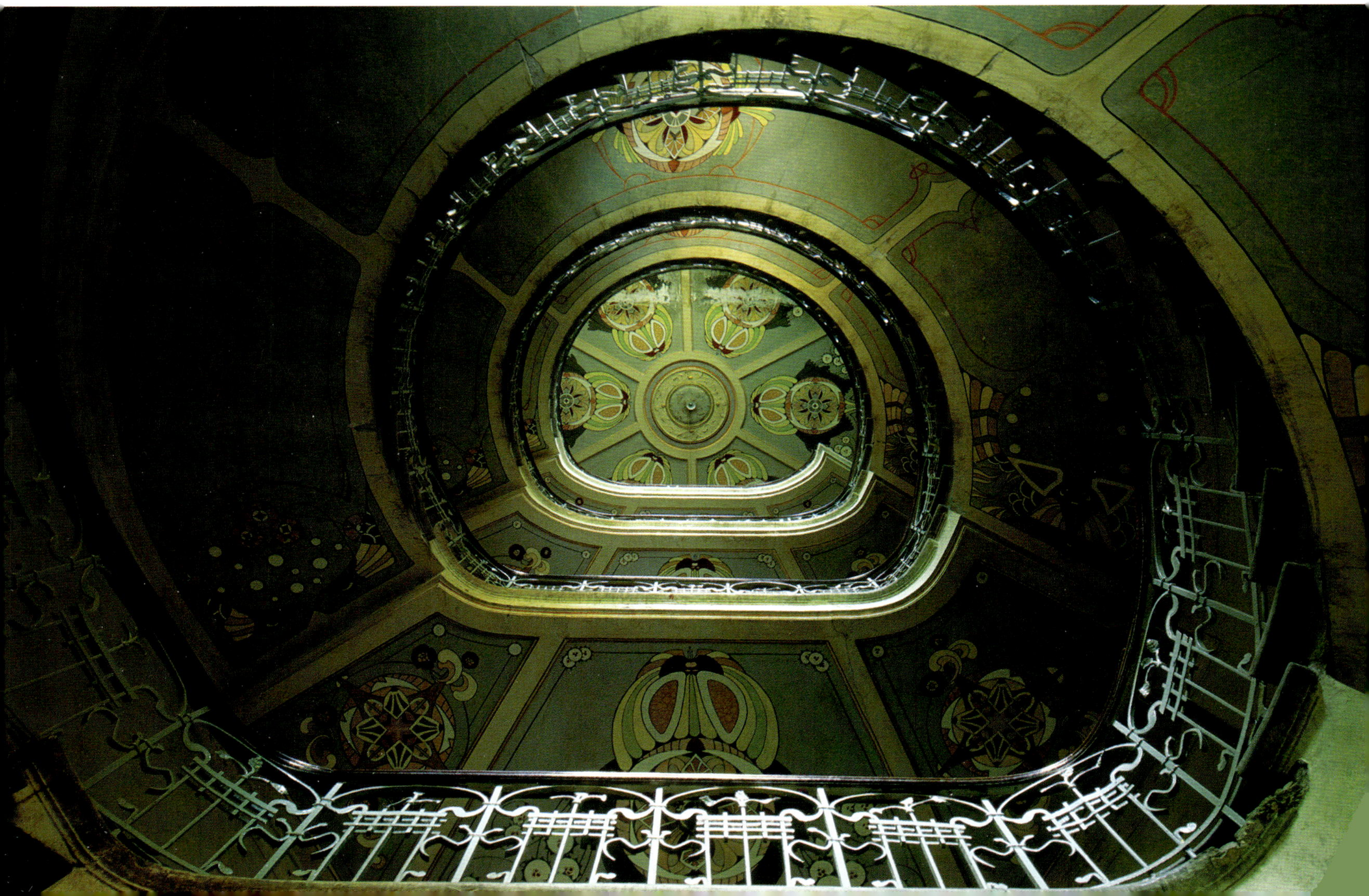

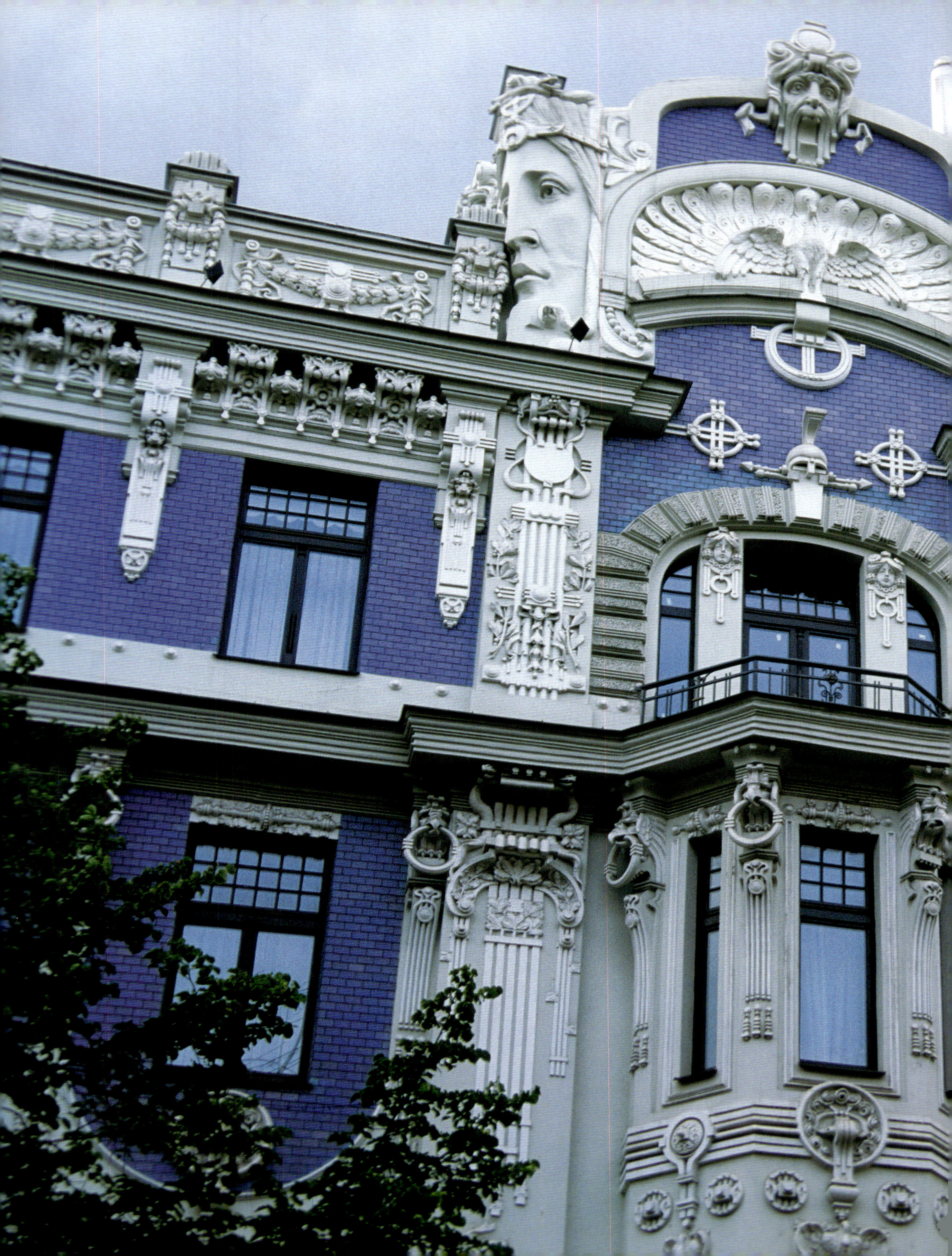

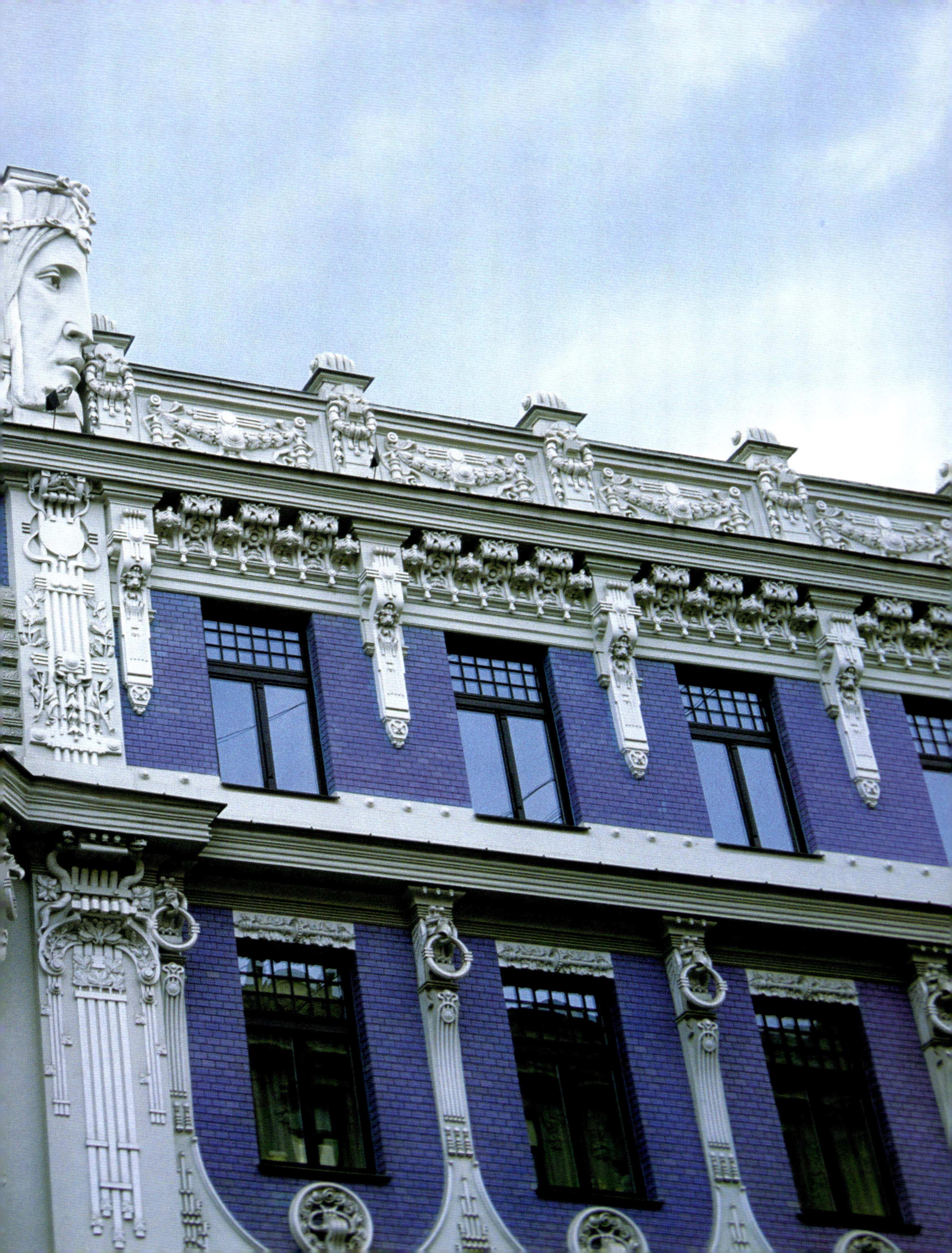

ten, stilisierte Pflanzen, aber auch Streifen mit traditionellen geometrischen Mustern.

Gleich welcher Stilrichtung die Jugendstilgebäude folgten, den Sowjets galten sie als Ausdruck eines dekadenten Bürgertums, und entsprechend gingen sie mit der wertvollen Bausubstanz um; die großen herrschaftlichen Wohnungen wurden in Gemeinschaftswohnungen umgewandelt. Jeder Raum wurde nun von einer ganzen Familie bewohnt, Küche und Bad wurden gemeinsam genutzt. «Renovierungen», wie das Übermalen von Bildern und Ornamenten in aufwendig gestalteten Treppenhäusern, der Einbau neuer Türen sowie über Putz verlegte Leitungen oder in Masken hineingebohrte Halterungen und Belüftungsanlagen fügten vielen Jugendstilhäusern der Stadt schweren Schaden zu. Auch heute ist es um viele Gebäude nicht eben zum Besten bestellt: Nach der Reprivatisierung kamen einige auch kunsthistorisch sehr bedeutende Häuser in den Besitz von Immobilienspekulanten, die zu günstigen Preisen aufkauften, was es aufzukaufen gab. Und seitdem geschieht, abgesehen vom langsam fortschreitenden Verfall, nichts.

Die lettische Riviera

Unmittelbar vor den Toren Rigas liegt Jūrmala, das größte Seebad des Baltikums. Es lockt ein 32 Kilometer langer, ausreichend breiter und im Hochsommer sehr belebter Sandstrand. Vor allem in den zentralen Ortsteilen Majori, Dzintari und Dubulti findet man schöne, in reiner Holzarchitektur erbaute Hotels und Villen, die mit Türmchen und Zierbrettern ausgestattet sind. Die meisten von ihnen entstanden in der Zeit zwischen 1880 und 1920. Die Mehrzahl der privaten Sommerhäuser war bis in die 1930er-Jahre hinein zwischen Mai und September permanent bewohnt. Zu Beginn des Sommers machten sich von Riga aus begüterte Familien mit Möbeln, Koffern und weiteren für die schönsten Wochen des Jahres benötigten Gegenständen auf den Weg ans Meer. Bemerkenswert ist, dass noch 1939 nur etwa die Hälfte der Gebäude an die öffentliche Stromversorgung angeschlossen war – die Sonne schien bis um halb zwölf, und eine elektrische Beleuchtung war nicht zwingend notwendig.

In der unmittelbar am Strand gelegenen Konzerthalle von Dzintari finden während der Saison nahezu täglich klassische und andere Konzerte auf hohem Niveau statt. Ganz im Osten Jūrmalas liegt Ķemeri, ein traditionsreicher Kurort, der leider aufgrund von undurchsichtigen Immobilienspekulationen zusehends verkommt. Der den Ort umgebende Nationalpark bietet mit seiner landschaftlichen Vielfalt, sehr wenigen Touristen und mit einem Hochmoor, das man sich über Holzstege erwandern kann, einen ersten Vorgeschmack auf das lettische Land.

Wenig nördlich von Ķemeri beginnen die menschenleeren Strände Kurzemes, die zu den schönsten des Baltikums zählen. Immer wieder sieht man am Straßenrand geparkte Autos, deren Fahrer sich durch einen schmalen Waldstreifen auf den Weg in Richtung Meer gemacht haben. Die einsame Idylle wird von kleinen Küstendörfern, einigen Privatstränden von Neureichen und wenigen Campingplätzen unterbrochen. Viele Hotels sind entlang der wunderschönen Strände noch immer nicht entstanden, doch ist der Aufbau einer akzeptablen touristischen Infrastruktur im Entstehen begriffen. Sehr ruhig wird es westlich der ganz im Norden gelegenen Landspitze bei Kolka, im Slītere-Nationalpark. An der Küste zwischen Kolka und

Bilder rechts und nächste Doppelseite
Riga
- *Das mittlere Haus (1646) des Drei-Brüder-Ensembles. Eckens-Konvent (15. Jh.), Residenz für reiche Kaufmannswitwen, und Johannis-Kirche (1234). Altstadtrestaurant. Essen und Trinken bei der Jakobskaserne. Schwedentor (1698)*
- *Kleine Gilde – Haus der Handwerkerzünfte (ab Mitte 16. Jh.). Jugendstilgrazien in der Neustadt*

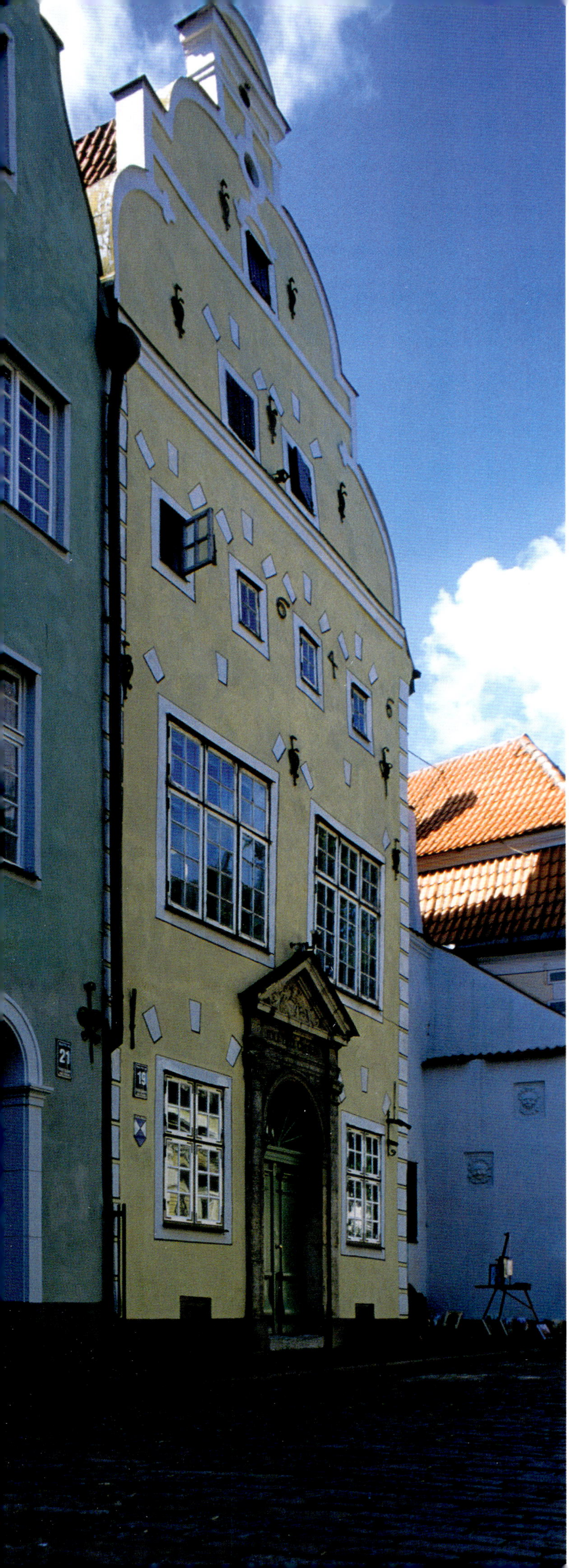
21
19

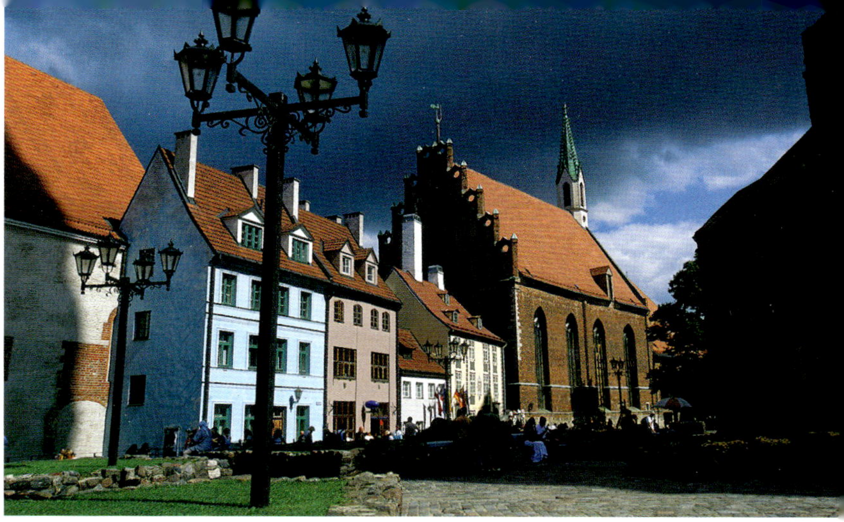

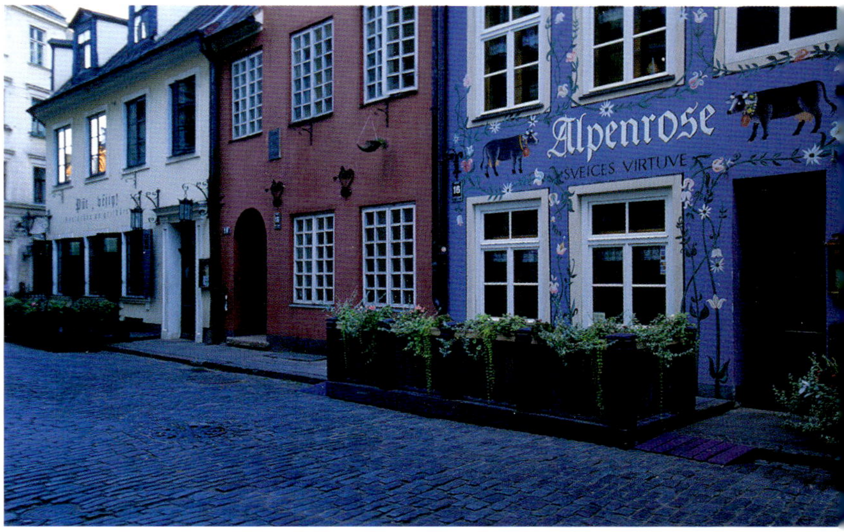
Alpenrose
SVEICES VIRTUVE

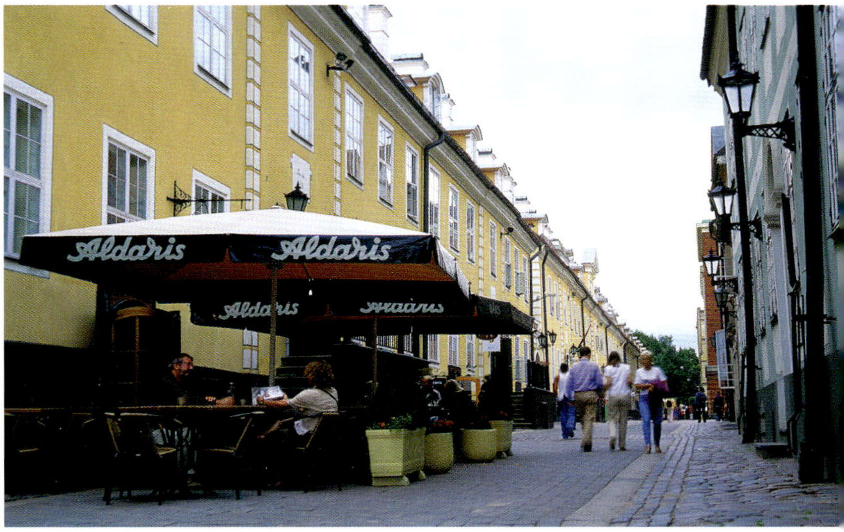
Aldaris
Aldaris

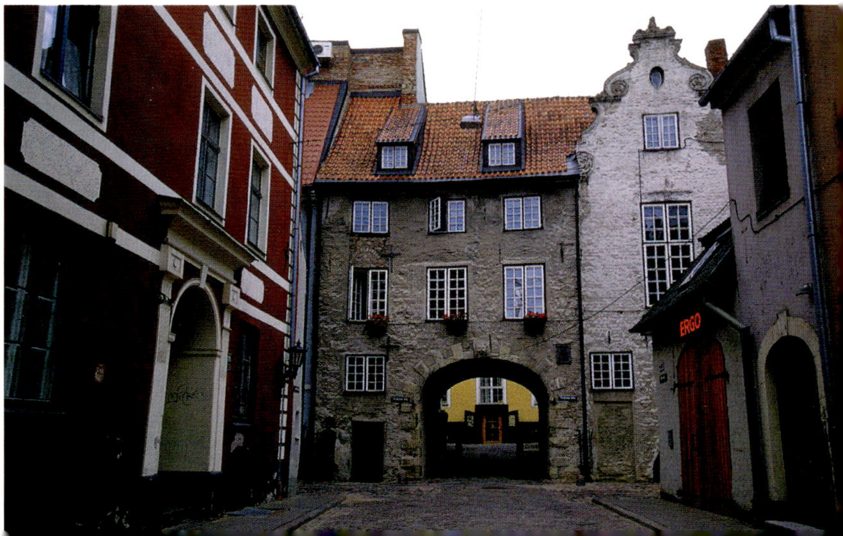
ERGO

terra magica

terra magica

Ventspils gibt es nichts weiter als eine 70 Kilometer lange Schotterpiste. Alle zehn Kilometer taucht ein Schild auf, das den Weg zu einer durch einen einsamen Wald erreichbaren kleinen Siedlung am Meer oder einem Leuchtturm weist. In Ventspils ist man wieder zurück in der Zivilisation: Die Stadt hat einen vor allem für den Transfer russischen Öls in Richtung Westeuropa wichtigen Hafen. Dank der Einnahmen aus Ölgeschäften verfügt Ventspils über eine kleine, schön herausgeputzte Innenstadt mit Fußgängerzone. Die Innenräume einer renovierten Ordensburg werden als Restaurant und Ausstellungshalle genutzt. Südlich der Stadt gibt es 120 Kilometer Küste mit Fischerdörfern und fast menschenleeren Stränden.

Dann erreicht man Liepāja, die mit 85 000 Einwohnern drittgrößte Stadt Lettlands. Dort gibt es sehenswerte Markthallen aus dem 19. Jahrhundert, belebte Stadtstrände und diverse Hinterlassenschaften der russischen Marine. Liepāja ist für seine Musik- und Kulturszene bekannt, die mit dem Rigaer Chic und Kommerz definitiv nichts zu tun haben will. Im Landesinneren liegt Kulīdga, wo sich der zwar nur zwei Meter hohe, aber mit 150 Metern breiteste Wasserfall Europas quer durch die verschlafene Kleinstadt zieht. Wenige Kilometer entfernt wachsen in Sabile die Reben des nördlichsten Weinbergs der Welt. Und in Kurzeme findet man natürlich auch, wie fast überall in Lettland, malerische Gutshöfe in unterschiedlichsten Stadien der Renovierung.

Nationalpark Gauja

Nordwestlich von Riga liegt, mitten im Gauja-Nationalpark, die für baltische Verhältnisse tatsächlich bergige «Lettische Schweiz». Im National-

Bild rechts
**Schloss Lielstraupe (Burg Straupe)
aus dem 13. Jh. nahe Cēsis**

terra magica

parkzentrum in Sigulda kann man sich einen guten Überblick über die vielfältigen Freizeitaktivitäten verschaffen: Es gibt Kanutouren auf großen und kleinen Flüssen, die zwischen roten Sandsteinfelsen hindurch in menschenleere Landschaften führen. Durch die gleichen Landschaften und in die von Eichen durchsetzten Mischwälder führen gut ausgeschilderte Wanderwege. Im Herbst entwickelt sich eine geradezu unglaubliche Farbenpracht, und wer sich etwas abseits der touristischen Zentren bewegt, wird auch nicht allzu viele andere Wanderer treffen.

Anders als in Riga, wo Radfahren nur etwas für Lebensmüde und Fahrradkuriere ist, kann man sich durch die nicht wirklich hohen Berge gut zu Rad bewegen. Zahlreiche Campingplätze und andere Unterkunftsmöglichkeiten, von denen viele an einem Fluss oder an einem See liegen, machen auch mehrtägige Touren möglich. In Sigulda selbst steht die Ruine einer Ordensburg, von der aus, auf der anderen Seite eines dicht bewaldeten Tals, der runde Turm der benachbarten Burg Turaida zu sehen ist. In der Burg befindet sich eine interessante Dauerausstellung, und im weitläufigen Schlosspark haben berühmte Bildhauer Figuren aus der mythologischen Welt der Dainas eine greifbare Form gegeben. Im Zentrum Siguldas führt eine Bobbahn in die Tiefe, auf der jahrzehntelang die sowjetische Nationalmannschaft trainierte.

Heute kann man sich dort von einem professionellen Bobfahrer chauffieren lassen, um mit rund 100 Stundenkilometern selbst durch die Röhre hinab zu sausen. Natürlich nur, wenn man dem Fahrer, der Technik und seinen eigenen Nerven traut. Alternativ dazu gibt es die Möglichkeit, mit einem großrädrigen Skateboard über die Grasfläche eines Hangs zu rasen, der im Winter für weit weniger spektakuläre Skiabfahrten genutzt wird. Nach Absprache gibt es auch, deutlich gemütlicher und weniger halsbrecherisch, Flüge mit einem Heißluftballon hoch über der Landschaft – allerdings ist der Ort der Landung nicht genau vorhersehbar.

Neben Sigulda ist die Stadt Cēsis sehenswert, die nicht mit spektakulären sportlichen Aktivitäten, dafür aber mit einer mächtigen Ordensburgruine aufwarten kann, in der regelmäßig Kulturveranstaltungen aller Art stattfinden. Südlich von Cēsis liegt der kleine Ort Āraiši, wo eine spätsteinzeitliche Pfahlbausiedlung nachgebaut wurde. Nördlich von Cēsis findet man am Flussufer der Gauja die höchsten Sandsteinfelsen Lettlands; in der Nähe gibt es einen Naturlehrpfad mit Freigehegen. Von Zeit zu Zeit trifft man auf einen Gutshof, der in baufälligem Zustand oder zum schlossähnlichen Hotel umgestaltet sein kann. Der Gauja-Nationalpark zählt zu den Gegenden Lettlands mit einer akzeptablen touristischen Infrastruktur, und man kann dort, wenn man Zeit und Muße hat, mehrere Wochen verbringen, ohne sich zu langweilen.

Hexe mit dreiköpfigem Monstersohn

Folgt man dem Lauf der Daugava, so erreicht man 30 Kilometer hinter Riga den kleinen Ort Ikšķile. Der Fluss ist an dieser Stelle sehr breit. Auf einer Insel sieht man eine überdachte Ruine. Es sind die Überreste der 1185 gebauten Kirche des Bischofs Meinhard, von der aus die Christianisierung des Baltikums begann. Wenige Kilometer stromaufwärts kommt man bei Ķegums zu einem gigantischen Wasserkraftwerk, hinter dem sich ein Stausee von gut zwei Kilometern Breite und etlichen Kilometern Länge gebildet hat. In den Fluten des von den Sowjets bewusst an dieser Stelle errichteten Gewässers versank ein Ort, der im lettischen Nationalepos Lāčplēsis eine zentrale Rolle spielt: Lāčplēsis war der Sohn einer Bärin, und dank seinen Bärenohren hatte er übermenschliche Kräfte. Er verteidigte den Hof seines Vaters gegen wilde Tiere aller Art, und als er groß und stark war, nahm er es mit den Mächten vom anderen Ufer der Daugava auf.

Dort wohnte eine Hexe, die ein dreiköpfiges Monster zum Sohn hatte. Auf dem Felsen Staburags kam es

Neoklassizistisches Prachtsschloss Mežotne nördlich von Bauska (Baukse), 1802 fertig

zum Kampf, und nach vielen Runden versanken die beiden gleich starken Gegner in den Fluten. Seitdem, so heißt es, wird Lettland so lange von fremden Mächten beherrscht werden, bis Lāčplēsis aus den Fluten wieder aufersteht. Heute liegt der Felsen in der Daugava, und es ist unklar, wo der Held des Epos eigentlich an Land gehen soll. Die Demonstrationen gegen das Wasserkraftwerk zählten zu den ersten Großkundgebungen der Unabhängigkeitsbewegung. Viele Demonstranten trugen damals eine historische Postkarte des untergegangenen Felsens bei sich. In den späten 80er-Jahren gab es sogar eine Rockoper, von der Lāčplēsis lautstark und vor viel Publikum in die Gegenwart geholt wurde.

Wenige Kilometer hinter dem Staudamm liegt die Ortschaft Lielvarde, wo ein Museum über das Nationalepos, seine Wirkung und den Autor Andrejs Pumpurs informiert. Hier liegt auch ein großer Findling, der Lāčplēsis als Bett gedient haben soll. Man glaubt, dass, wer ihn berührt, ein wenig von dessen Stärke mit auf den Lebensweg bekommt. Auch die kleine Kirche gegenüber dem Museum ist sehenswert: Das Altarbild *Jesus im Garten Gethsemane* stellt ganz normale Dorfbewohner Lielvardes der 1930er-Jahre dar. Ein paar Meter weiter sind im Wald die Überreste einer kleinen Ordensburg zu sehen.

Sehr hohe Holzfiguren mit Bezügen zur lettischen Mythologie stehen nahe dem Flussufer auf einer Lichtung. 40 Kilometer flussaufwärts, hinter dem nächsten in sowjetischer Zeit gebauten Staudamm, ragen Überreste einer einst mächtigen Ordensburg aus den Fluten. Die Burg und Hansestadt Koknese war für alle

Bilder nächste Doppelseite
Am durchschnittlich 150 m (je nach Wasserstand 110–240 m) breiten Fall Venta-Rumba bei Kuldīga. Der 16 m hohe Monolith Zvārtes im Fluss Amata. Baden am Venta-Rumba

terra magica

terra magica

Schiffer des Osthandels, die über die Daugava nach Russland fuhren, ein wirklich bedeutsamer Ort. Vor der Flutung erhob sich die Ruine 40 Meter hoch über der Daugava, doch auch das, was heute noch über dem Wasserspiegel zu sehen ist, lässt die Bedeutung der alten Stadt am Fluss erahnen.

Jedem seinen See für sich allein

Latgale ist das Land der tausend Seen, und viele halten diese Landschaft für die schönste Lettlands. Doch selbst viele Letten kennen den fernen Osten ihres Landes nur aus der Theorie. Die Gegend im Dreiländereck zu Russland und Weißrussland hat so viel Natur zu bieten, dass es manchen schon zu viel ist. Die Seenplatte ist deutlich größer als die Mecklenburgische, doch mit der Infrastruktur sieht es nach wie vor vielerorts nicht gut aus. Für eventuelle Unannehmlichkeiten wird man mit Naturerlebnissen entschädigt, wie man sie sonst nur aus Finnland oder Schweden kennt: Kleinere Seen kann man ganz für sich haben, größere Seen beeindrucken durch ihre Weite und Ruhe, es gibt jede Menge Wasservögel, und fischen kann man auch.

Als schönster See Lettlands gilt der Ežezers nördlich der Stadt Dagda, in dem während des Hochsommers bis zu siebzig Inseln gezählt werden können. Die interessanteste Seenlandschaft findet man nördlich der malerischen Kleinstadt Kraslava, deren Stadtbild bereits von farbigen Holzhäusern geprägt ist, wie sie auch in Weißrussland stehen könnten. In der Nähe Kraslavas befindet sich der von einem Naturpark umgebene Dridzis, mit 67 Metern der tiefste See Lettlands. In Richtung Aglona liegt, etwas versteckt und mitten im Wald, der Velnezers (Teufelsee), der je nach Wetterlage seine Farbe deutlich sichtbar ändert. An einigen der Seen gibt es Bootsstationen und geführte Touren, doch die Anbieter haben angesichts der nicht eben strömenden Touristenmassen oft Probleme, einen wirklich regulären Betrieb aufrechtzuerhalten.

Neben den Seen ist Latgale für seine traditionelle Keramik bekannt, deren Zentrum im Ort Preiļi liegt. Einige Künstler bieten den Touristen mittlerweile neben einer Unterkunft auch Kurse an, in denen das eine oder andere handwerkliche Geheimnis verraten wird. Ein weiteres beliebtes Geschäftsmodell ist die professionelle Pferdezucht. Manche Höfe haben Reitunterricht und Exkursionen zu Pferd im Angebot. Viele der beschriebenen Aktivitäten werden vom lettischen Staat oder der EU subventioniert, denn es soll verhindert werden, dass Latgale, das als ein Armenhaus Europas gilt, keine Zukunft hat. Für alle diejenigen, die einmal aus der Zivilisation ausbrechen wollen, ein ganz konkreter Tipp: Unter www.celotajs.lv wurden zur Tourismusförderung viele Angebote der Region gebündelt, und das freundliche Personal spricht, im Gegensatz zu vielen Anbietern vor Ort, perfekt Deutsch.

Selbstverständlich besteht Latgale nicht ausschließlich aus Seen, Wäldern und Wiesen. Die zweitgrößte Stadt Lettlands, Daugavpils, hat sich von einem Anfang der 90er-Jahre recht perspektivlos wirkenden Industrieort zu einer wirklichen Stadt mit Fußgängerzone, einigen neuen Hotels und einer von russischem Lebensgefühl dominierten kulturellen Szene entwickelt. Zwischen Daugavpils und Kraslava wurde ein Nationalpark eingerichtet: In weiten Schlaufen wechselt dort der breite Strom der Daugava elfmal seine Richtung. Die wahrscheinlich bedeutendste Kulturstätte im Osten Lettlands ist der Wallfahrtsort Aglona. Latgale ist, anders als der Rest des Landes, sehr katholisch. Die Kirche in Aglona beherbergt ein Altarbild der Mutter Gottes, das nur anlässlich besonderer Messen morgens und abends für kurze Zeit gezeigt wird.

Bilder rechts und nächste Doppelseite
- **Schloss Jelgava (Mitau) aus dem 18. Jh. auf einer Insel im Fluss Lielupe. Eingang zum Schloss Rundāle (1735, westlich von Bauska)**
- **Stilvolle Szenen und stilvolle Inneneinrichtung im Rundāle-Palast mit seinen 138 Räumen**

terra magica

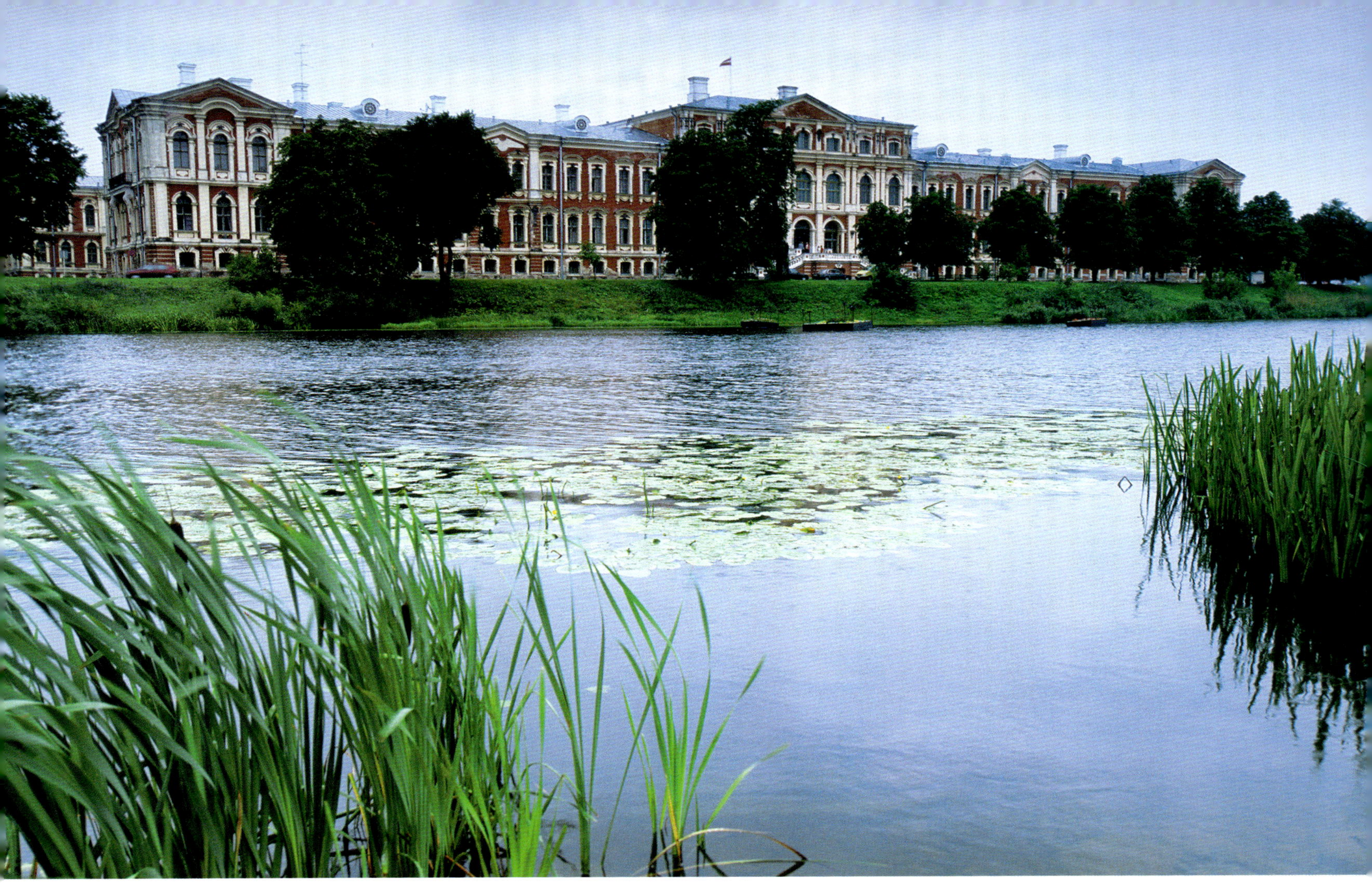

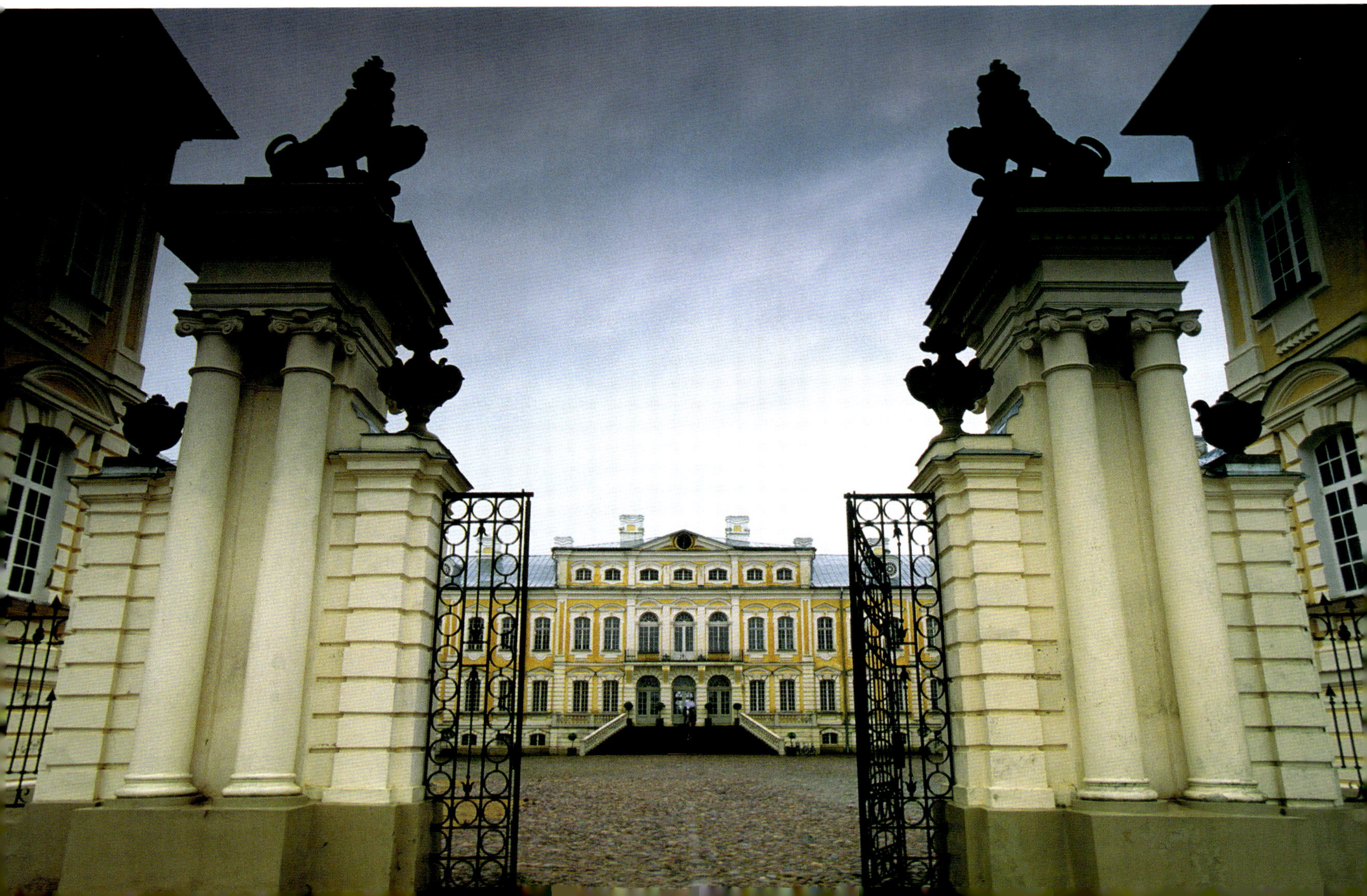

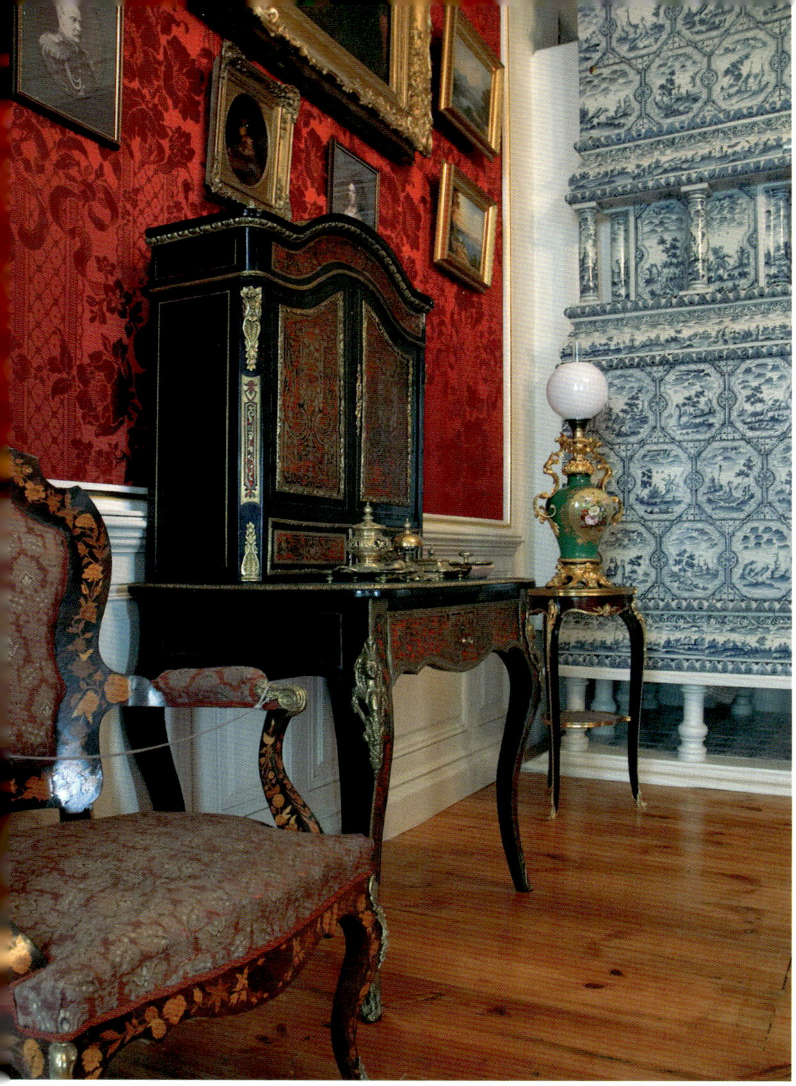
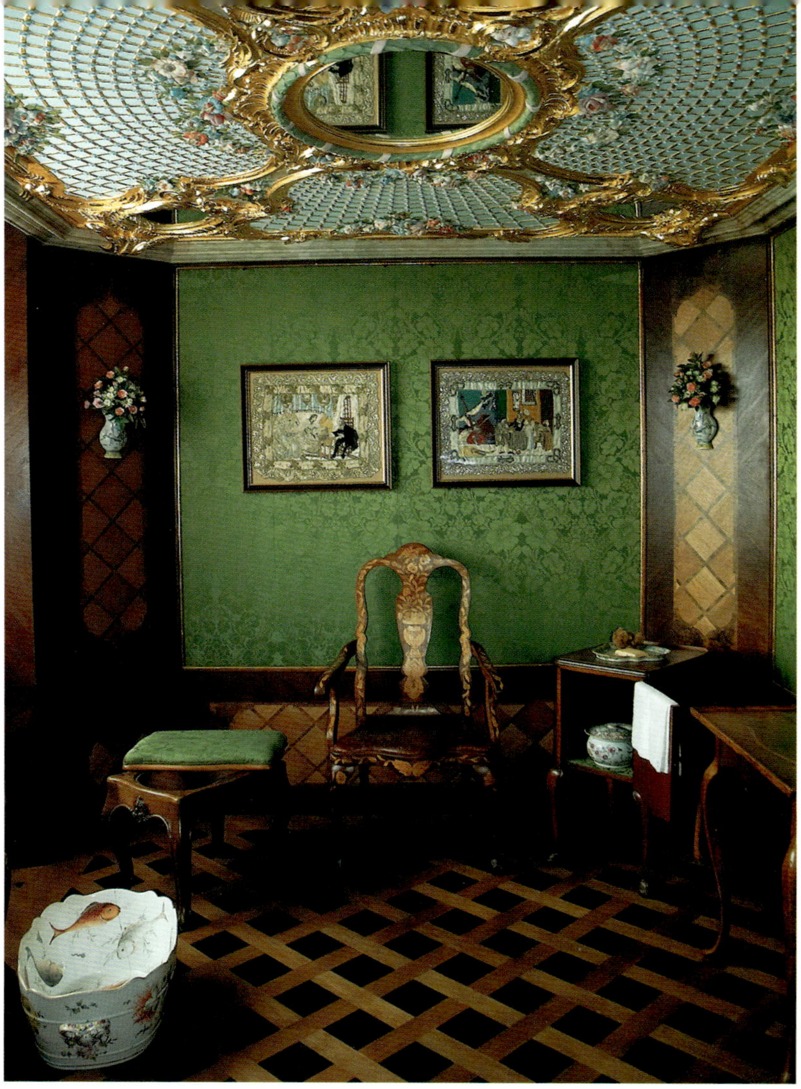
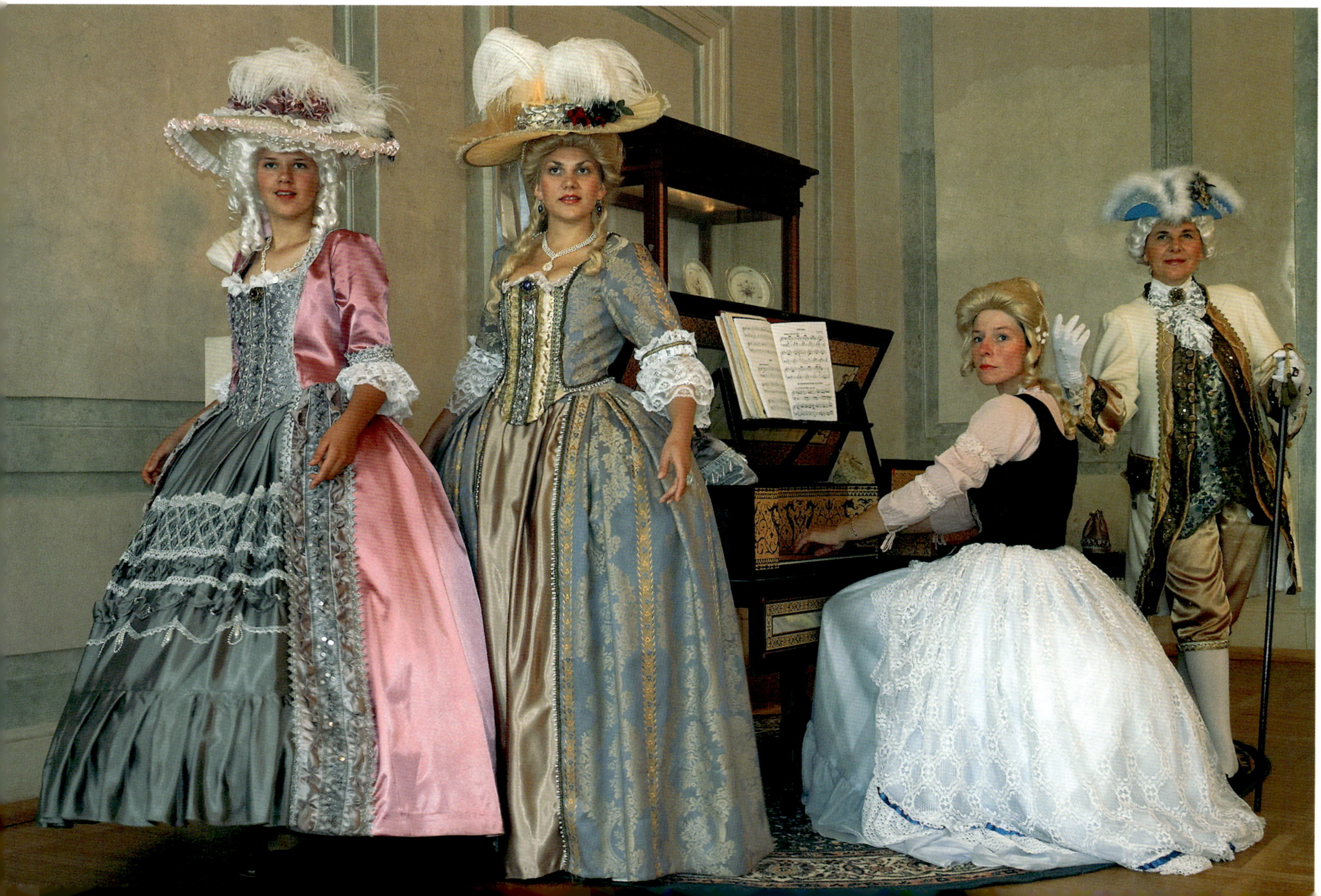

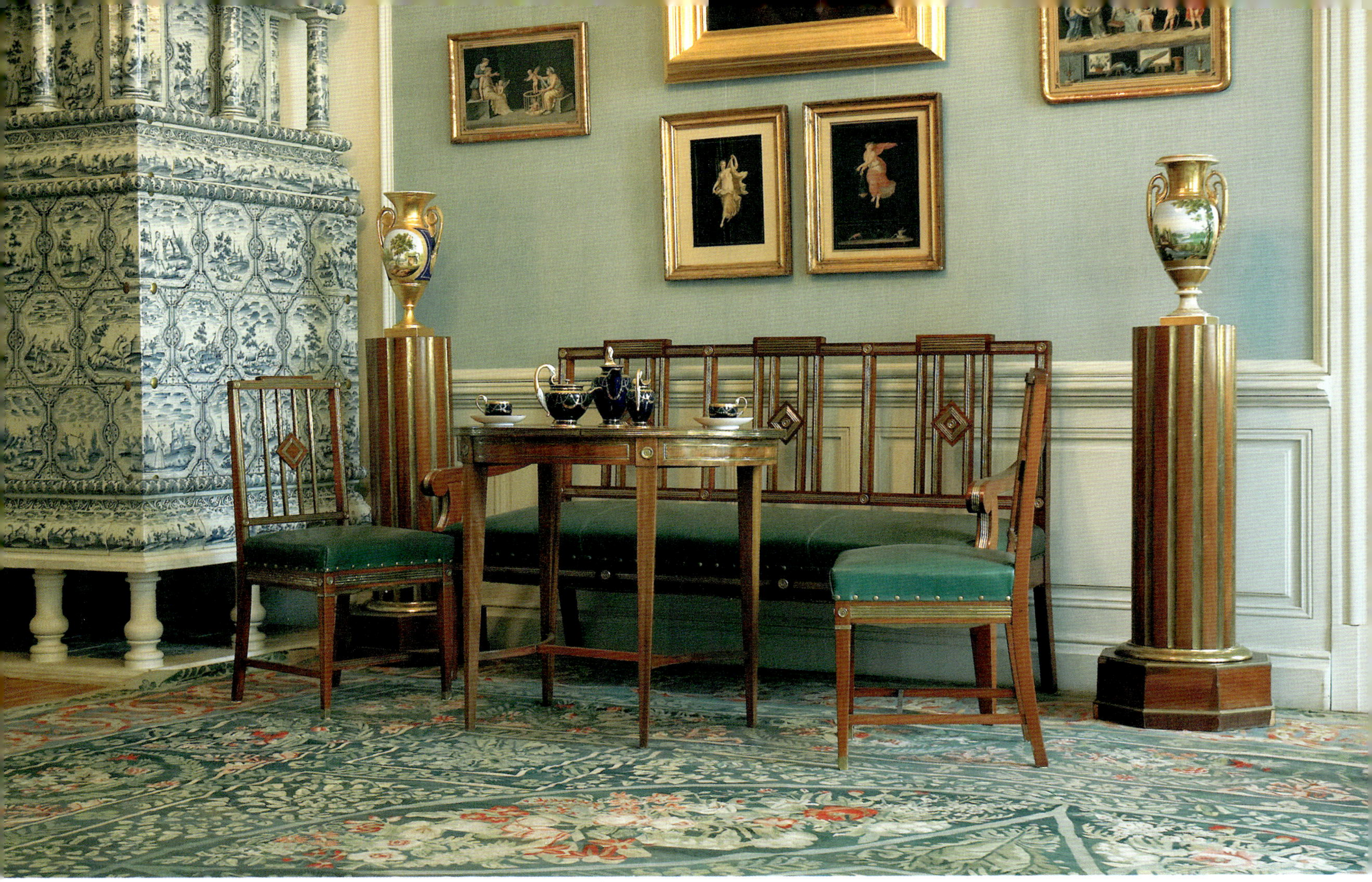

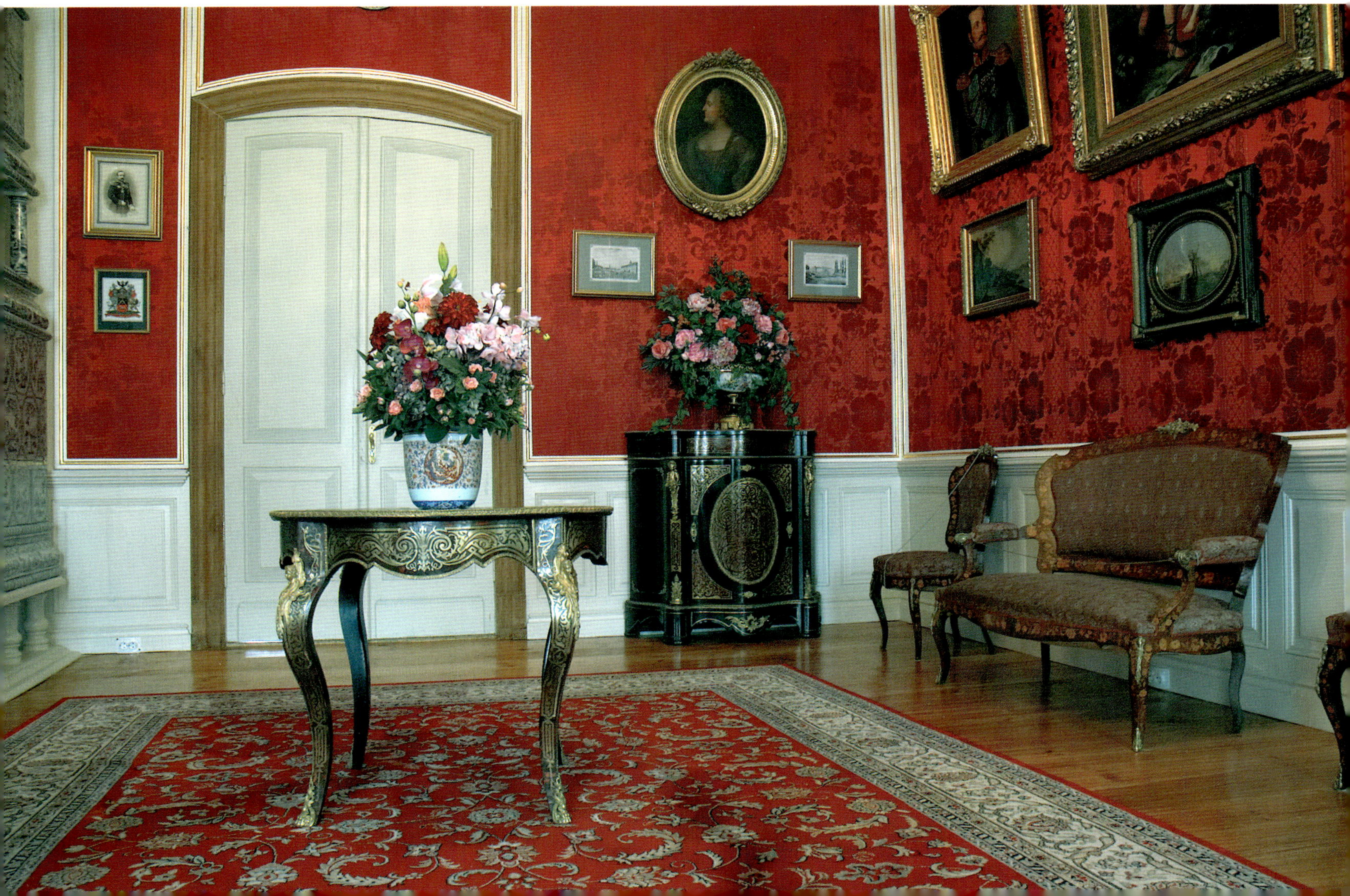

Litauen

Vilnius – wo die Wilna in den Neris mündet

In Vilnius zählt man heute 45 Kirchen. Um allzu viel Lärm zu vermeiden, gibt es recht genaue Vorschriften bezüglich der Zeiten und Anlässe, zu denen die zahllosen Glocken erklingen dürfen. Die Gegend am Ufer des Neris war schon lange vor der Zeitenwende ein der Religion besonders zugetaner Ort: Vor wenigen Jahren entdeckte man auf dem Burgberg über der Stadt die Reste eines riesigen Steinkreises, der ganz offensichtlich als heidnisches Observatorium diente. Stelen und Pfähle markierten astronomische Positionen von Sonnenwenden und Mondphasen. Auch die klassizistische Kathedrale in der Stadtmitte steht auf einer heidnischen Kultstätte, von der bis heute sechs Opfersteine erhalten sind. Fürst Mindaugas ließ an dieser Stelle im Jahr 1253 eine Kirche bauen.

Er hatte aus strategischen Gründen den katholischen Glauben angenommen, und als er diesem kurz darauf wieder entsagte, wurde die erste Kirche Litauens unverzüglich in einen heidnischen Tempel zurückverwandelt. 1386 nahm Fürst Jogaila den christlichen Glauben an, und Litauen wurde schließlich doch noch katholisch. Ihre heutige Form erhielt die Kathedrale vom litauischen Architekten Stuoka-Gucevičius, der sich seine Anregungen im Paris der Französischen Revolution holte. Weil der Kirchturm die

BILDER AUS LITAUEN von Seite 150 bis 176

Bilder rechts und nächste Doppelseite
Vilnius
- Gotisches Ensemble: Sankt-Anna (15. Jh.) und Bernhardiner-Klosterkirche (1500 bzw. 1519) mit dem Glockentrum rechts hinten
- Blick vom Burgberg auf die 1323 gegründete Stadt

terra magica

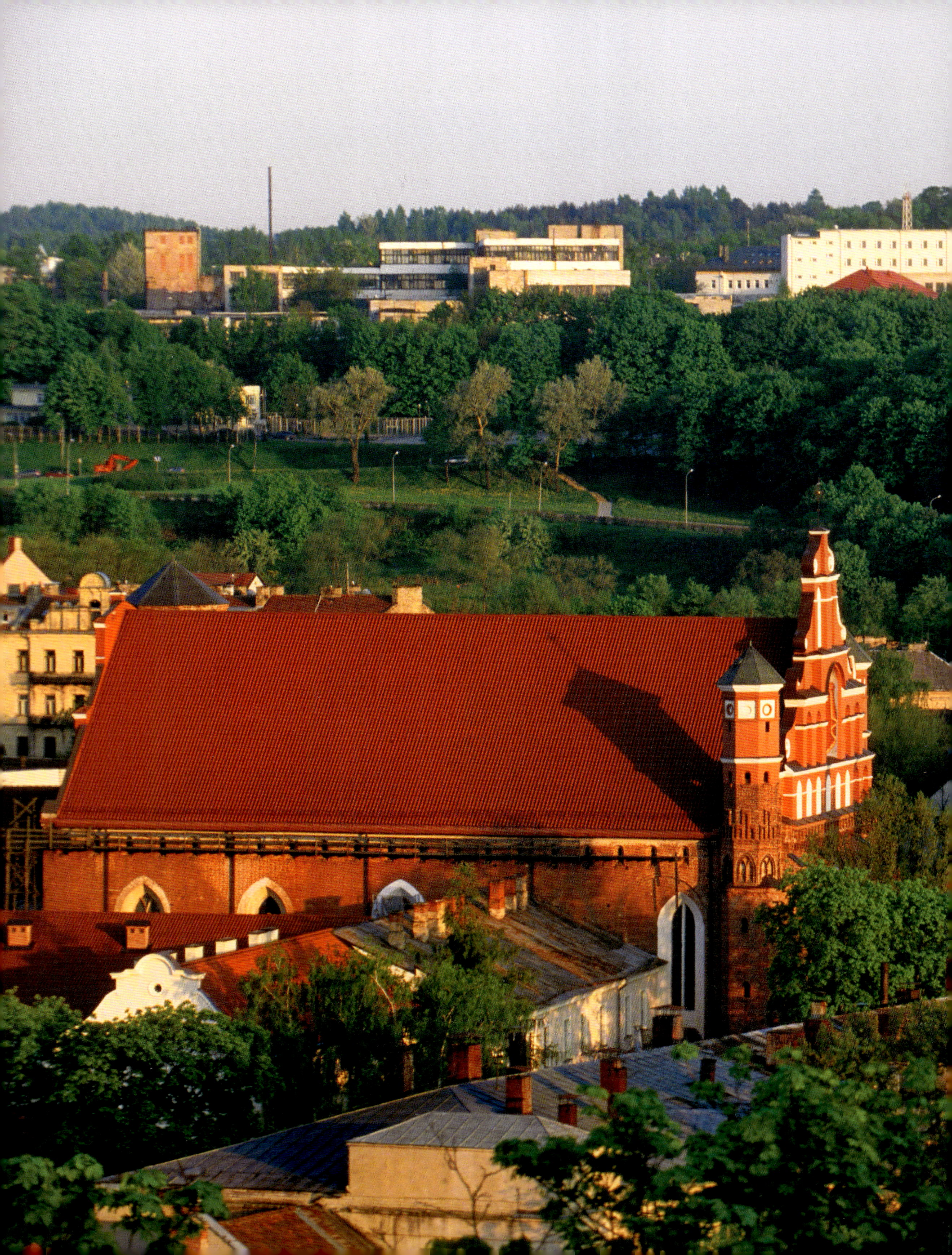

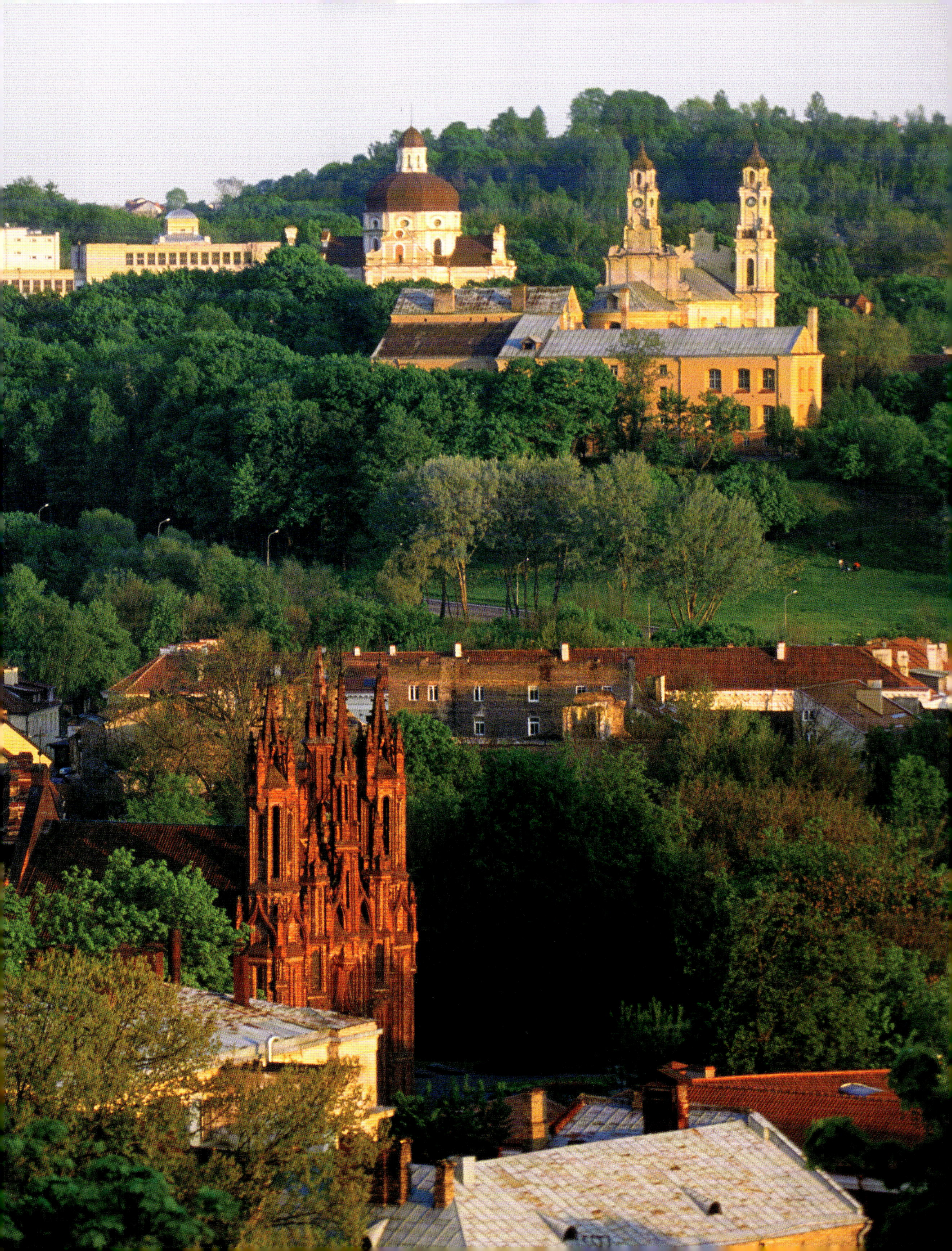

strenge architektonische Form des tempelartigen Gebäudes störte, setzte er ihn kurzerhand daneben. Der großzügig angelegte Kathedralenplatz ist heute der beliebteste Treffpunkt für Verabredungen in der lebhaften, etwa 550 000 Einwohner zählenden Stadt: In westliche Richtung geht es schnurgerade den Gedimino prospektas entlang in die von historistischen Gebäuden und moderner Architektur geprägte Neustadt. Nach Norden kommt man in die verwinkelten Gassen der Altstadt mit ihren vorwiegend barocken Kirchen, der Universität, repräsentativen Bürgerhäusern und einigen bedeutenden Museen.

Stadt der Barockkirchen

Über die Pilies gatvė, die älteste Straße der Stadt, erreicht man rechter Hand die Johanneskirche, deren prächtige Westfassade im Innenhof liegt. Der beeindruckend große und opulent ausgestattete spätbarocke Hauptaltar ist vielleicht das bedeutendste Kunstdenkmal Litauens. In der Kirche gibt auch mehrere schöne Kapellen und Gedenktafeln für die Gelehrten der unmittelbar benachbarten Universität. Die 1571 gegründete Hochschule ist eine Stadt in der Stadt, mit labyrinthisch miteinander verbundenen Innenhöfen, von denen jeder seine ganz eigene Atmosphäre hat. Die prächtigen Innenräume lernt man am besten im Rahmen einer Führung kennen. Besonders schön sind die mit Tierkreiszeichen geschmückte klassizistische Sternwarte und der historische Lesesaal mit seinen Wandmalereien.

Wer auf der anderen Seite der Pilies gatvė den verwinkelten Gassen folgt, kommt zur Annenkirche. Sie gilt als Kleinod unter den Kirchen Europas: Die reich gegliederte gotische Fassade wirkt außergewöhnlich plastisch, was unter anderem daran liegt, dass für ihren Bau 33 unterschiedliche Ziegelarten verwendet wurden. Die ehemals so prächtige gotische Inneneinrichtung fiel einem Brand zum Opfer; stattdessen gibt es heute drei Barockaltäre. Hinter der Annenkirche erhebt sich, von einem weitläufigen Park mit guten Aussichtspunkten umgeben, die mittelalterliche Burg der Stadt.

Sie wurde nicht etwa vom Deutschen Orden errichtet, sondern vom litauischen Stadtfürsten Gediminas, der 1323 seine Residenz von Trakai nach Vilnius verlegte und damit offiziell als Stadtgründer gilt. Die 1660 im Krieg gegen Schweden schwer zerstörte Burg wurde im späten 19. Jahrhundert wieder aufgebaut, als man sich in Litauen verstärkt der eigenen Vergangenheit als europäischer Großmacht erinnerte. Gleich nebenan sieht man den «Berg der drei Kreuze»: Heidnische Litauer hatten im Jahr 1333 sieben Franziskanermönche getötet, von denen vier in den Neris geworfen und drei zur Abschreckung an eben dieser Stelle gekreuzigt wurden.

Auf der anderen Seite des Burgparks steht die Barockkirche Sankt Peter und Paul, deren Innenraum bis unter die hohe Kuppel mit Stuckarbeiten in unglaublicher Fülle glänzt: Mehr als 2000 Figuren und Gesichter geben einen umfassenden Einblick in Vorstellungswelt und Alltag des Barock. Es gibt Darstellungen biblischer Szenen, bedeutender Philosophen, aber auch Bildnisse von Menschen unterschiedlicher Berufsgruppen und aller Altersstufen. Reale und erdachte Pflanzen und Tiere, Blumen, Blattwerk und geometrische Ornamente vollenden das Gesamtbild.

Doch es ist nicht dieser prachtvolle, von italienischen Stukkateuren gestaltete Innenraum, der Vilnius zu einer Pilgerstätte vieler Katholiken macht: Ganz am südlichen Ende der Altstadt steht das Aušros-Tor. Es ist

Bilder rechts und nächste beiden Seiten
Vilnius
- **Theresienkirche (1650). Altar in der Muttergottesbild-Kapelle (Anfang 16. Jh.) – integriert im Morgenröte-Stadttor (Aušros)**
- **Barock und Renaissance in der Theresienkirche**
- **In der Johanneskirche (1387) der Universität und in der Heiliggeistkirche (14. Jh., Kanzel aus dem 18. Jh.)**

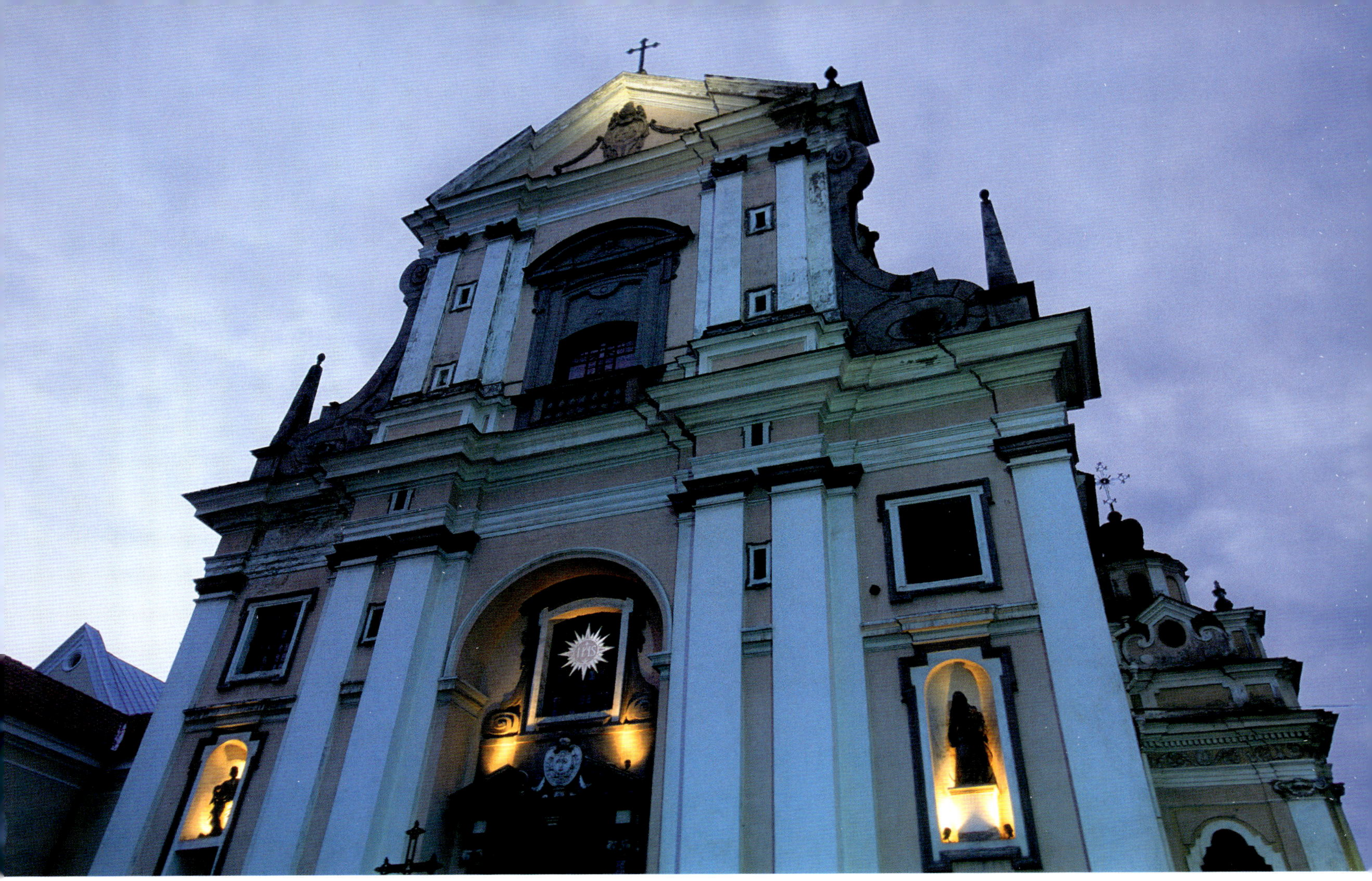

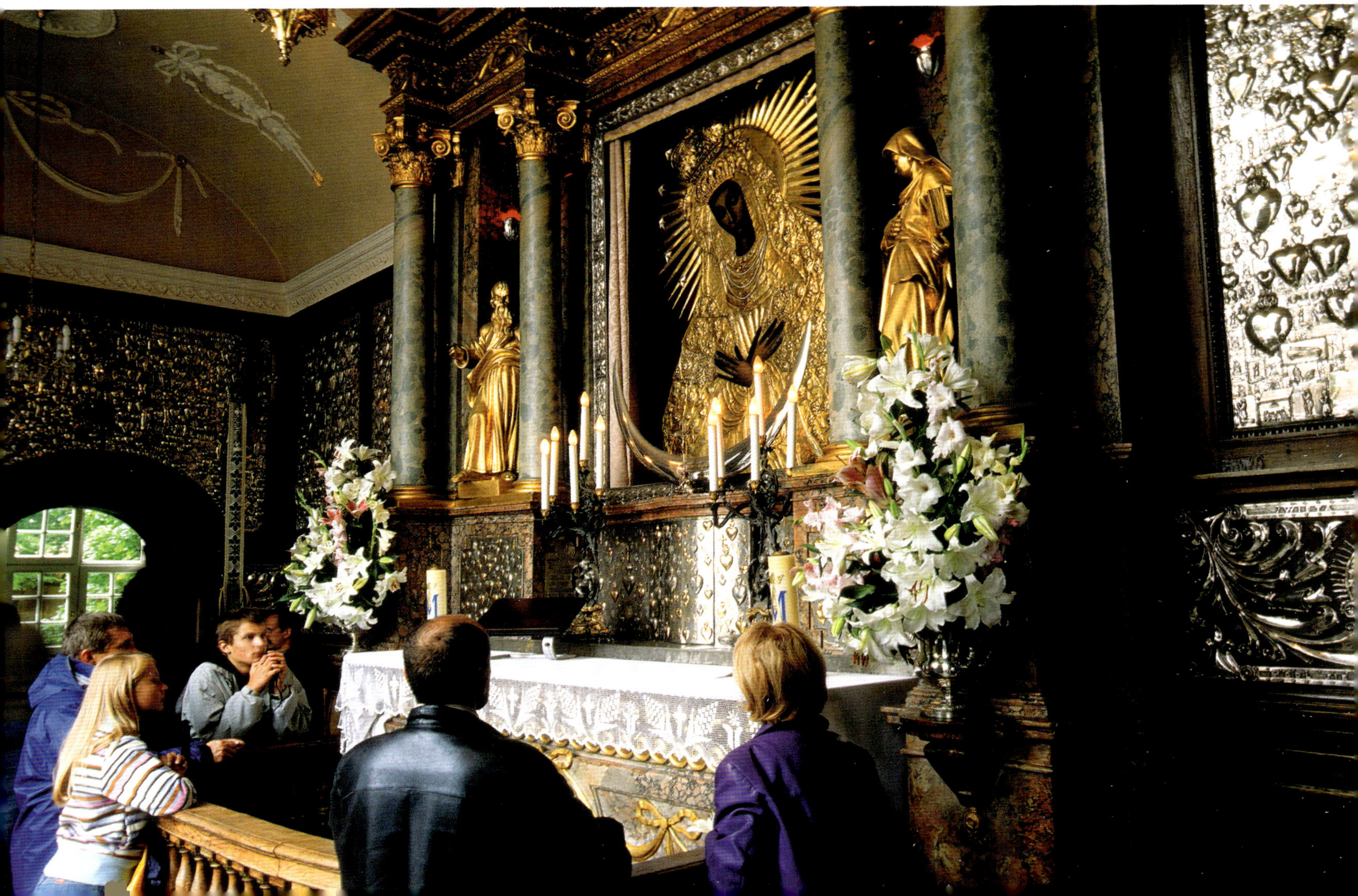

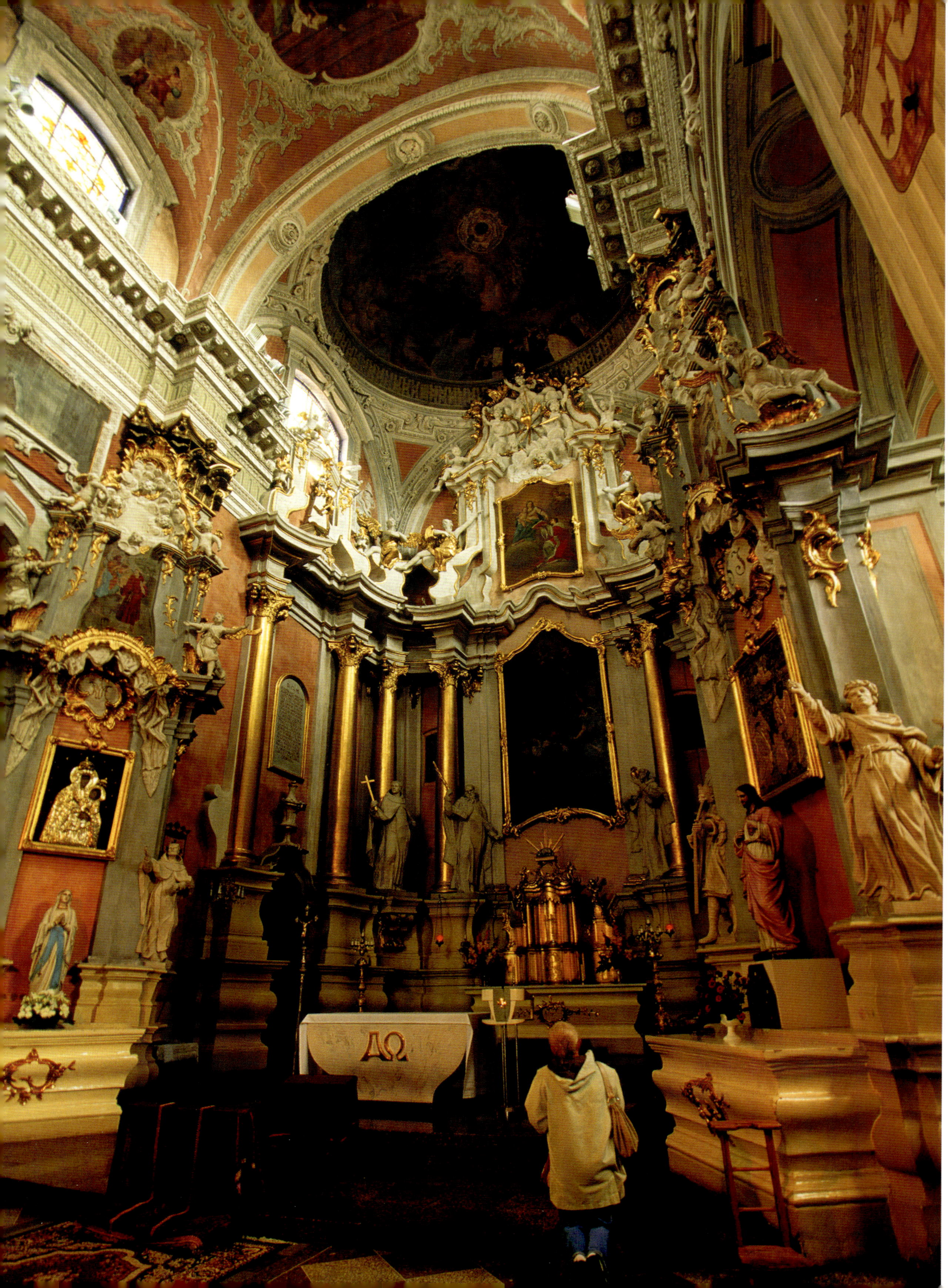
ΑΩ

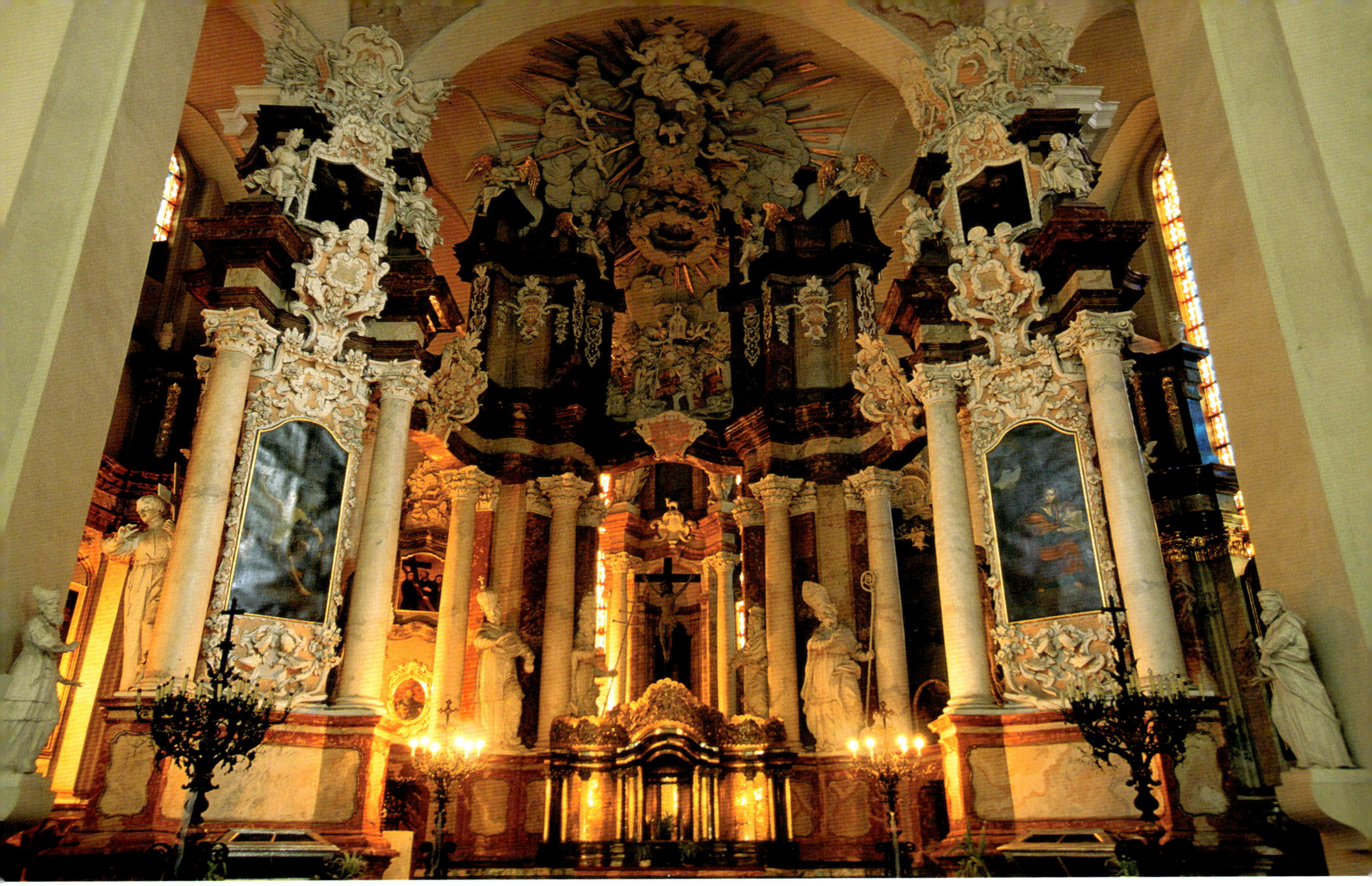

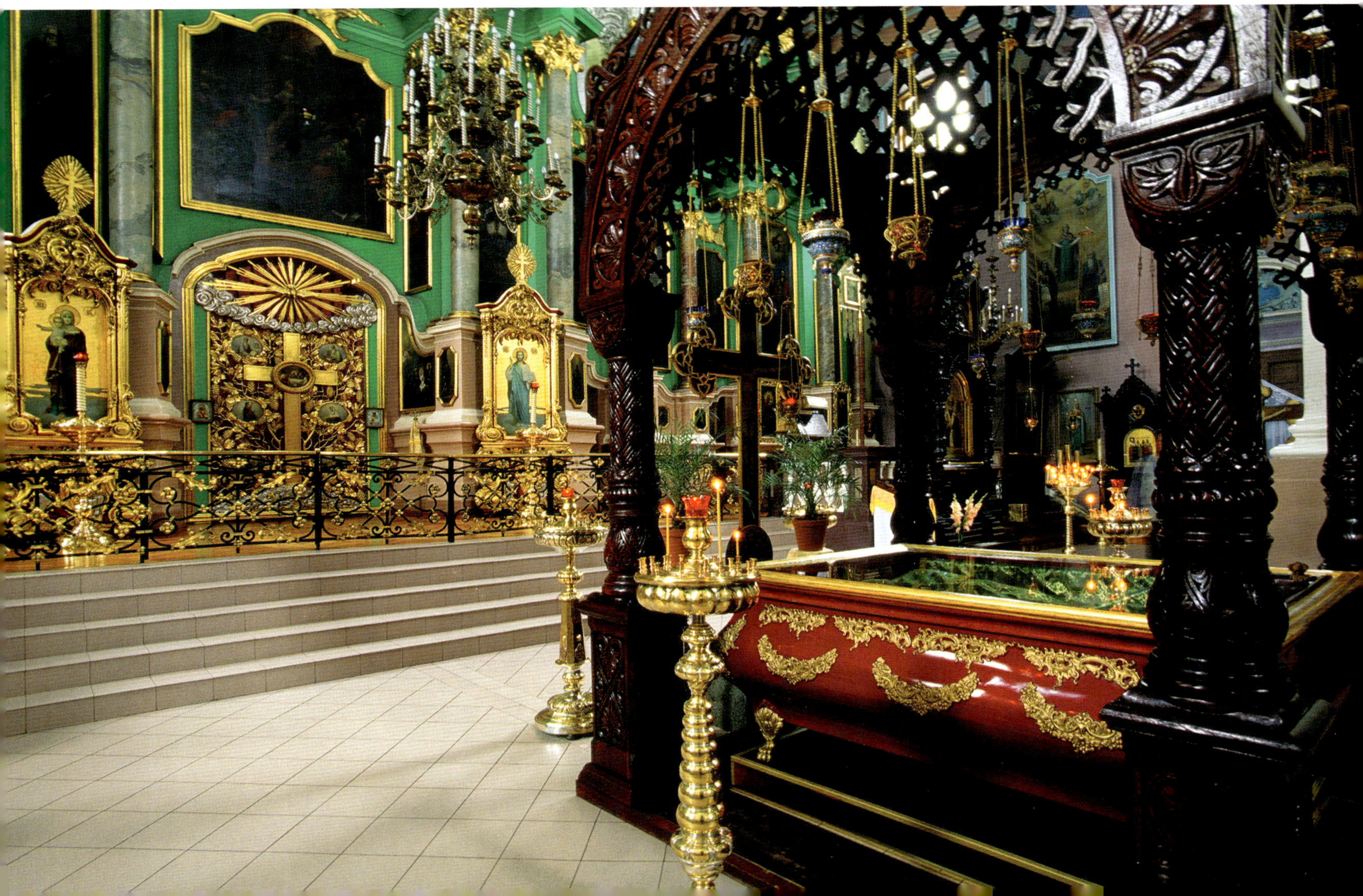

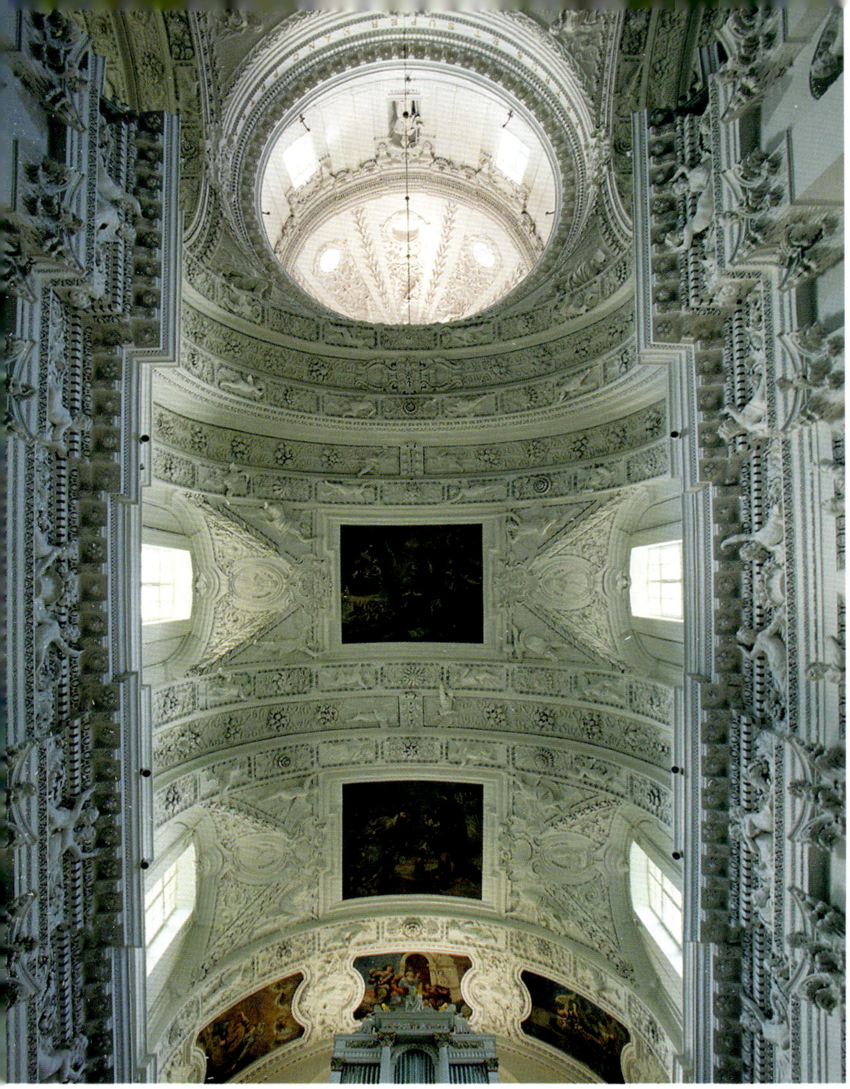

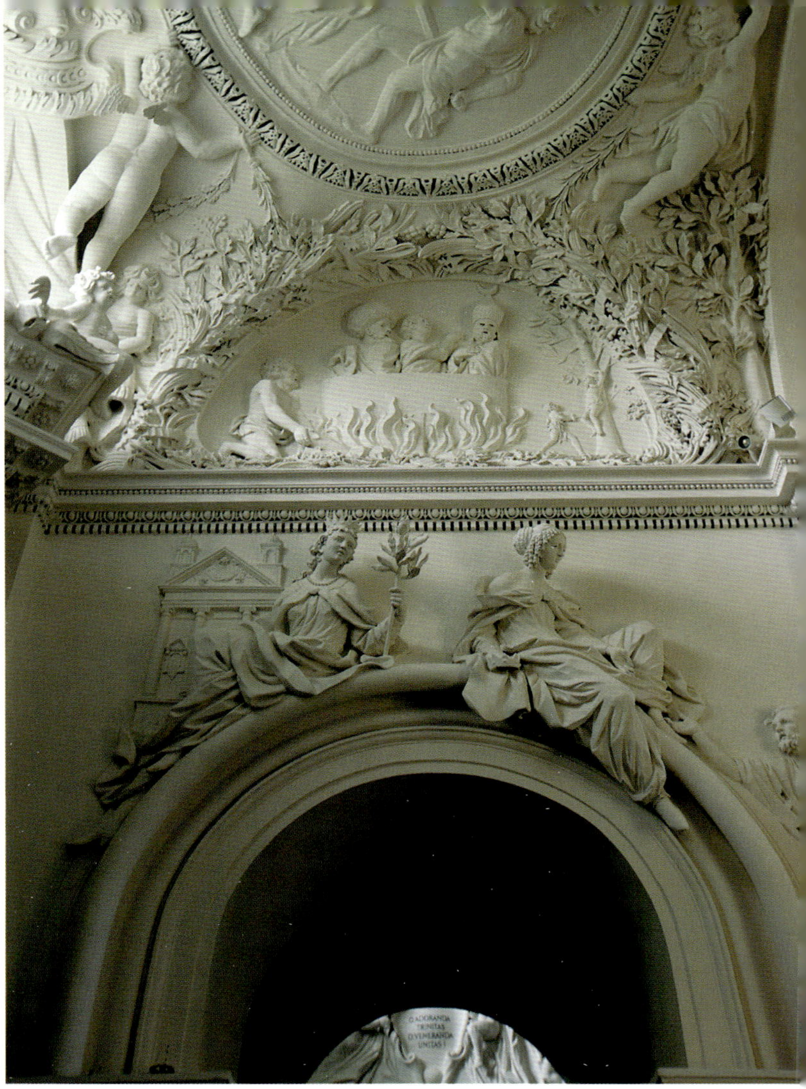

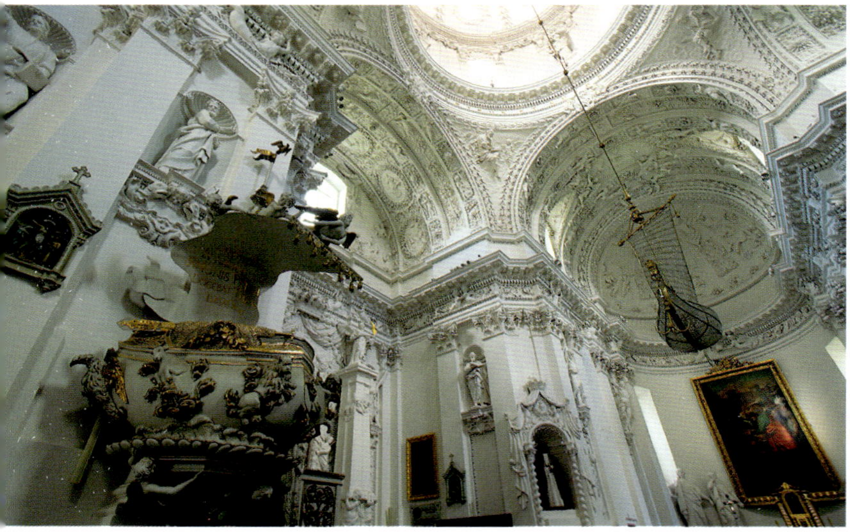

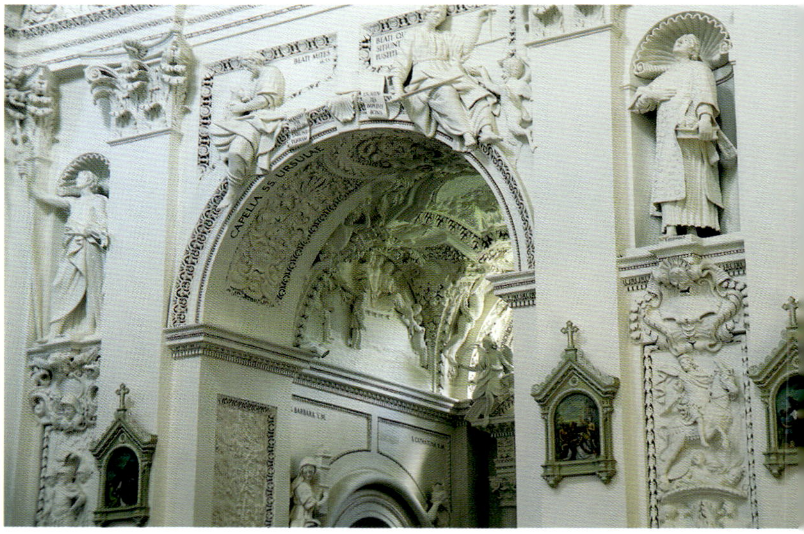

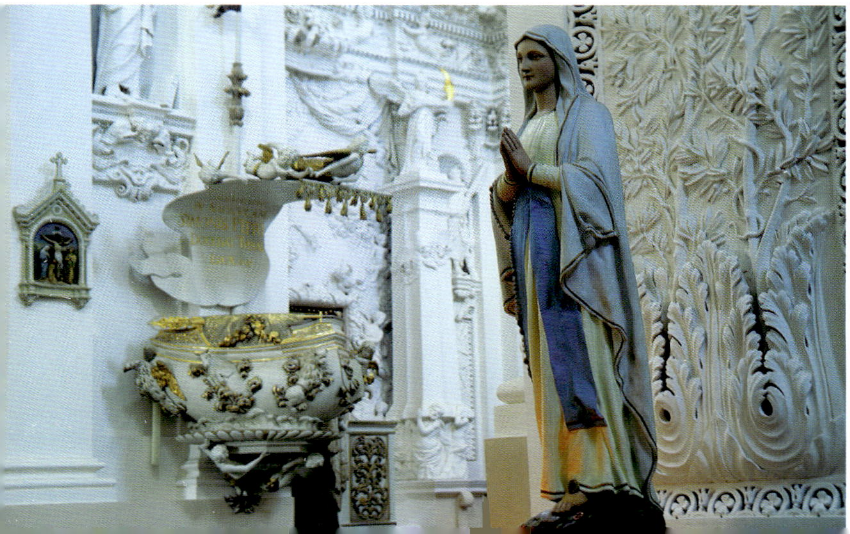

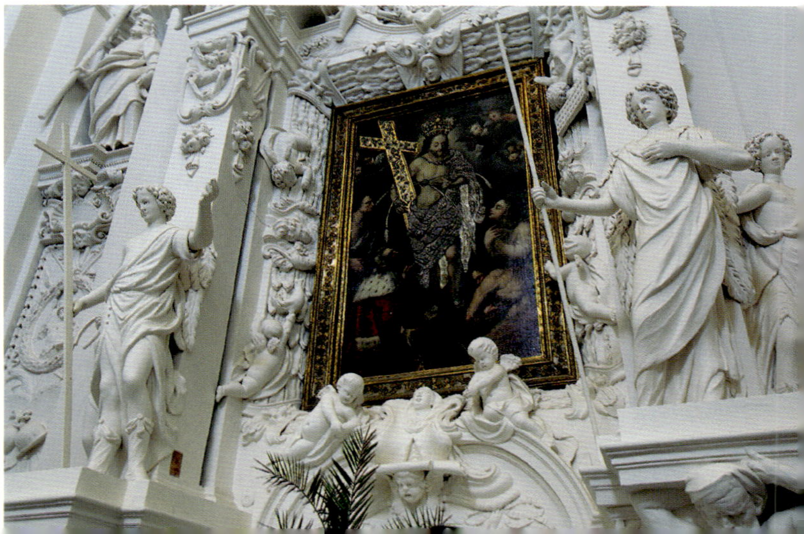

das letzte erhaltene Tor der mittelalterlichen Stadtmauer. An die der Stadt zugewandte Seite wurde 1829 eine kleine Kapelle angebaut. Dort hängt ein Bild der wundertätigen Mutter Gottes eines unbekannten Meisters aus dem 16. Jahrhundert.

In Vilnius gibt es natürlich nicht nur Kirchen zu sehen: Mitten in der Altstadt liegen gleich drei Kunstmuseen. Die ebenfalls in der Altstadt beheimatete Litauische Philharmonie gehört, trotz der Abwanderung zahlreicher Musiker ins Ausland, noch immer zu den wirklich guten Orchestern Europas. Ab den 1970er-Jahren gab es eine breite Bewegung litauischer Architekten, die an internationale Strömungen anknüpften und im Stadtbild interessante Akzente setzen konnten. Vor allem in der Altstadt und entlang des Gedimino prospektas haben seit den 90er-Jahren unzählige Cafés, Restaurants und Kneipen eröffnet; auch das Nachtleben hat einiges zu bieten.

Etwas abseits des ganzen Trubels und der Touristenströme liegt das Künstlerviertel Užupis. Dort gibt es, unter anderem dank der nahe gelegenen Kunstakademie, viele Galerien und eine sehr lebendige Literaturszene. Zu guter Letzt gibt es natürlich auch noch die schöne Geschichte vom heulenden eisernen Wolf, der Fürst Gediminas 1323 im Traum erschien, und der ihn damit zur Gründung der Stadt aufgefordert haben soll. Das ist jedoch nichts weiter als spätmittelalterliche Politik-PR: Zum Zeitpunkt des angeblichen Ereignisses hatte Gediminas schon längst den bayrischen König Ludwig IV. um die Entsendung bayrischer Kaufleute und Handwerker gebeten, die ihn beim Aufbau seiner neuen Hauptstadt unterstützen sollten.

«Jerusalem des Nordens»

Vilnius galt jahrhundertelang als das «Jerusalem des Nordens» (Napoleon), und die Stadt ist für die jüdische Geschichte und Geistesgeschichte von wirklich herausragender Bedeutung. Pogrome in Russland, aber auch ein Erlass von Katharina II., mit dem Juden auf dem Land das Siedlungsrecht verwehrt wurde, führten dazu, dass der jüdische Bevölkerungsanteil bei zeitweise 50 Prozent lag. In Vilnius zählte man einmal 105 Synagogen. Im 18. Jahrhundert war die Stadt das geistige Zentrum der Haskala, der jüdischen Aufklärung, die den Grundstein zur Assimilierung des jüdischen Bürgertums in den europäischen Gesellschaften legte. Zur gleichen Zeit betrieb die nach Vilnius umgesiedelte Landbevölkerung in der Subkultur des Schtetl Handwerksbetriebe und Kleinhandel.

Diese auch von staatlichen Restriktionen in ihrer Entfaltung behinderte Bevölkerungsgruppe hing dem einfachen Volksglauben des Chassidismus an. Ende des 19. Jahrhunderts entwickelten sich erneut zwei konkurrierende Strömungen: Viele Sozialisten waren Juden, denen die Veränderung der frühkapitalistischen Lebensbedingungen, in denen sie gemeinsam mit den Nichtjuden lebten, wichtiger war als die Forderung nach einem eigenen jüdischen Staat.

Zur gleichen Zeit wurde aus jüdisch-orthodoxen Kreisen heraus die Idee der Wiederbesiedlung Palästinas durch die zionistische Bewegung vorangetrieben. Diese nahm nach den Pogromen von 1861 in Vilnius ihren Anfang und begann nach dem von Theodor Herzl 1897 in Basel organisierten Ersten Jüdischen Weltkongress festere Formen anzunehmen. In der Zwi-

Bilder links und nächste vier Seiten
Vilnius
• **Fasziniert auch Ungläubige: Weiße Barockpracht in der Sankt-Peter-Kirche (ab 1668)**
• **Der Große Hof der Universität mit Johanneskirche. Blick vom Burgberg Richtung Neustadt**
• **Altstadtleben an der Pilies gatvė – der Burgstraße** *(Bilder oben links und 4 kleine Bilder).* **Fassade an der Didžioji gatvė** *(Bild oben rechts)*
• **Einkaufszentrum. Präsidentenpalast**
• **Blick vom und Blick zum Morgenröte-Stadttor** *(obere Bilder)* **und Stadtrundgang mit 6 Bildern**

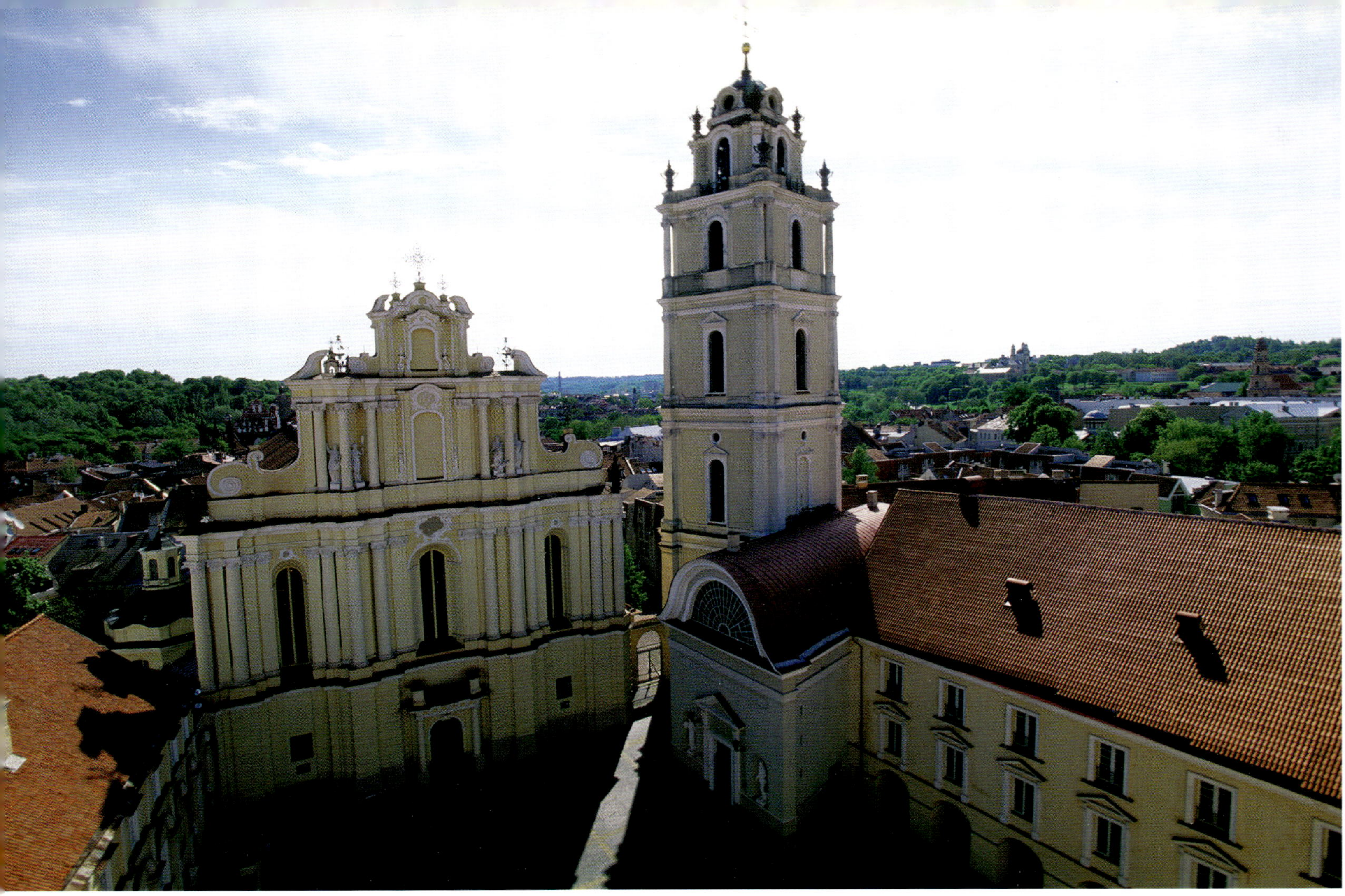

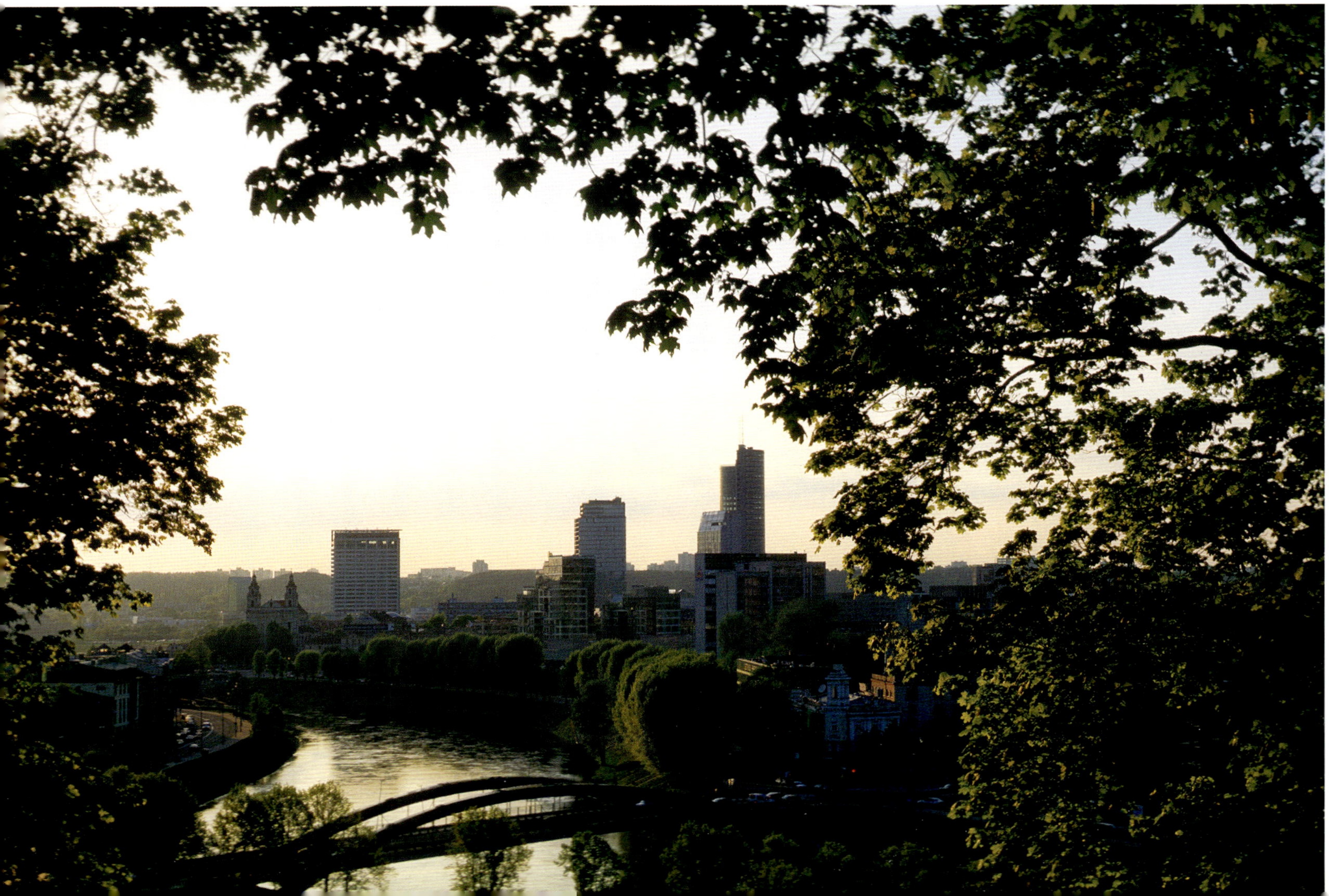

GURMAN'S
PILIES g.
6

ARBATA

LINO IR GINTARO PARDUOTUVĖ
SHOP OF AMBER
SHOP OF AMBER SHOP OF AMBER

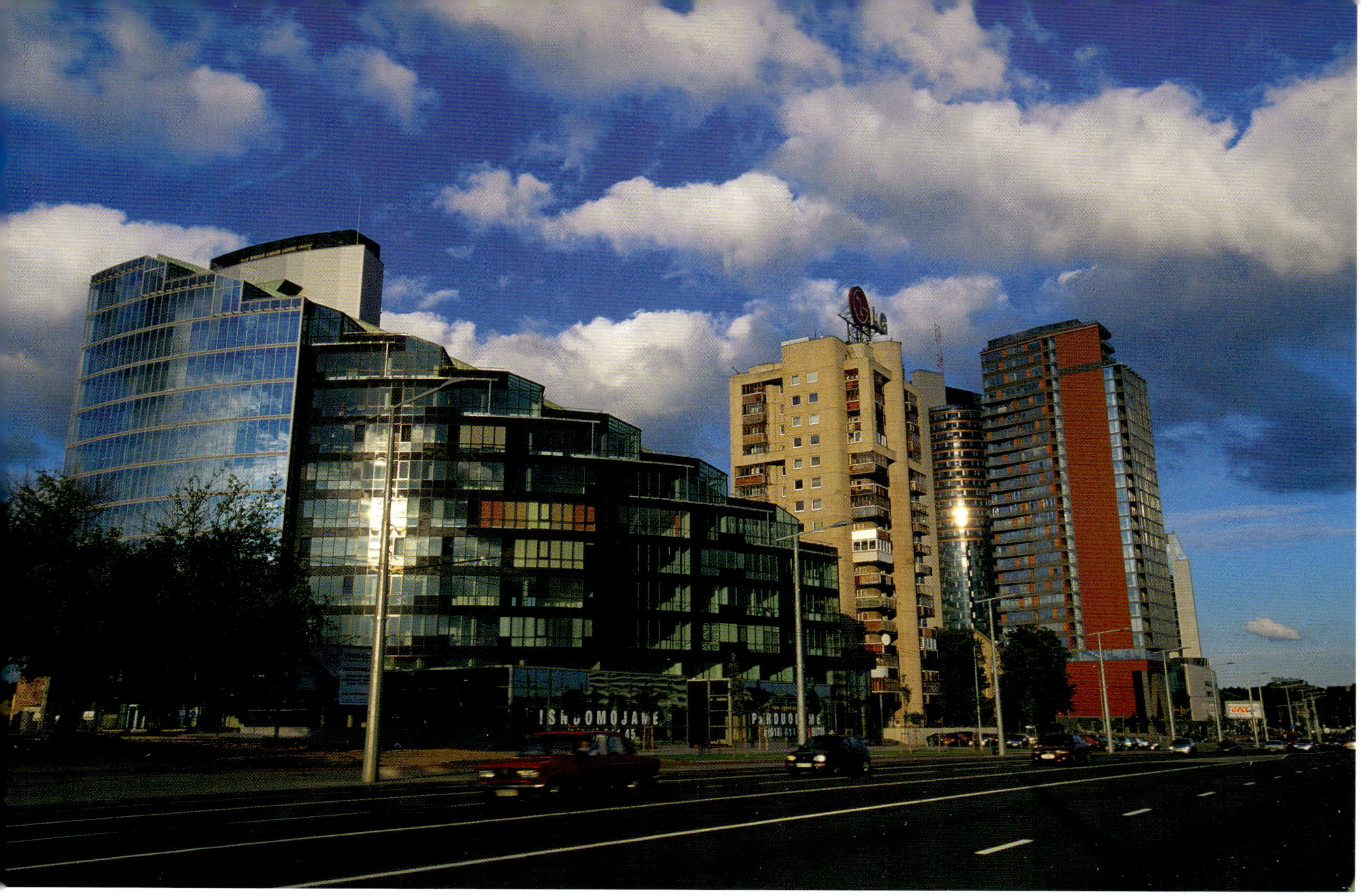

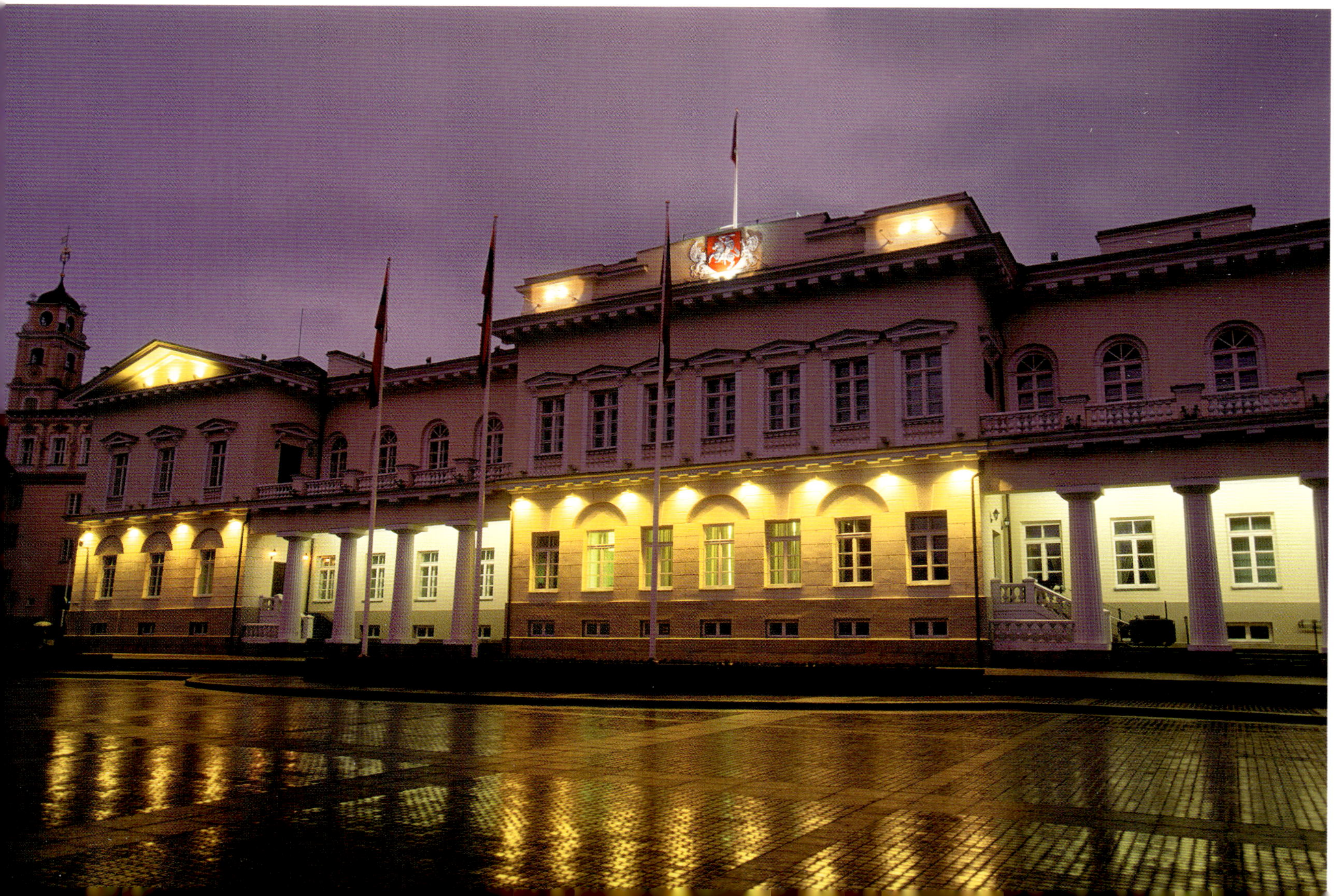

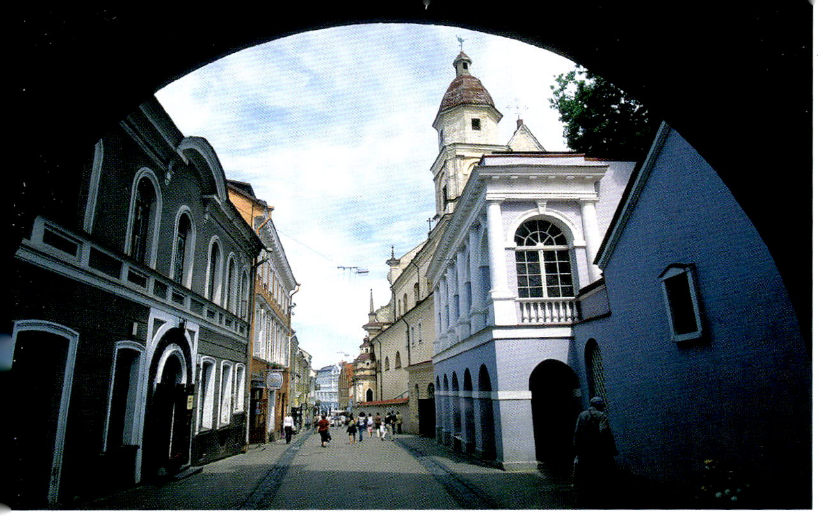
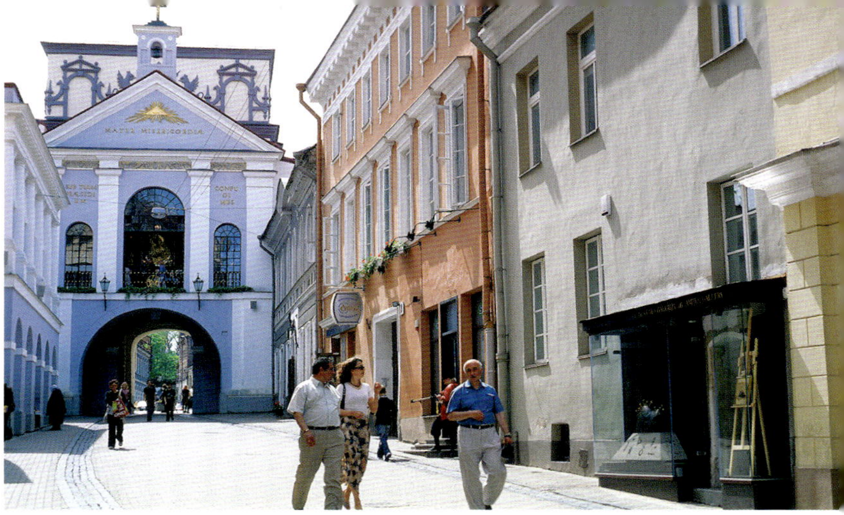
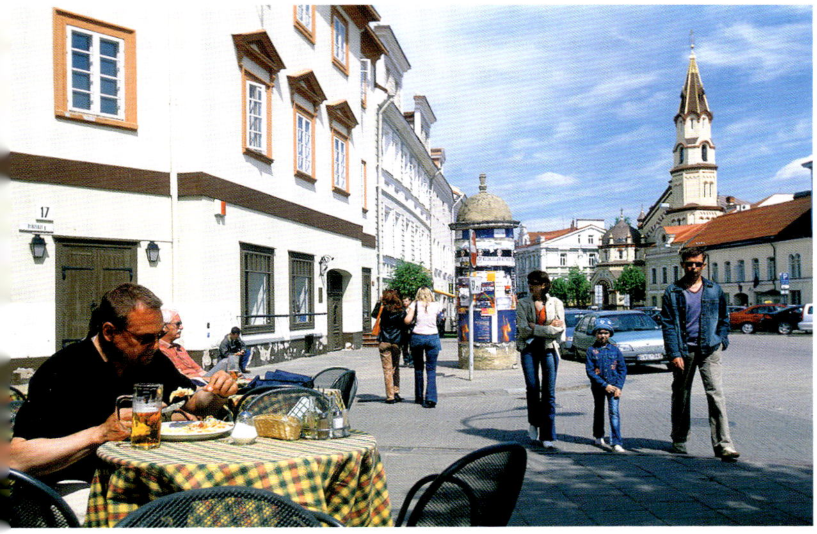
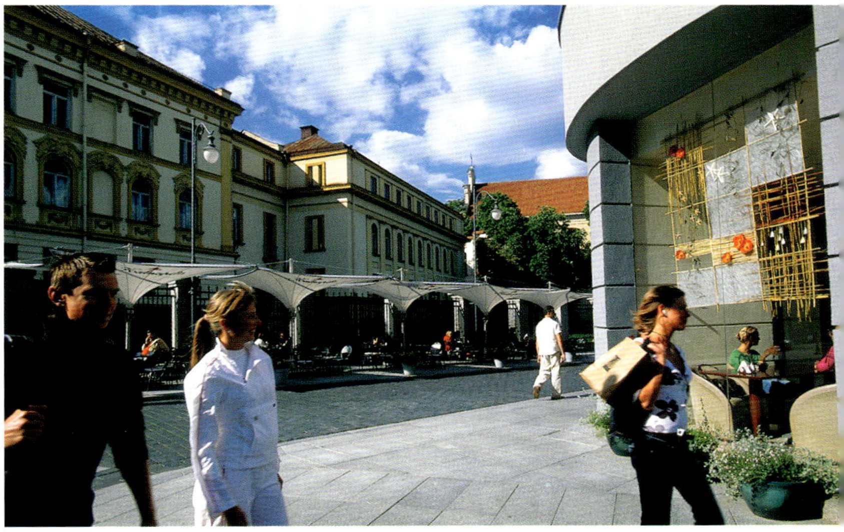
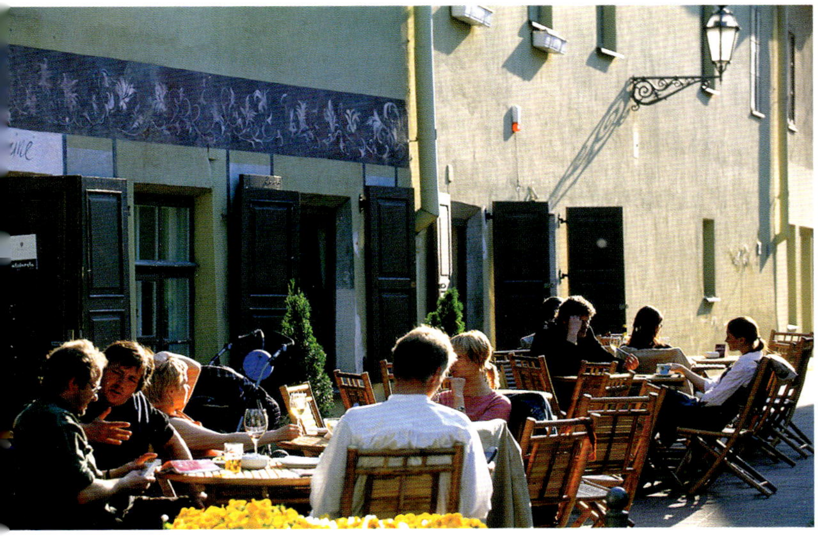
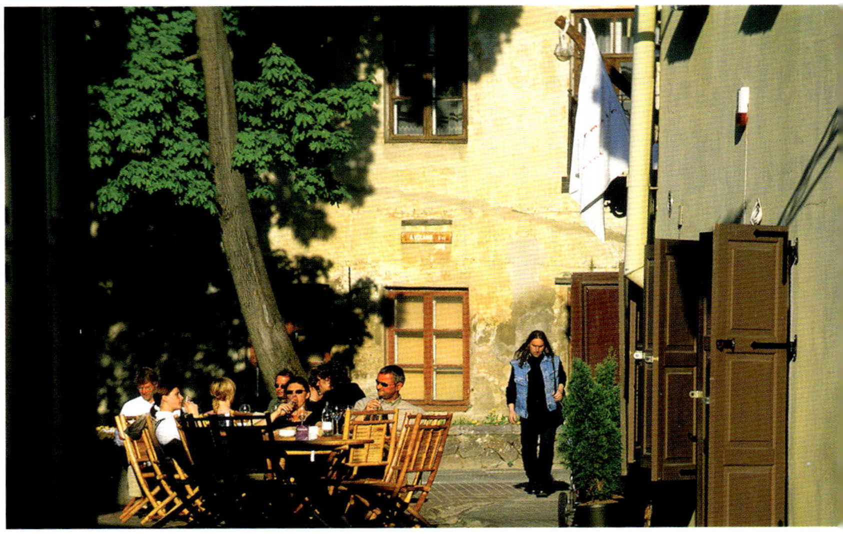
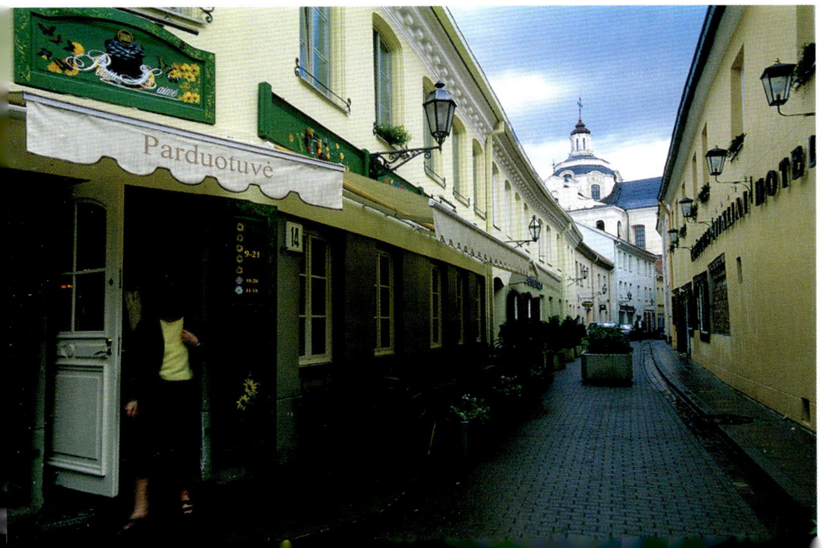
Parduotuvė
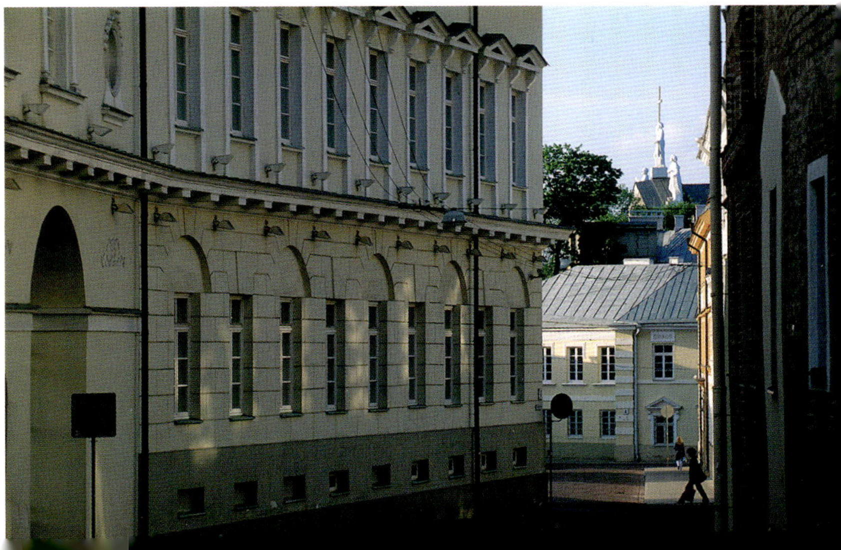

schenkriegszeit war Vilnius Sitz des in Berlin gegründeten Jüdischen wissenschaftlichen Instituts, das sich mit der jüdischen Kultur- und Geistesgeschichte befasste und in dessen Vorstand unter anderem Sigmund Freud und Albert Einstein saßen.

Im Jahr 1939 waren 40 Prozent der 200 000 Einwohner zählenden Stadt Vilnius jüdischen Glaubens. Bereits vor dem Einmarsch der Deutschen Wehrmacht im Juni 1941 begannen litauische Faschisten mit der Ermordung ihrer jüdischen Mitbürger und brannten die Synagogen nieder. Die Nationalsozialisten verwandelten nach ihrer Ankunft die jüdischen Viertel hinter der Universität in zwei nebeneinander liegende Gettos. Unmittelbar danach begann die SS in Kooperation mit litauischen Faschisten damit, die systematische Vernichtung der jüdischen Bevölkerung durchzuführen. Schon Ende 1939 lebten nur noch 15 000 litauische Juden; unter ähnlichen Lebensumständen, wie sie Roman Polanski in seinem Film *Der Pianist* für das Warschauer Getto sehr präzise in Bilder gefasst hat. Im südwestlich der Stadt gelegenen Wald von Paneriai waren Ende 1939 bereits 70 000 Menschen von SS und litauischen Faschisten erschossen worden. Im September 1943 wurden die letzten Bewohner des Gettos deportiert. Während dieser letzten Deportation gelang es hundert jungen Leuten zu fliehen und sich dem von den Wäldern aus operierenden Widerstand anzuschließen.

Die Burg Trakai

Mitten in einem See 30 Kilometer westlich von Vilnius liegt die wohl schönste Burg des Baltikums. Von dort aus wurde im 14. Jahrhundert die europäische Großmacht Litauen regiert. Das Leben im heidnischen Fürstenhaus war dabei mindestens so gefährlich wie das Durchstehen einer mittelalterlichen Schlacht: Eine heute nicht mehr stehende Burg diente Fürst Kęstutis, der die schöne Priesterin Birutė aus einem heiligen Hain bei Palanga entführt hatte, als sicheres Refugium. Birutė gebar Vytautas, der später zum größten aller litauischen Fürsten werden sollte. Da sich die fürstliche Familie vor Angriffen des Deutschen Ordens, mehr aber noch vor ihren eigenen Verwandten fürchten musste, wurde der Bau einer sicheren, im See gelegenen Burg ins Auge gefasst.

Die Inselburg wurde nicht schnell genug fertig. Kęstutis fiel 1382 einem Mordanschlag durch seinen Neffen Jogaila zum Opfer, und dessen Bruder Skirgaila bestieg daraufhin den litauischen Thron. Vytautas rächte wenige Jahre später den Mord an seinem Vater und brannte Trakai mit Unterstützung des Deutschen Ordens nieder. Skirgaila wurde 1392 Herrscher von Kiew, Vytautas wurde im gleichen Jahr der mächtigste Herrscher der litauischen Geschichte. Seinen Landsleuten traute er nicht: Zu seinem persönlichen Schutz holte er aus neu eroberten Gebieten auf der Krim Tataren und Karäer nach Trakai. Die Bewohner des kleinen Ortes hingen jetzt unterschiedlichsten Religionen an: den Kulten der altlitauischen Religion, der orthodoxen Kirche, dem Katholizismus und dem karäischen Glauben. Die Karäer sind eine im 8. Jahrhundert entstandene jüdische Sondergemeinschaft, die allein das Alte Testament, nicht aber die Thora und die Lehren der Rabbiner anerkennt.

Über Holzstege erreicht man heute zunächst die Vorburg, die über eine Brücke mit der Hauptburg verbunden ist. Dort gibt es eine historische Ausstellung und Führungen durch die beeindruckend große Anlage, vor allem aber eröffnen sich wunderbare Ausblicke auf die Seenlandschaft. Die Burg liegt mitten in einem Nationalpark, in dem es weitere 200 Seen und vielfältige Freizeitmöglichkeiten gibt. Dass Trakai ein belieb-

Bilder rechts und nächste Doppelseite
• Rudern auf dem Galvė-See zur Inselburg
Trakai – nachts eine Märchenfahrt
• Von Großfürst Vytautas dem Großen um 1400
gebaut: Festung Trakai – ein Meisterwerk der
Backsteingotik und Litauens Highlight Nr. 1

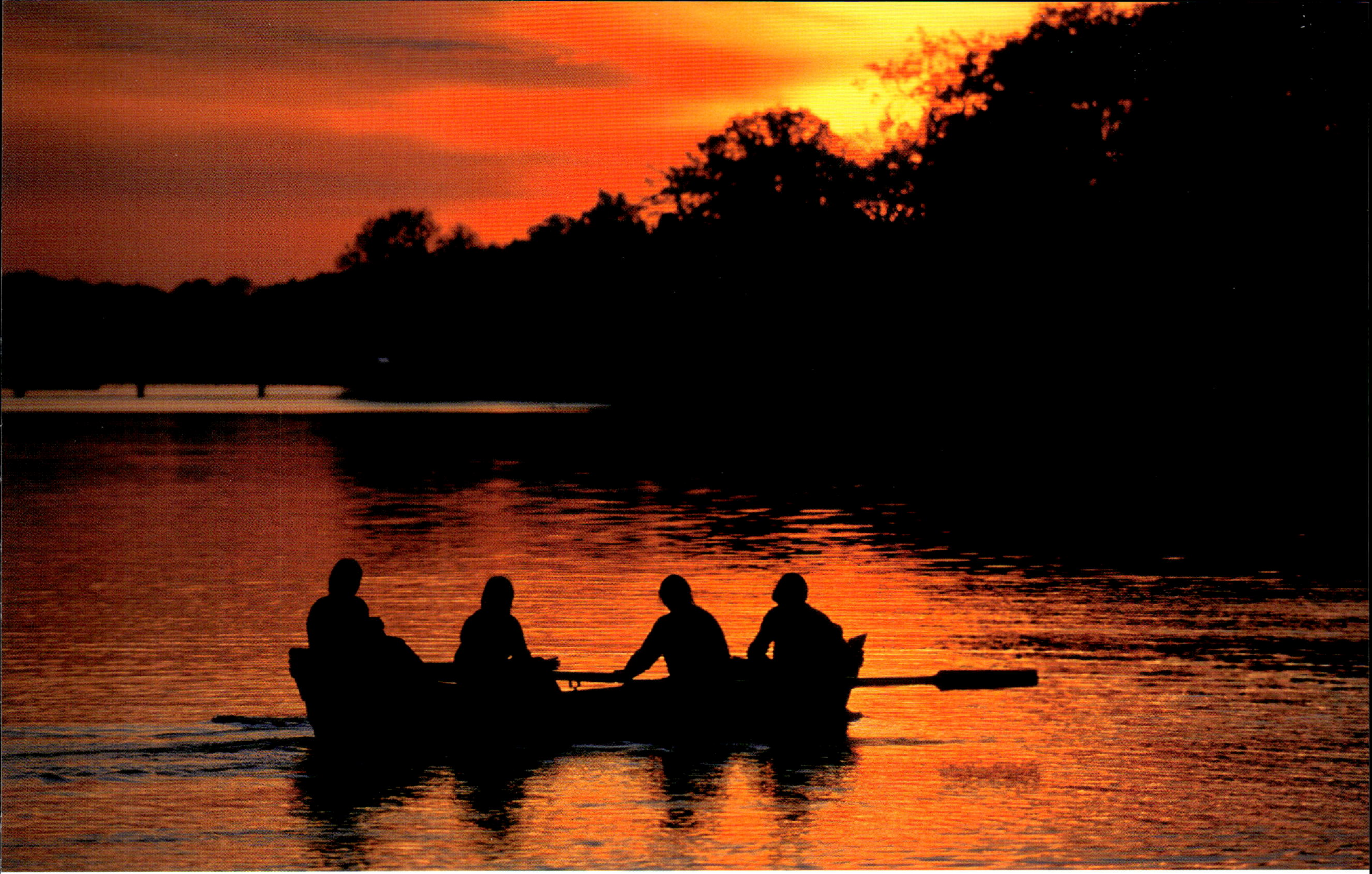

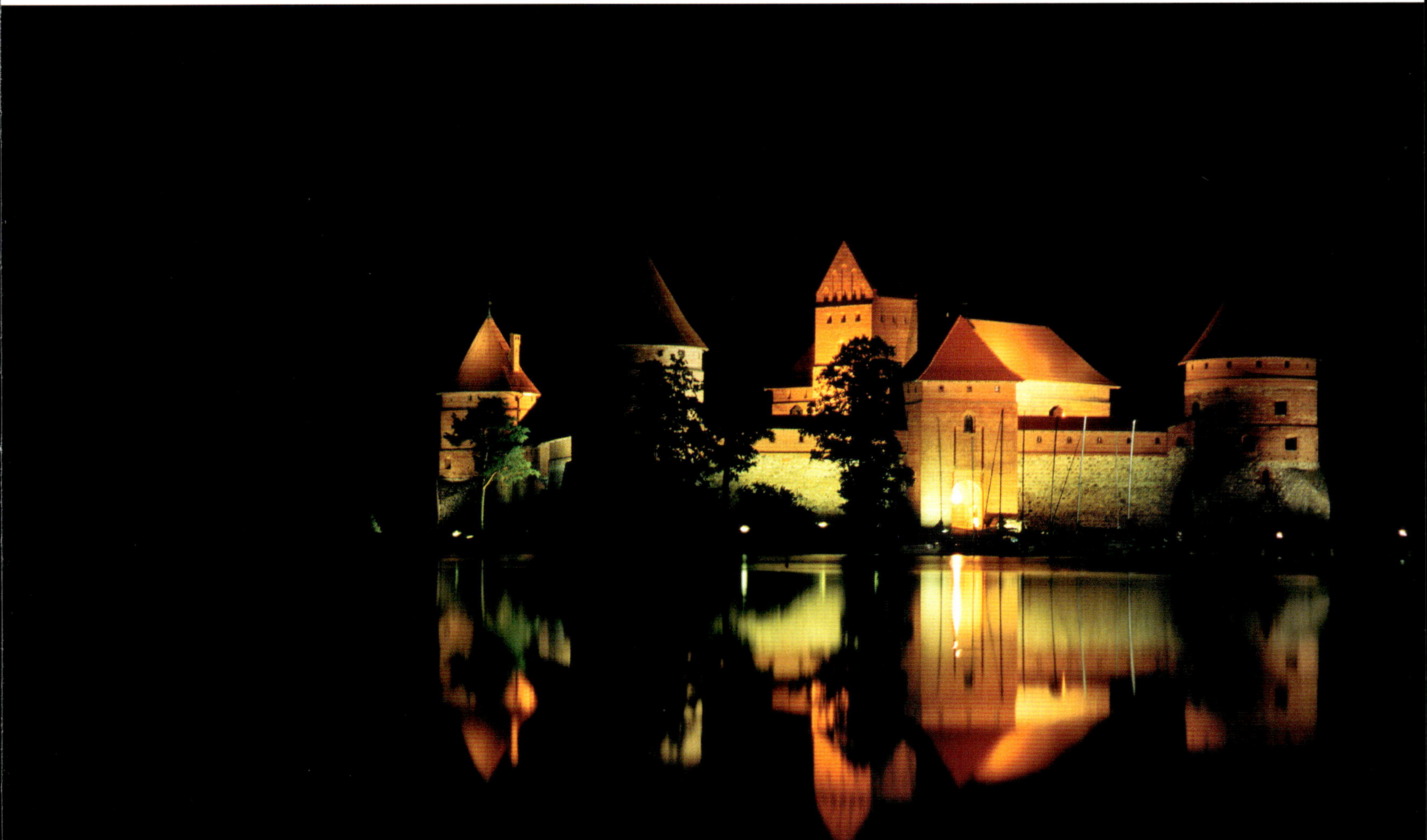

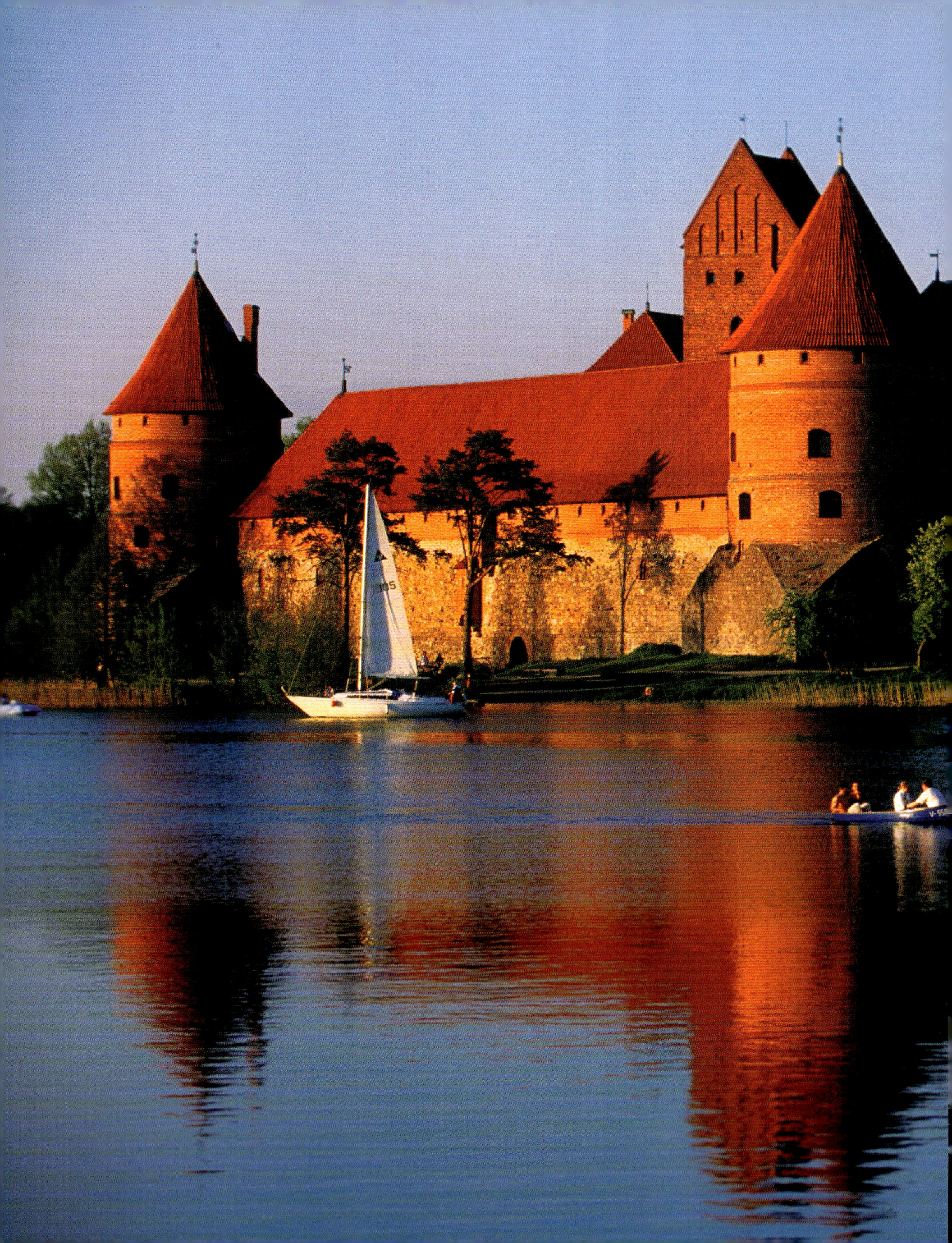

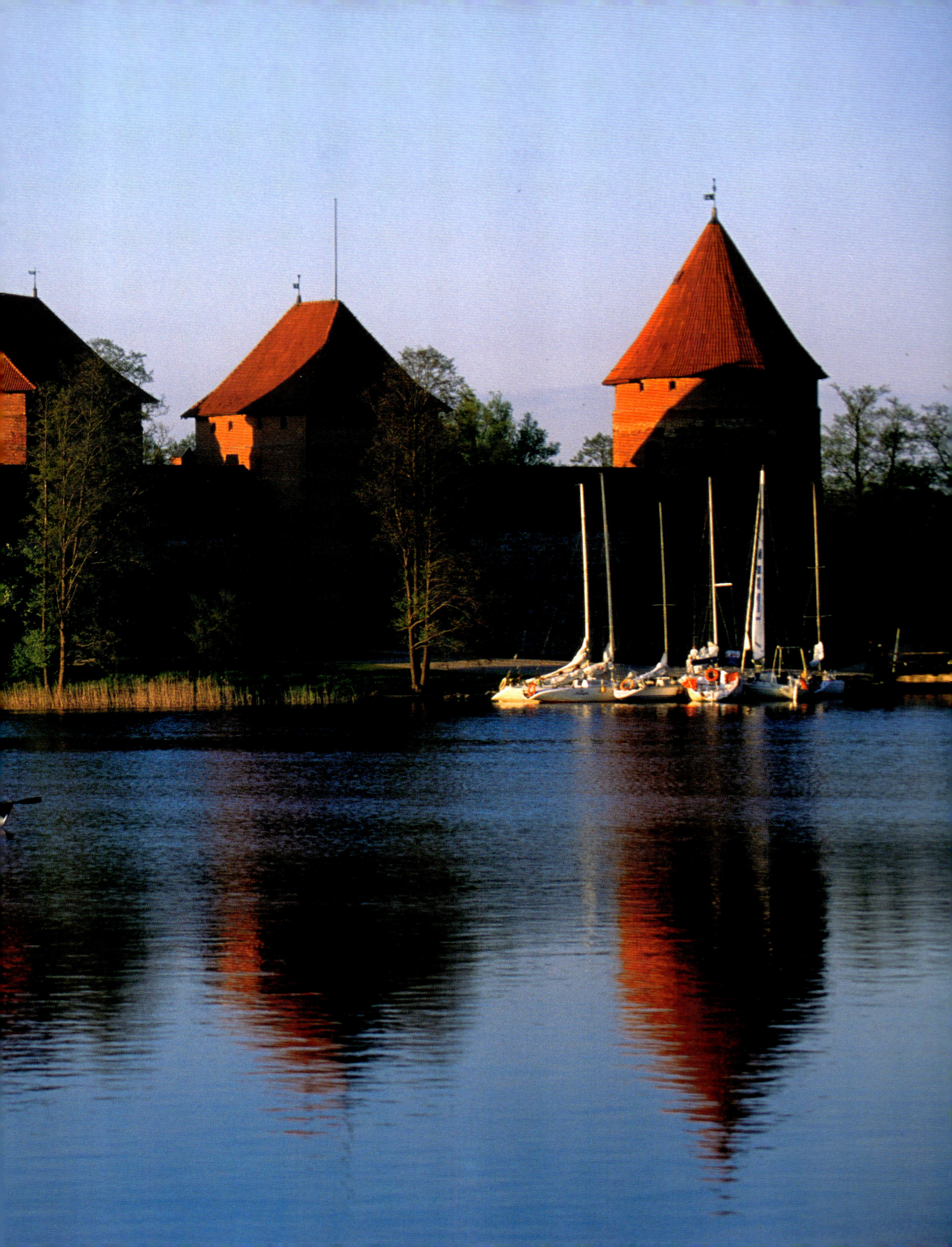

tes Ausflugsziel ist, verdankt die Stadt auch dem kleinen, auf einer Halbinsel gelegenen Dorf Trakai: Dort stehen, neben Kirchen unterschiedlichster Glaubensrichtungen, auch farbige Holzhäuser der heutigen karäischen Gemeinde und ein Gebetshaus.

Kaunas – Stadt der Museen

Kaunas wird heute oft als die heimliche Hauptstadt Litauens bezeichnet. Eine wirklich herausragende Rolle spielte die Stadt aber erst nach dem Ende des Ersten Weltkriegs, als sich die Bevölkerung von Vilnius mehrheitlich dafür entschied, zu Polen gehören zu wollen. Kaunas wurde daraufhin tatsächlich litauische Hauptstadt – und blieb es fast zwanzig Jahre lang. 1921 wurde das litauische historische Museum gegründet, das heute noch den nicht ganz angemessenen Namen «Militärmuseum Vytautas der Große» trägt. 1922 wurde die erste litauische Universität ins Leben gerufen, in der ausschließlich in der Landessprache unterrichtet wurde. 1925 wurde das Museum für den großen litauischen Komponisten und Musiker Čiurlionis eingeweiht: Dort sind heute 360 Bilder von ihm zu sehen. Gelegentlich kommen im Museum auch seine sinfonischen Dichtungen zur Aufführung, die am ehesten mit Werken Aleksandr Skrjabins verglichen werden können.

Das bekannteste Museum in Kaunas ist weltweit einzigartig: Ja, es gibt tatsächlich ein Teufelsmuseum. Mit dem magischen Spruch «Da, nimm nur und sammle dein Leben lang lauter Teufel» überreichte der Schriftsteller Vaizgantas seinem Freund Žmuidzinavičius einst ein einziges geschnitztes Exemplar der Gattung. Später habe der alte Teufel mit seinem üppigen Schwanz gewedelt und seinem Hausherrn Reichtum, Gesundheit und ein langes Leben versprochen – sofern er mindestens einem Teufelsdutzend (13 Stück) in seinem Haus Obdach gewähre. Heute sind es mehr als 2000, und um sie alle unterzubringen, wurde sogar angebaut. Die baltischen Teufel haben mit den christlichen nicht viel zu tun: Nach altlitauischem Glauben erschuf Velnias gemeinsam mit Göttervater Perkunas die Welt.

Intrigen im Himmel sind ebenso sein Werk wie die Lust daran, sich auf Erden gut zu unterhalten. Er nähert sich den Menschen, um ihnen im bäuerlichen Alltag, beim Hausbau und mitunter auch mit Geld zu helfen – wofür er jedoch belohnt werden will. Um seinem anarchischen Treiben nachzukommen, kann er jede denkbare materielle Gestalt annehmen – auch die anderer Götter. Seine schwer berechenbaren und mitunter bösen Absichten sowie seine übernatürliche Kraft gehen Hand in Hand mit Torheit und Einfältigkeit. So kommt es, dass er vom Menschen fast immer überlistet werden kann und in der Volkskunst eine ausgesprochen beliebte Figur ist.

Die meisten Museen, Theater, Cafés und Restaurants reihen sich entlang der Fußgängerzone, die durch die Neustadt führt. Sie wurde 1982 angelegt und war damals die erste ihrer Art in der gesamten Sowjetunion. Kaunas hat, auch bedingt durch 23 000 Studenten, ein lebhaftes öffentliches Leben: Es gibt jedes Jahr ein gutes Jazzfestival, eine sehr lebendige Kunstszene und viele Möglichkeiten, genussreich auszugehen. Außerdem gibt es den traditionsreichen Basketballklub Žalgiris Kaunas, der schon immer zu den führenden Klubs der Sportart gehörte.

Wo Neris und Nemunas zusammenfließen liegt die historische Altstadt. Ihr Zentrum ist das schneeweiße,

Bilder rechts und nächste beiden Seiten
- **Kaunas: Dem Donnergott Perkunas zu Ehren wurde das gleichnamige Haus (15. Jh.) an jener Stelle gebaut, wo einst Perkunas' Tempel gestanden hatte**
- **Kaunas: Burgfestung, 1362 vom Deutschen Orden zerstört, 1368 wieder aufgebaut (Erstbau wohl im 11. Jh.). Altstadthäuser**
- **Einer von über 80 Seen im Aukštaitija-Nationalpark. Am Metelys-See**

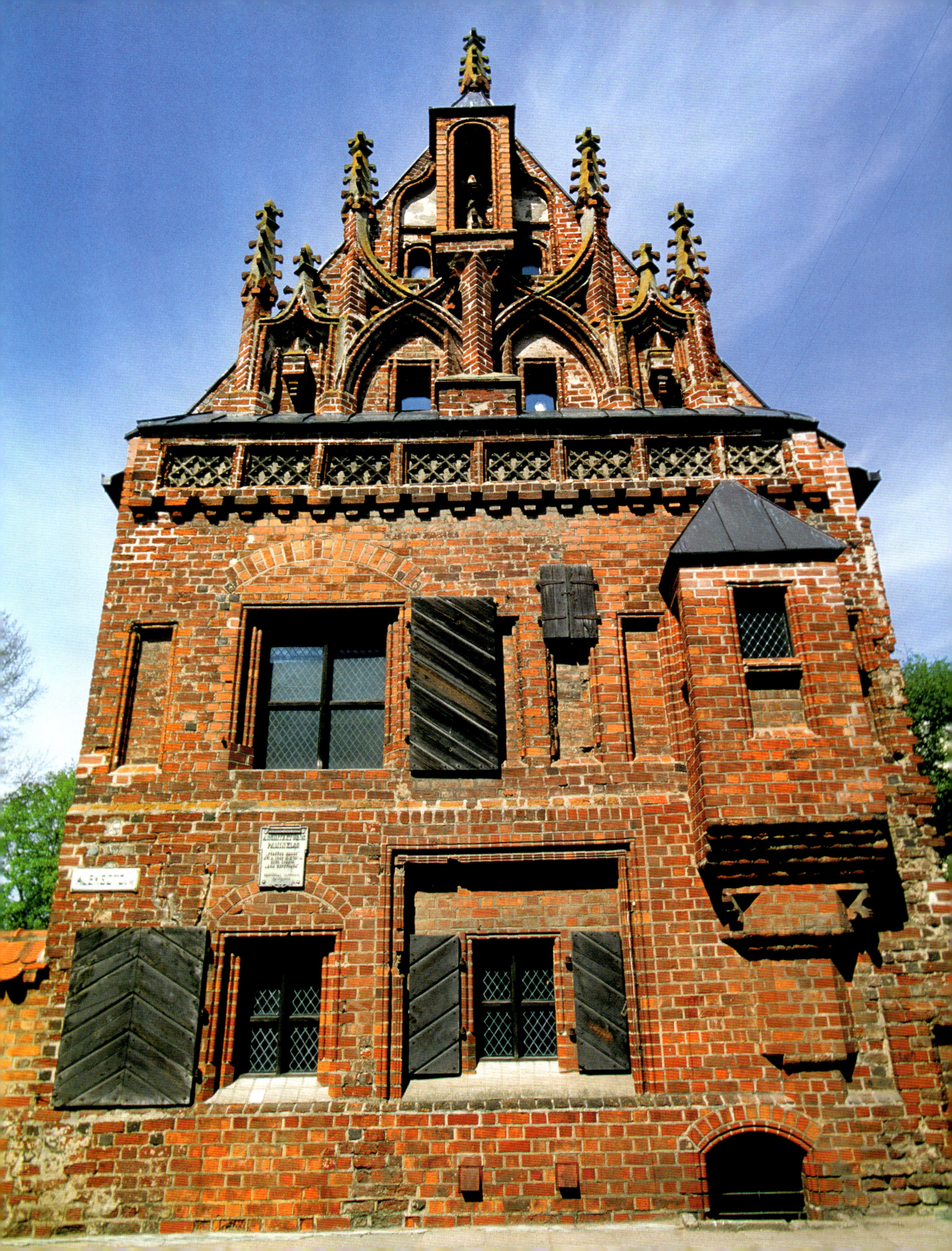

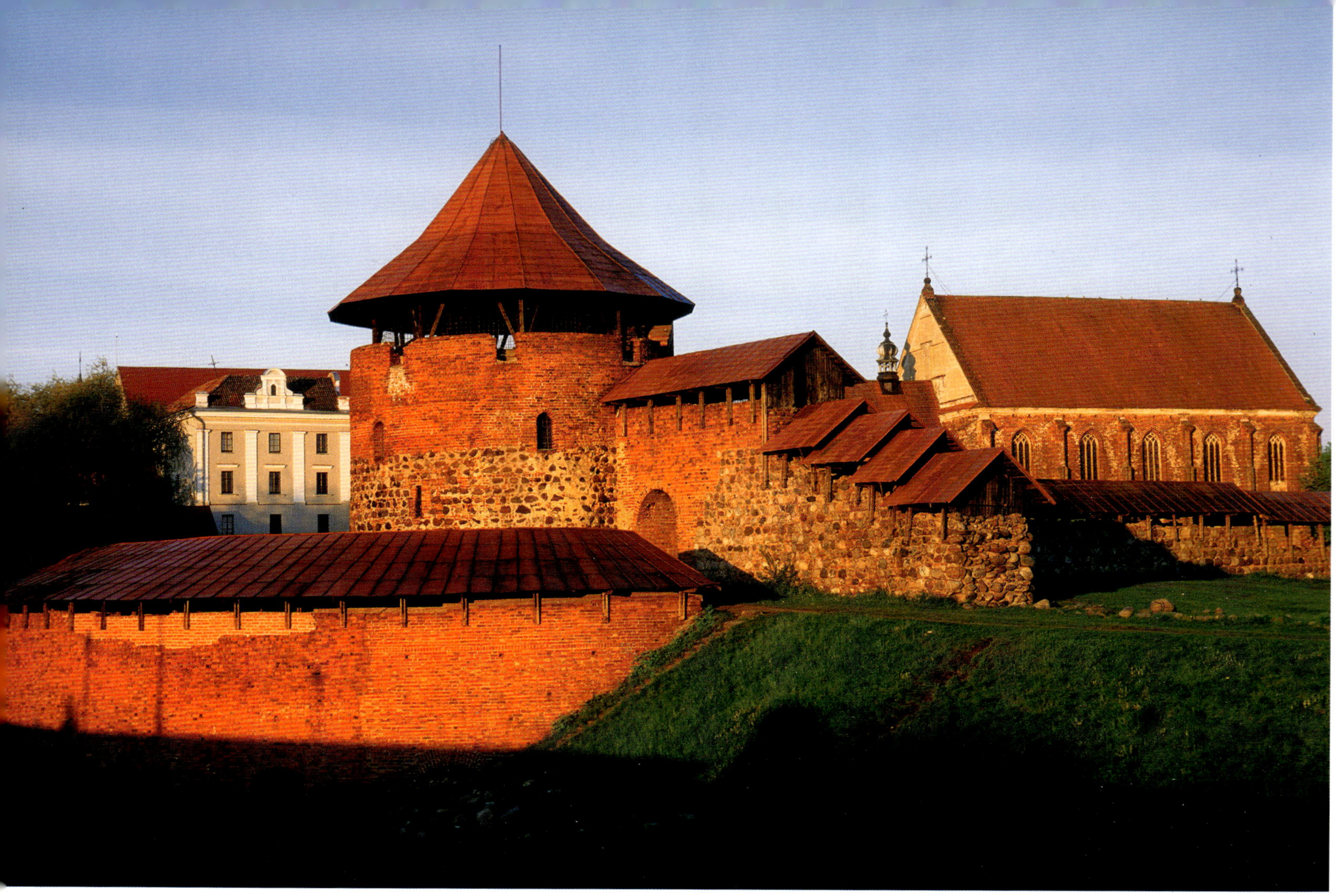

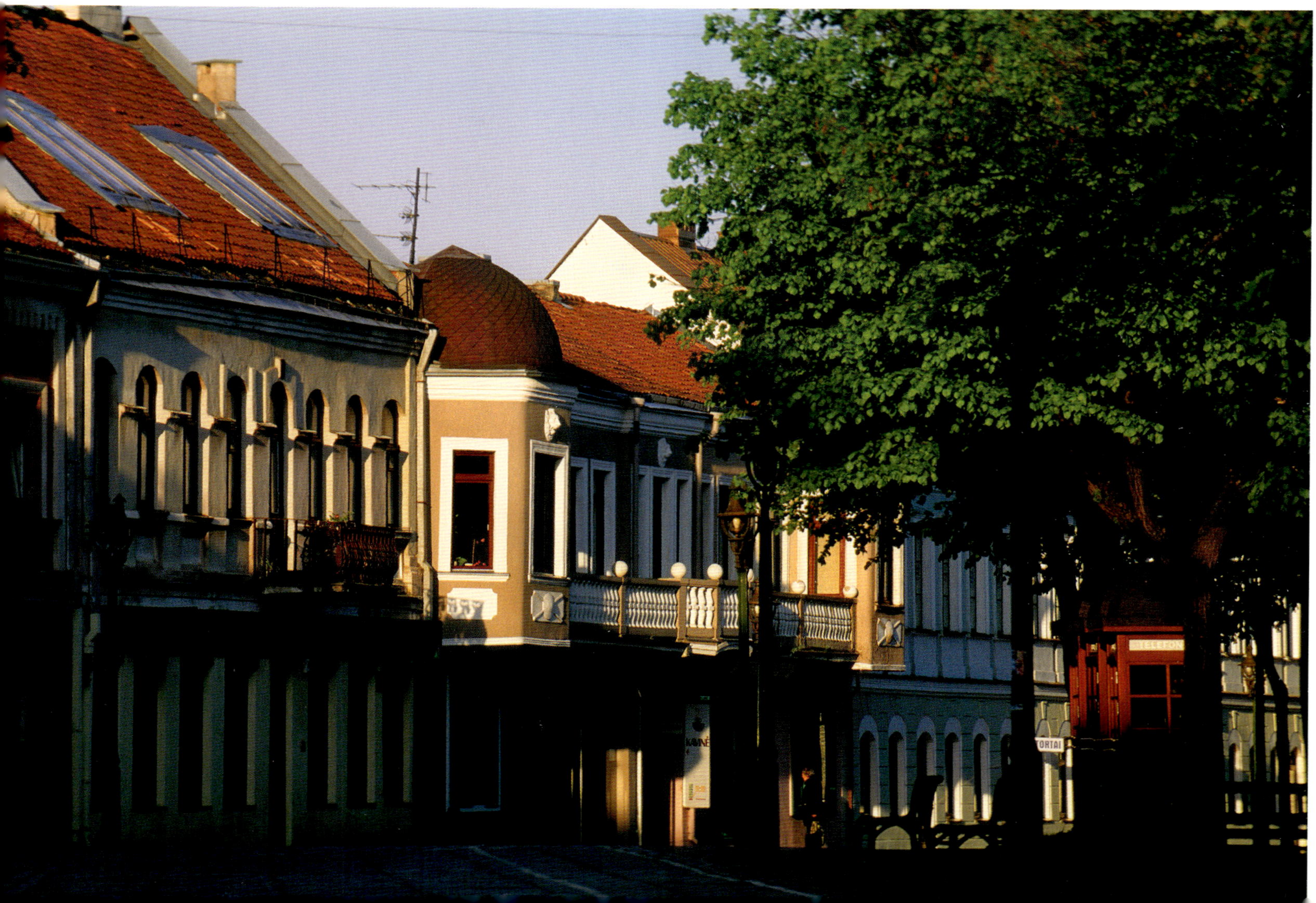

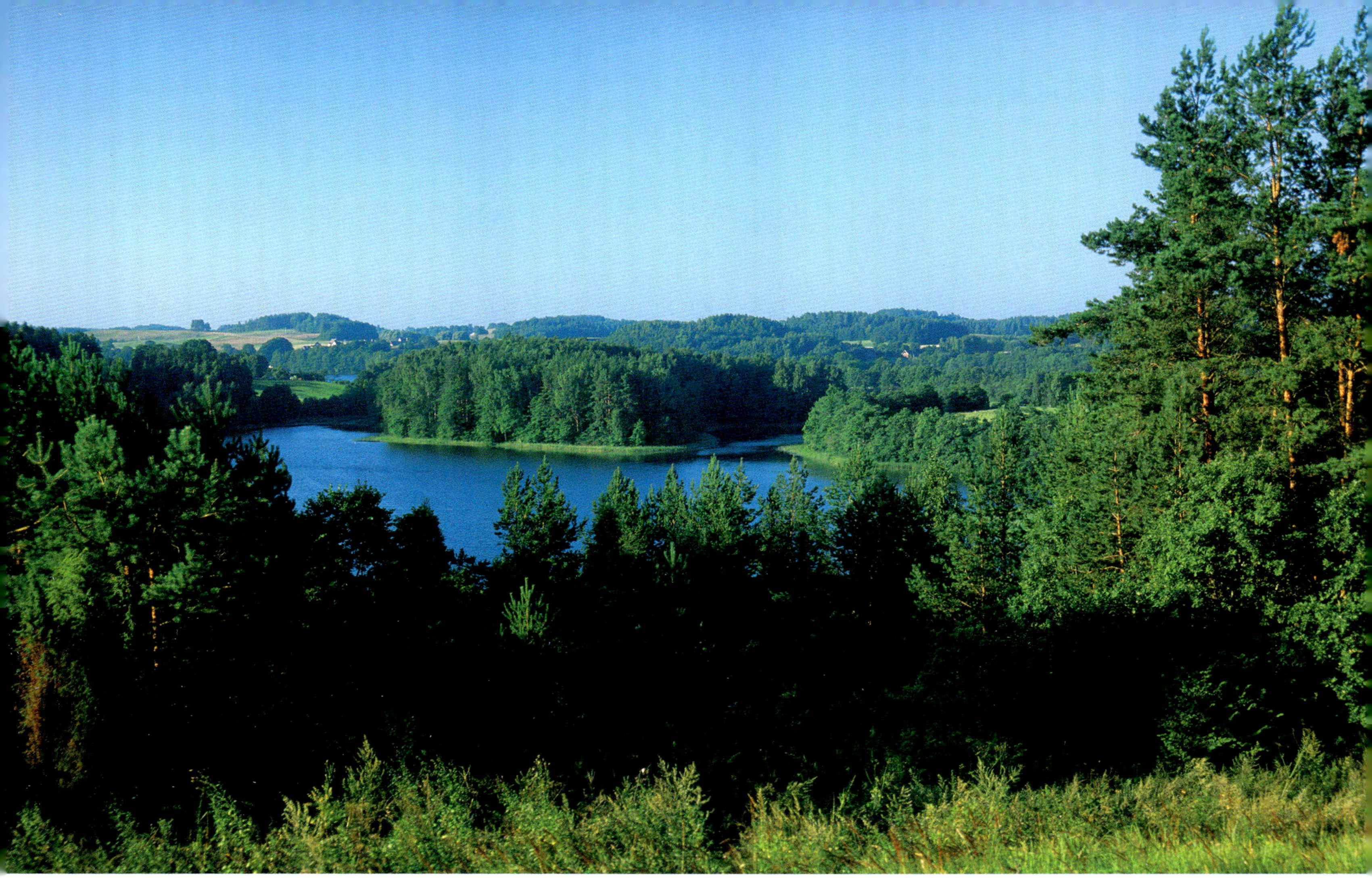

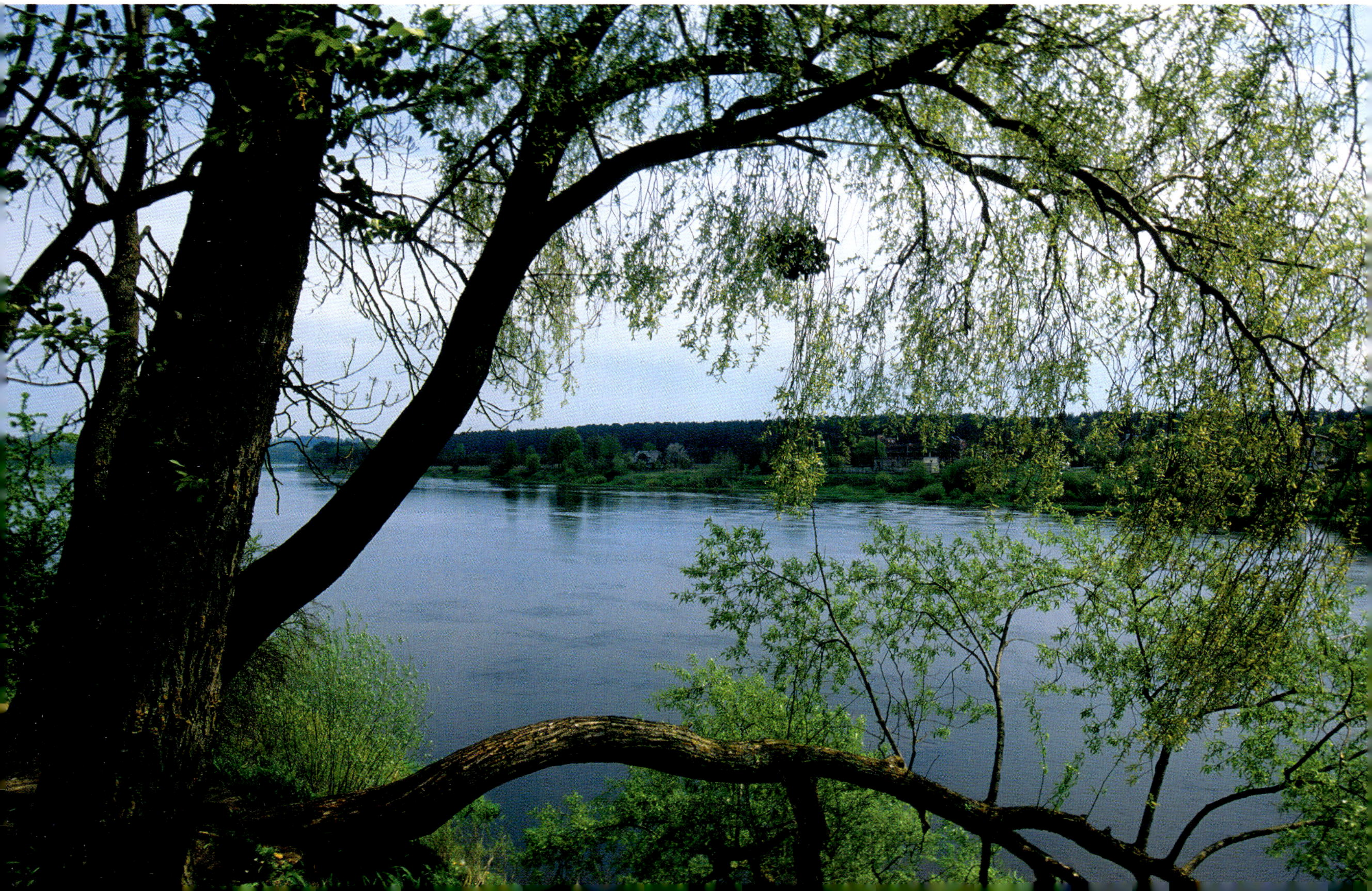

einer Kirche ähnelnde Rathaus mit dem dazugehörigen Platz. Es ist dort viel ruhiger als in der Fußgängerzone der Neustadt. Direkt am Platz liegen kleinere Museen sowie Klöster der Jesuiten, Zisterzienser und Bernhardinerinnen. Die nahe gelegene Kathedrale Sankt Peter und Paul ist die größte gotische Kirche Litauens, zumindest von außen. Innen ergibt sich ein reizvoller Kontrast zwischen dem hohen einschiffigen Bau und der barocken Ornamentik.

Wenige Schritte entfernt steht eines der europaweit schönsten gotischen Bürgerhäuser, das Perkunas-Haus. Ob es wirklich ein Bürgerhaus ist, konnte immer noch nicht abschließend geklärt werden: Es fehlt seltsamerweise die Küche, und bei Renovierungsarbeiten wurde eine Statue des altlitauischen Göttervaters Perkunas gefunden. Vielleicht befand sich im Haus aber auch nur ganz profan ein Kontor der Hanse?

In Kaunas blickt man mit einem gewissen Stolz auf die Tatsache, dass dort heute 89 Prozent Litauer leben. Angesichts dieser Zahl darf man aber auch nicht vergessen, dass zu Beginn des Zweiten Weltkriegs noch 80 000 Juden in der Stadt zu Hause waren. Am Stadtrand wurden Teile einer alten Stadtbefestigung zum Konzentrationslager Fabrik Nr. 1005 B umgebaut. Dort wurden, inklusive der politischen Häftlinge und der nach Litauen deportierten Juden aus ganz Europa, Schätzungen gemäß 100 000 Menschen in einer eigens zu diesem Zweck gebauten Erschießungsanlage ermordet. Sowohl bei der Deportation als auch im Konzentrationslager selbst leisteten litauische Faschisten viel mehr als nur Handlangerdienste.

Westlich von Kaunas weitet sich der Nemunas zu einem riesigen Stausee, an dessen Ufern zwei schöne Ausflugsziele liegen: Das von einem weitläufigen Park umgebene, romantisch auf einer Halbinsel gelegene Kloster Pažaislis zählt zu den bedeutendsten Barockensembles Litauens. An der Nordseite des Sees liegt das ethnografische Freilichtmuseum Rumsiskes, in dem die Welt der bäuerlichen Kultur Litauens vor dem 20. Jahrhundert umfassend dargestellt wird.

Zwischen Vilnius und dem Nationalpark Aukštaitija liegt zunächst einmal der Mittelpunkt Europas: Auf einer Lichtung in der Nähe des Ortes Purnuskes treffen sich die Linien Nordkap–Kreta und Lissabon–Ural. Sicherlich gäbe es auch andere Berechnungsmöglichkeiten, wie etwa nach Landmassen oder nach Bevölkerungsdichte. Jedenfalls wurde der symbolträchtige Ort durch einen Findling markiert. Die eigentliche Attraktion ist jedoch der benachbarte Skulpturenpark Europa Centras, wo zum Teil international bekannte Künstler mit ihren fast hundert Skulpturen und Installationen eine Wechselbeziehung zwischen Konzeptkunst und Natur hergestellt haben.

Zwei Nationalparks – Aukštaitija und Dzūkija

Der Nationalpark Aukštaitija ist 100 Kilometer nordöstlich von Vilnius zu finden. Dort liegen, in eine leicht hügelige Landschaft eingebettet, mehr als hundert Seen, die von undurchdringlich erscheinenden Wäldern umgeben sind. Wo sich der Wald lichtet, gibt es einzelne kleine Dörfer, die mit ihrer traditionell bäuerlichen Architektur, Wassermühlen, Imkereien und gelegentlich auch mit ein wenig touristischer Infrastruktur glänzen. Besonders schön sind der Ort Strazdai und der See Baluso: Der See hat sieben Inseln, und auf der größten von ihnen gibt es sogar nochmal einen kleinen See!

Weniger schön ist das Kernkraftwerk Ignalina, das jahrelang mit Reaktoren des Tschernobyl-Typs lief und noch Ende der 90er-Jahre alles andere als vertrauenerweckend aussah. Proteste gegen einen weiteren Aus-

Bilder rechts und nächste Doppelseite
• Klaipėda: in der Altstadt; voll am Wind auf dem Stadtfluss Danė
• Kurische Nehrung – die litauische Sahara seit 500 Jahren: wegen massiver Waldrodung konnten die Dünen wandern und begruben alles Grüne

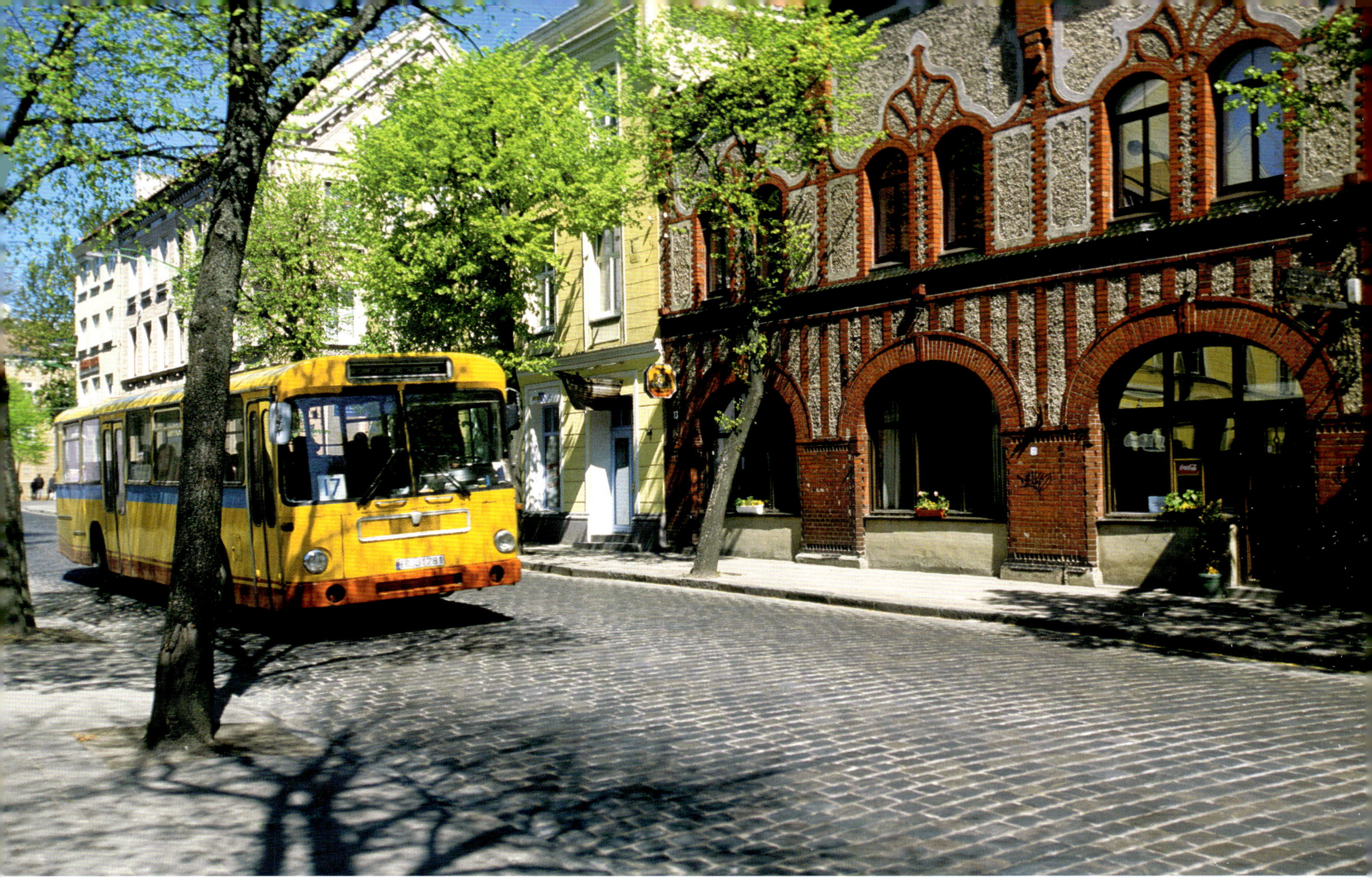

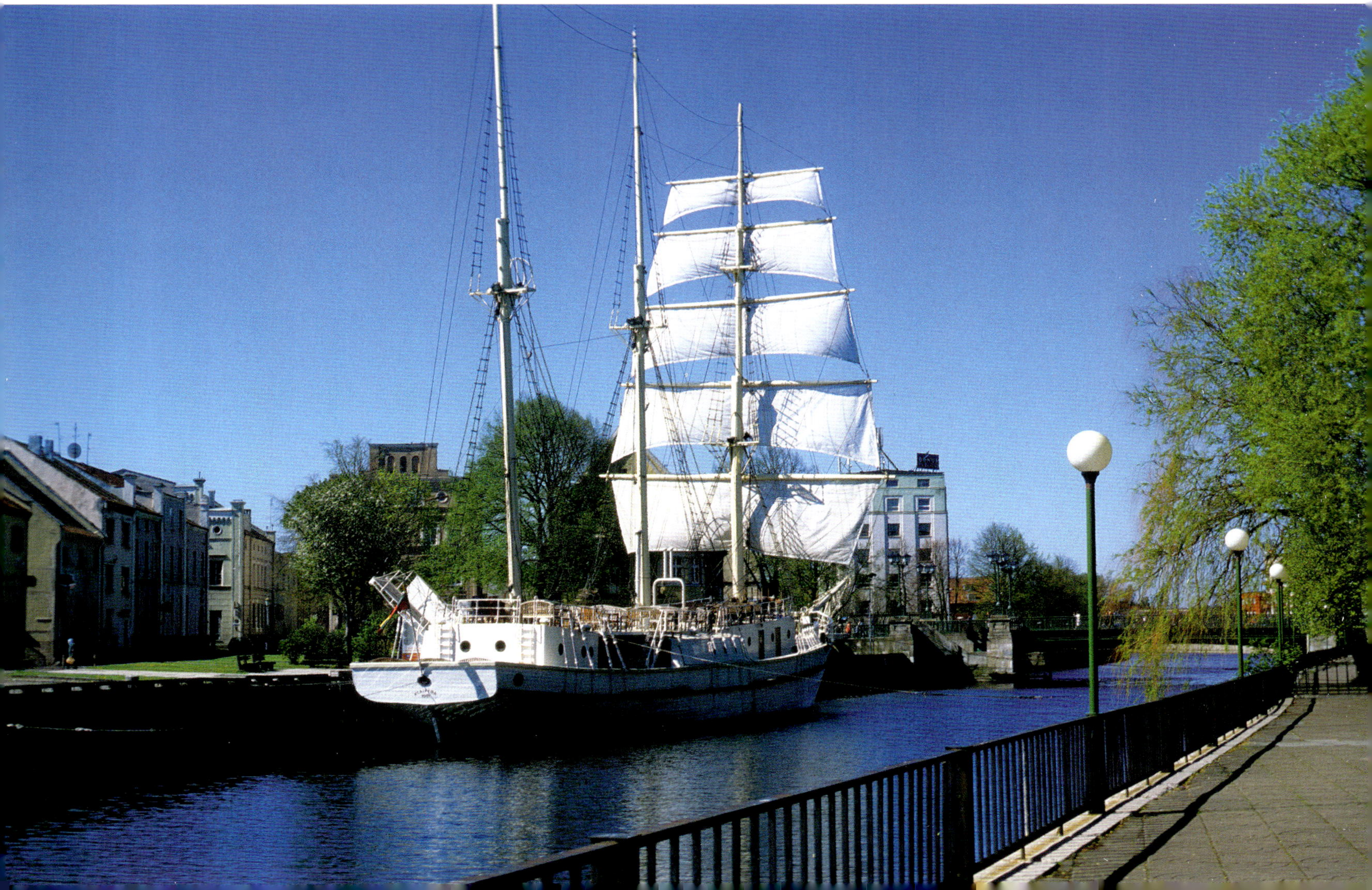

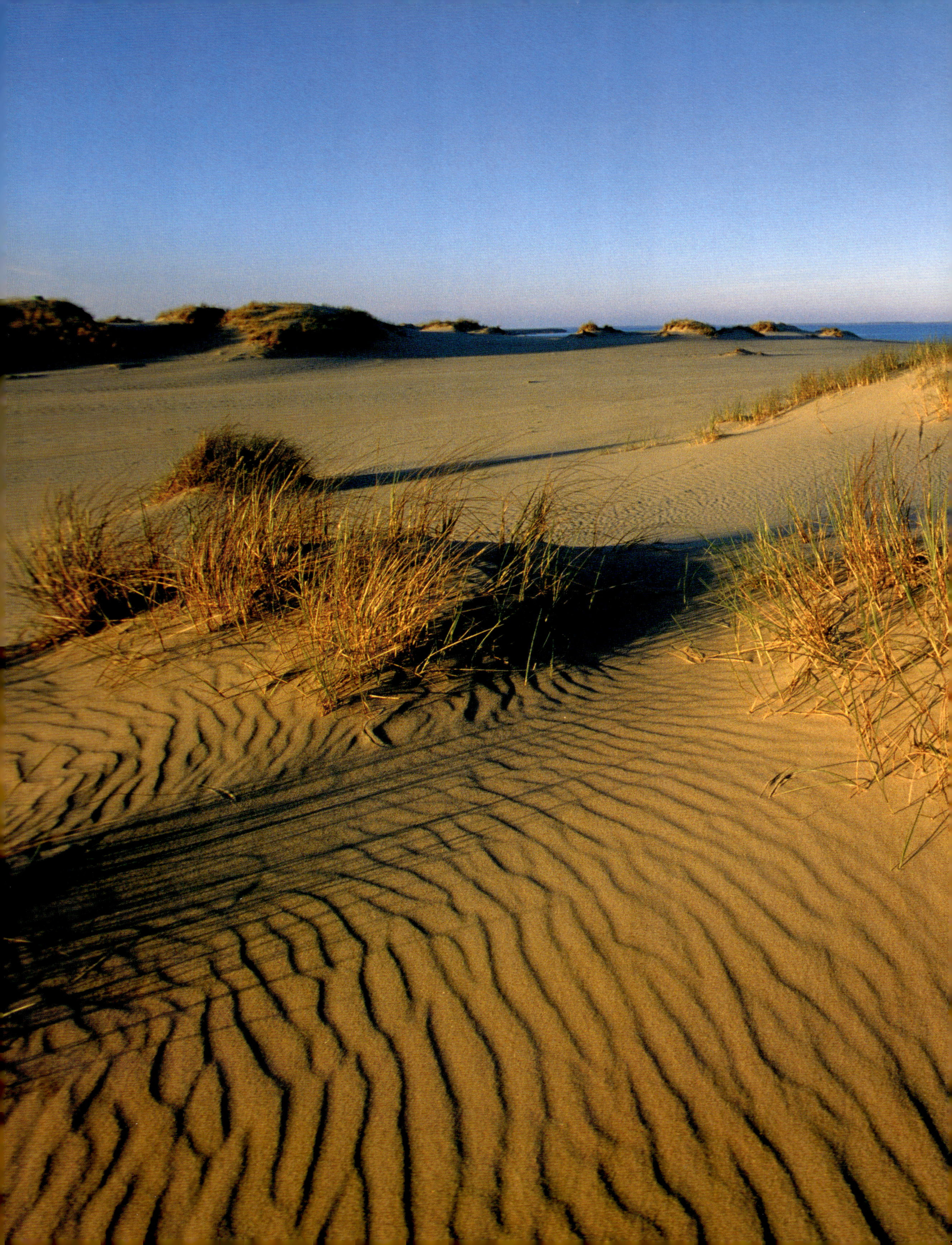

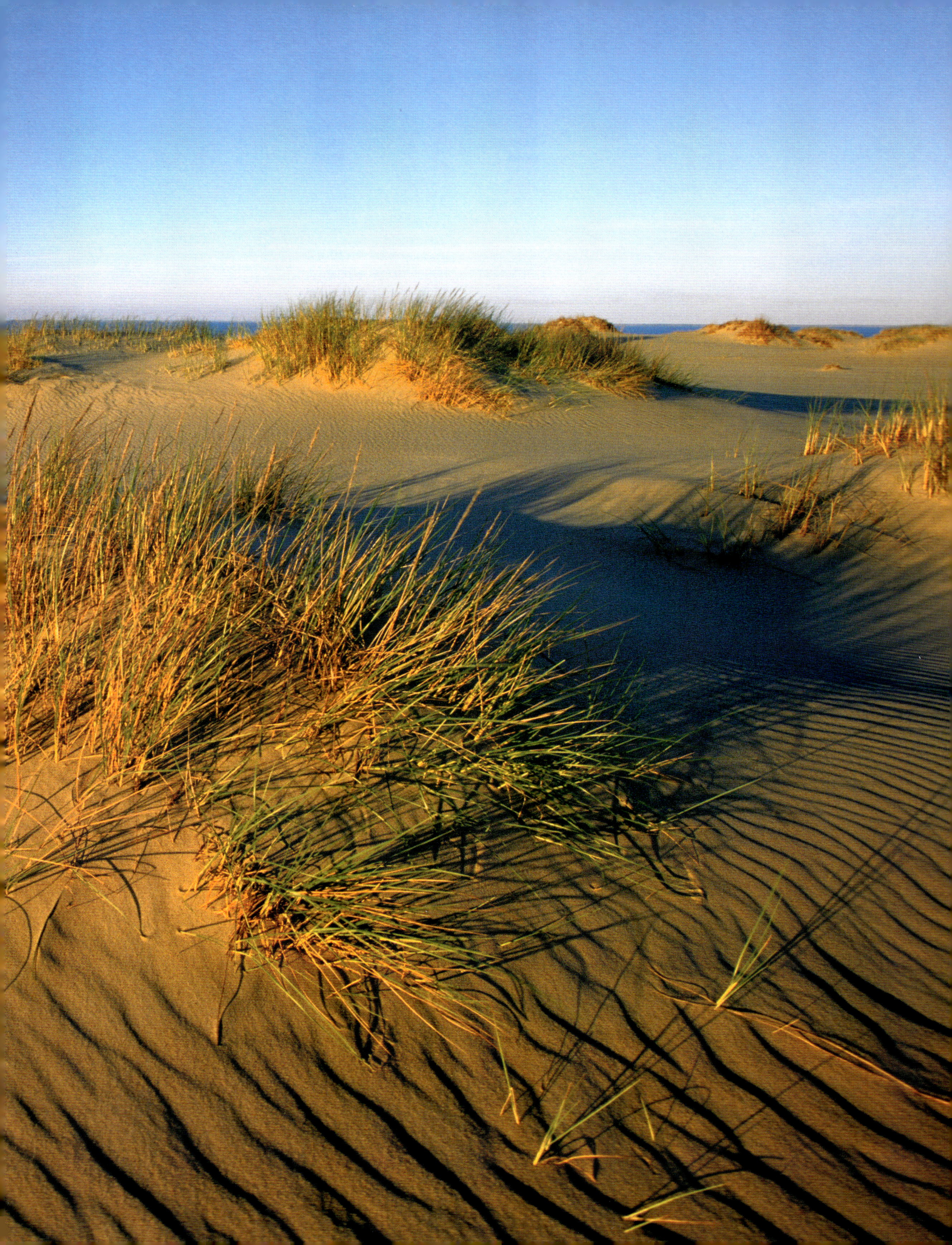

bau waren in den späten 80er-Jahren ein wichtiges Thema der litauischen Unabhängigkeitsbewegung. Seit dem Ausbleiben der Lieferung günstiger fossiler Brennstoffe durch Russland ist Litauen mehr denn je auf die Atomenergie angewiesen. Anfang der 2000er-Jahre halfen Firmen der internationalen Kernenergiebranche dabei, das Kraftwerk sicherer zu machen. Es gibt auch ein mit der EU vereinbartes Ausstiegsszenario, doch mangels realistischer Alternativen in der Stromversorgung ist es ziemlich unwahrscheinlich, dass es auch eingehalten werden kann. Wer nicht weiß, dass es Ignalina gibt, wird vom Kraftwerk wenig merken – obwohl sich die Temperatur der umliegenden Seen erhöht hat, was den Fischen schadet. Der Nationalpark ist gut mit Wanderwegen erschlossen, viele der Seen sind miteinander verbunden, so dass auch mehrtägige Kanutouren möglich sind.

Ungefähr 100 Kilometer südwestlich von Vilnius, nahe der Grenze zu Weißrussland, liegt der Nationalpark Dzūkija. Die Seenlandschaft dort ist noch einsamer, und die Wälder sind wegen des ärmeren Bodens nicht so artenreich wie im Nationalpark Aukštaitija. Doch dafür soll es viele Wölfe geben; zu Gesicht bekommt man sie glücklicherweise eher selten. Etwas außerhalb des Nationalparks liegt der traditionsreiche Kurort Druskininkai: Bereits im 18. Jahrhundert wurden die Heilkräfte von salzigen Quellen und Moorbädern entdeckt. Im 19. Jahrhundert wurden repräsentative Villen gebaut, und im 20. Jahrhundert entstand ein bedeutender Kurbetrieb mit zum Teil recht moderner Architektur.

Klaipėda und Kurische Nehrung

Klaipėdas musikalisches Wahrzeichen ist eines der schönsten deutschen Volkslieder, und vor dem Theater steht sogar ein dem *Ännchen von Tharau* gewidmetes Denkmal aus Bronze. Klaipėda (Memel) geht auf eine Gründung des Deutschen Ordens zu-

Thomas Manns Haus in Nida in der Kurischen Nehrung

rück, und die Geschichte der Stadt ist bis ins 20. Jahrhundert hinein eng mit der preußischen Geschichte verknüpft. Hier lebten jahrhundertelang etwa gleich viele Deutsche wie Litauer, und zwar in relativ friedlicher Koexistenz. Erst in der Zwischenkriegszeit wurde die Region unter dem autokratischen Regime von Antanas Smetona mit den anderen Gebieten Litauens vereint. Der deutschen Stadtbevölkerung wurden Restriktionen bezüglich deutscher Kultur und deutscher Sprache auferlegt.

Am 23. März 1939 wurde die Stadt kampflos der von Ostpreußen aus einrückenden Wehrmacht übergeben, denn es gab eine breite Zustimmung zur nationalsozialistischen Idee, das Memelgebiet wieder dem Deutschen Reich anzuschließen. So musste die Figur des Ännchens von Tharau einer Hitlerbüste weichen. Bei Kriegsende waren 90 Prozent der deutschen Bevölkerung aus der zerstörten Stadt geflohen. Heute ist Klaipėda der einzige bedeutende litauische Seehafen, hat eine kleine, schön renovierte Altstadt und ein kulturelles Leben, das dem einer Stadt ihrer Größe entspricht. Das beliebteste Museum liegt bereits auf der Kurischen Nehrung: Es ist das Meeresmuseum mit zahlreichen Aquarien, Pinguinen und einem vor allem bei Kindern beliebten Delfinarium.

Die schmale und 98 Kilometer lange Landzunge der Kurischen Nehrung trennt die Ostsee vom Kurischen Haff, das einem endlos lang gestreckten See gleicht. Auf der Nehrung erheben sich die mit fast 70 Metern höchsten Dünen Europas. Die mächtigen, goldgelben Sandberge stehen in einem reizvollen Kontrast zum blauen Meer und grünen, von Elchen bewohnten Kiefernwäldern. Völlig surreal wirkt die Landschaft, wenn in klarer Winterluft Eisblöcke am Strand in der Sonne liegen. Wirklich kalt ist es im Sommer auf der Kurischen Nehrung nicht: Hier gibt es die meisten Sonnentage Litauens, die Ostsee hat eine Wassertemperatur von 18 Grad, und neben den Freuden eines Badeurlaubs locken die abseits der wenigen Dörfer sehr einsamen Landschaften.

Bis zum 19. Jahrhundert hatten es die Fischer der Halbinsel nicht leicht: Die durch Rodung von Wäldern nach dem 16. Jahrhundert entstandenen Dünen wandern, und zwar bis zu einen halben Meter im Jahr. Ganze Dörfer wurden abgebaut und an anderer Stelle wieder errichtet. Was man nicht mehr brauchte, verschwand unter vielen Metern Sand. Heute hat man die Gewalten der Natur durch gezielte Wiederaufforstung gezähmt, doch hat dies natürlich auch eine Schattenseite: Wenn man die Dünen der litauischen Sahara bepflanzen würde, dann blieben nur noch bewaldete Hügel übrig. Die Kurische Nehrung ist eine Landschaft, die langsam verschwindet: Der Wind weht den Sand unaufhaltsam in Richtung Haff.

Hexenberg: diesseits von Gut und Böse

Juodkrantė (Schwarzort) hat knapp 1000 ständige Einwohner und ging aus dem Ende des 18. Jahrhunderts im Sand versunkenen Dorf Karwaiten hervor. Die Einzelteile der Kirche Karwaitens transportierten Fischer damals auf Kähnen in ihr neues Dorf. Leider brannte das reetgedeckte Gebäude 1878 nieder und musste durch einen Neubau ersetzt werden. Zu dieser Zeit betrieb die Firma Stantien & Becker im Ort ein Bergwerk, aus dem jährlich bis zu 75 Tonnen Bernstein gefördert wurden. Heute sind im Ort einige nette Fischerhäuser zu sehen, doch die bedeutendste Attraktion ist der «Hexenberg»: Am Rand eines Rundwegs, der durch die Wälder zweier Dünen führt, stehen 82 Holzfiguren: Sie stellen das Gute und das Böse in vielen verschiedenen Ausprägungen sowie bekannte Figuren der litauischen Märchenwelt dar.

Der größte und bedeutendste Ort der Kurischen Nehrung ist Nida mit immerhin knapp 3000 Einwohnern. An der Haffseite des beliebten Badeorts stehen einige hübsche kleine Fischerhäuser. Südlich von Nida erhebt sich die mit fast 70 Metern höchste Düne Europas, ein Wanderweg führt zu ihr. Auf dem Weg von einer Düne zur nächsten passiert man dabei geschichtsträchtigen Boden: Im «Tal des Todes» lag im 16. Jahrhundert der heute vom Sand bedeckte Pestfriedhof. Während des Ersten Weltkriegs richteten die Deutschen an eben dieser Stelle ein französisches Kriegsgefangenenlager ein. Keinen Kilometer hinter der Düne beginnt der russische Teil der Kurischen Nehrung, und wer kein gültiges Visum hat, sollte besser zügig umkehren.

Der bekannteste Deutsche, der sich von Nida faszinieren ließ, war Thomas Mann. Sein Haus, das er im Architekturstil des Ortes in Auftrag gegeben hatte, diente ihm drei Jahre lang als Sommerresidenz. Es wurde 1939 von den Nationalsozialisten konfisziert und sollte fortan als «Jagdhaus Elchwald» Hermann Göring zur Verfügung stehen. Es wird Thomas Mann sicher sehr gefreut haben, dass Göring in dem ihm zugesprochenen Haus nie auftauchte. Heute beherbergt das ehemalige Anwesen der Familie Mann ein kleines Literaturmuseum.

Wirklich einsam ist es in den Wäldern nördlich von Nida. Dort, wo die Nehrung mit fast vier km ihre breiteste Stelle hat, ist das Revier der Elche, die gerüchteweise lieber im Meer als im Haff baden. Zu sehen bekommt man sie leider selten, auch weil außer dem fernen Rauschen des Meeres und einigen Vögeln normalerweise nichts zu hören ist.

LANDESSTRUKTUREN UND SPRACHENVERGLEICH

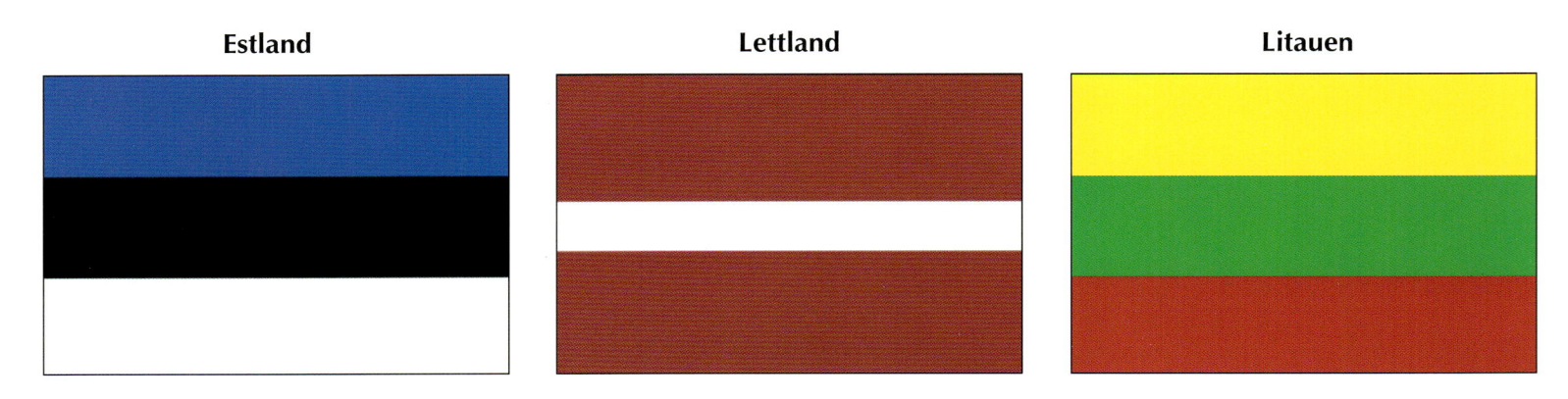

| Estland | Lettland | Litauen |

Strukturen

	Estland Eesti Vabariik	Lettland Latvija	Litauen Lietuva
Fläche km²	45 227	64 589	65 301
Einwohner (2006)	1 350 000	2 300 000	3 450 000
Einwohner pro km²	30	36	53
Hauptstadt	Tallinn	Riga (lett. Rīga)	Vilnius
Einwohner Hauptstadt	400 000	750 000	550 000
Verwaltungsgliederung	15 Regionen	26 Distrikte, 7 Städte	10 Bezirke
Amtssprache	Estnisch	Lettisch	Litauisch
Währung*	Krone (100 Senti)	Lats (100 Santims)	Litas (100 Centas)

*Einführung des Euro auf 2008 geplant

Sprachenvergleich anhand der Zahlen 1 bis 100

	Estnisch	Lettisch	Litauisch
1	üks	viens	vienas
2	kaks	divi	du
3	kolm	trīs	trys
4	neli	četri	keturi
5	viis	pieci	penki
6	kuus	seši	šeši
7	seitse	septiņi	septyni
8	kaheksa	astoņi	aštuoni
9	üheksa	deviņi	devyni
10	kümme	desmit	dešimt
11	üksteist	vienpadsmit	vienuolika
12	kaksteist	divpadsmit	dvylika
13	kolmteist	trīspadsmit	trylika
14	neliteist	cetrpadsmit	keturiolika
20	kakskümmend	divdesmit	dvidešimt
30	kolmkümmend	trīsdesmit	trysdešimt
100	sada	simts	šimtas

terra magica

DIE SCHÖNSTEN SEITEN DER WELT

Petra Woebke
DIE TRANSSIBIRISCHE EISENBAHN MOSKAU – WLADIWOSTOK
208 Seiten mit 236 Farbfotos, 59 doppelseitige Farbtafeln, farbige Karte
Spektrumformat
ISBN 3-7243-0383-1

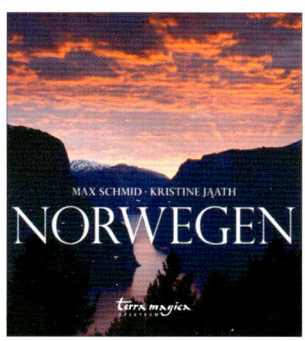

Wolfram Müller / Katrin Pieringer / Kurt Stüwe
TIBET
208 Seiten mit 225 Farbfotos, 57 doppelseitige Farbtafeln, farbige Karte, **Spektrumformat**
ISBN 3-7243-0382-3

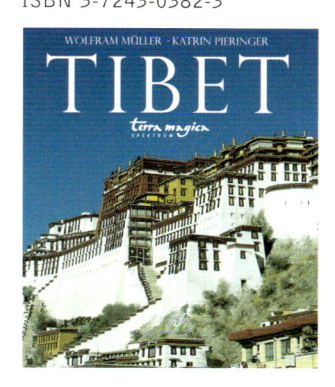

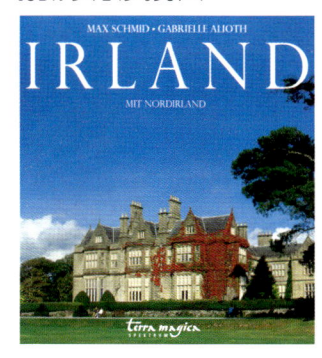

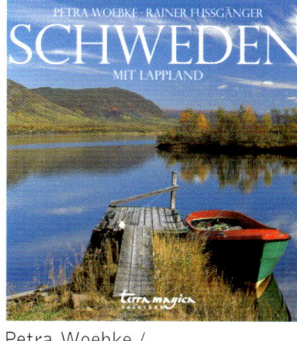

Petra Woebke / Rainer Fußgänger
SCHWEDEN mit LAPPLAND
208 Seiten mit 230 Farbfotos, davon 63 doppelseitige Farbtafeln, farbige Karte
Spektrumformat
ISBN 3-7243-0396-3

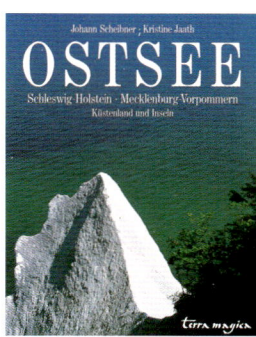

Siegfried Kuttig / Silke Heller
DEUTSCHE NORDSEE
Küstenland und Inseln
180 Seiten mit 230 Farbfotos, davon 55 doppelseitige Farbtafeln, farbige Karte
ISBN 3-7243-0401-3

Max Schmid / Kristine Jaath
NORWEGEN
208 Seiten mit 200 Farbfotos, 68 doppelseitige Farbtafeln, farbige Karte
Spektrumformat
ISBN 3-7243-0372-6

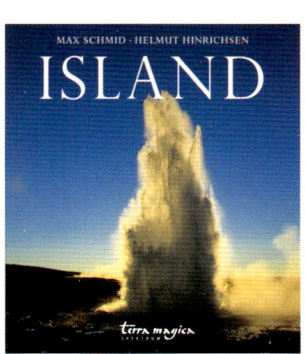

Petra Woebke / P. E. Müller
DIE ALPEN
Europas Zauberberge
208 Seiten mit 176 Farbfotos, davon 64 doppelseitige Farbtafeln, farbige Karte
Spektrumformat
ISBN 3-7243-0389-0

J. Scheibner / K. Jaath
OSTSEE
Schleswig-Holstein, Mecklenburg-Vorpommern, Küstenland und Inseln
160 Seiten mit 180 Farbfotos, farbige Karte,
ISBN 3-7243-0373-4

A. Burkhardt / R. Zweifel / M. Larass
KANADA
208 Seiten mit 200 Farbfotos, davon ca. 50 doppelseitige Farbtafeln, farbige Karte
Spektrumformat
ISBN 3-7243-0403-X

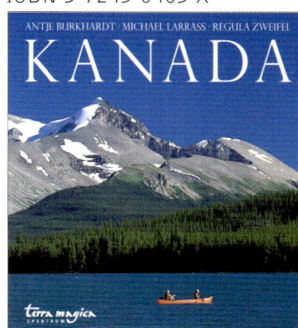

Max Schmid / Helmut Hinrichsen
ISLAND
208 Seiten mit 203 Farbfotos, 67 doppelseitige Farbtafeln, farbige Karte
Spektrumformat
ISBN 3-7243-0375-0

Max Schmid / Gabrielle Alioth
IRLAND
208 Seiten mit 193 Farbfotos, 66 doppelseitige Farbtafeln, farbige Karte
Spektrumformat
ISBN 3-7243-0387-4

M. Schmid / S. Heller
BRETAGNE
180 Seiten mit 151 Farbfotos, 40 doppels. Farbtafeln, farbige Karte
ISBN 3-7243-0380-7

Christian Heeb / Thomas Jeier
KREUZFAHRT IM HOHEN NORDEN
Island · Grönland · Spitzbergen · Norwegen
208 Seiten mit 233 Farbfotos, davon 52 doppelseitige Farbtafeln, 3 farbige Karten
Spektrumformat
ISBN 3-7243-0393-9

Verlangen Sie ausdrücklich terra magica! In jeder Buchhandlung. www.terramagica.de

Orts- und Namensregister

Die bei den Stichwörtern fett gedruckten Seitenzahlen nennen jene Seite, auf der die Legende zum entsprechenden Bild gedruckt ist.

Aglona **61,** 146
Alatskivi 84
Albert, Bischof 24, 124
Alexander I. 32
Altja **36, 110,** 110
Angla **13**
Ännchen von Tharau **92,** 176
Āraiši **75,** 142
Āraišu-See 32
August der Starke 47
Aukštaitija-Nationalpark **21, 168,** 172
Ave Sol 94
Balnošas-See **21**
Baltica, Kremerata 94
Baltischer Rat 20
Baluso 172
Barons, Krišjānis 91
Bátory, Stephan 46
Berg der drei Kreuze 154
Berg der Kreuze **54**
Bernstein **76,** 76
Bernsteinzimmer 76
Brazauskas, Algirdas 60
Breschnew 54
Cārmins **2**
Cediminas 46
Cēsis **2, 76,** 142
Chruschtschow 42, 54
Čiurlionis, Mikalojus 90, 168
Dach, Simon **92**
Dainas 69
Danė **172**
Darbėnai **69**
Daugava (Düna) **122**
Daugavpils 146
Deutschbalten 13, 28f.
Deutscher Orden 24, 46, 128
Deutschland 40f.
Drei-Brüder-Haus **136**
Druskininkai **51,** 176
Dzūkija 176
Emajõgi **105**
Erster Weltkrieg 36
Estland **2, 5, 13,** 24ff., **28, 36, 57,** 57f., **68, 69, 82,** 90f., **92, 95,** 96–118, **96ff.**

Eźezers 146
Freiberga, Veira Vika 64
Galvė-See **13, 164**
Gauja 140f.
Gauja-Fluss **24**
Gauja-Tales **76**
Gediminas 154
Gorbatschow 42, 54, 55
Gotisches Ensemble **150**
Großer Nordischer Krieg 28, 47
Gustav Adolf 28
Gutshöfe 82
Haapsalu (Hapsal) **76**
Hanse 84f., 96
Harilaid **36**
Heltermaa **5**
Herder, Johann Gottfried 69
Hermannsfestung **2**
Hexenberg 177
Hiiumaa (Dagö) **2, 5, 28, 76,** 117, **118**
Hitler-Stalin-Pakt 40, 52
Ikšķile 142
Iwan der Schreckliche 28, 46
Jägala **110**
Jēkabpils (Jakobsstadt) **2, 24**
Jelgava (Mitau) **146**
Jogaila 46, 150
Juden 28, 40, 47, 50
Jugendstil in Riga **130,** 130
Jugla-See **75**
Juodkrantė (Schwarzort) 177
Jurate 76
Jūrmala 136
Kaali-See 117, **118**
Kalevipoeg 69
Kassari **68**
Katharina II. 50
Kaudzīte, Matīss und Reinis 91
Kaunas **2,** 47, **65, 92, 168,** 168f.
Ķemeri 136
Kihnu 118
Kihnu Jõnn 18
Klaipėda (Memel) **2,** 54, **92, 172,** 176
Kleine Gilde **136**

Koguva 117, **118**
Koknese 143
Kolga (Kolk) **82**
Kõpu 117, **118**
Kraslava 146
Kreutzwald, Friedrich Reinhold 69
Kreuzritter 24
Kross, Jan 95
Kuldīga (Goldingen) **2, 32,** 140
Kuremäe **57**
Kuressaare (Arensburg) **76,** 82, 114, 118
Kurische Nehrung **2, 69, 172,** 176
Kurisches Haff **5**
Kurkliai **12**
Kurland 28
Kurzeme 136
Laar, Mart 60
Lāčplēsis 142
Lahemaa **36, 82,** 106f.
Landsbergis, Vytautas 60
Latgale 146
Leiger **68**
Lemmjõgi **117**
Lettische Schweiz 140
Lettland **2, 13, 24,** 24ff., **32, 61,** 61f., **76,** 90f., **122ff.,** 122–146
Lielais-See **5**
Lielstraupe **140**
Lielupe **146**
Liepāja 140
Lievarde 143
Liskiava **65**
Litauen **2, 5, 12, 13, 21,** 42ff., **42, 47, 51, 54,** 60f., **65, 69,** 90, **92, 150ff.,** 150-177
Liven 28
Livland 13, 24
Livländischer Krieg 28
Maironis 90
Mann, Thomas 177
Meinhard, Bischof 142
Memelgebiet 52, 90
Meri, Lennart 60
Merkel, Garlieb 32
Metelys-See **168**

Mežotne 143
Mickiewicz, Adam 69
Mindaugas I. 42, 150
Mindaugas II. 51
Minox 36
Muhu 117, **118**
Mustla **2**
Napoleon 50
Narva **2**
Nemunas 172
Neris **42**
Nida (Nidden) **69, 176,** 177
Ordensburgen 82
Österreich 47
Otepää 105
Pahlen, Ahrend Diedrich von 110f.
Palmse **82,** 110f.
Pan Tadeusz 69
Panga **28**
Pärnu (Pernau) **57, 110**
Pärt, Arvo 94
Päts, Konstantin 40
Pažaislis 172
Peipsijärv (Peipus-See) **106,** 106
Perkunas 76
Perkunas-Haus 172
Peter der Große 28, 82
Piirissaar 106, 118
Piusa **114**
Plateliu-See **2, 47**
Plettenberg, Walter von 117
Polen 46f., 51
Polen-Litauen 47
Preiļi 146
Preußen 47
Protestantismus 89
Pühajärv (Heiliger See) 105, **106**
Pumpurs, Andrejs 69, 143
Rahvarinne 55
Reformation 28
Rheuttern, Johann 89
Riga (Rīga) **2, 5, 20,** 24, 28, 32, 36, 56, **61, 76, 84,** 89, **122, 124, 128,** 136
Rumsiskes 172
Rundāle **146**
Russifizierung 75
Russland 20, 47
Saaremaa (Ösel) **13, 28, 36, 69,** 114, **118**
Sajudis 55, 60
Salaspils (Kurtenhof) 41
Salza, Hermann von 42
Schwarzhäupterhaus **2, 84, 124, 128,** 128

Schweden 28, 46f.
Schwertbrüderorden 24
Segeberg, Meinhard von 24
Sigulda 142
Slapiņš, Andris 56
Slītere-Nationalpark 136
Smetona, Antanas 50f.
Smuul, Juhan 117
Sooma **36**
Sowjetische Invasion 40
Sowjetisierung 52
Sowjetunion 40f., 52, 94
Stalin 94
Stalinismus 53
Stanislaw II. 47
Stantien & Becker 76
Straupe **140**
Stuoka-Gucevičius 150
Sugiharos, Ciunes **41**
Sõrve 117
Tahkuna **28**
Tallinn (Reval) **2,** 24, **57, 84,** 84, **96, 100**
Tartu (Dorpat) 28, 32, **92,** 100f., **105**
Tautas Fronte 55
Toolse (Tolsburg) **76**
Trakai **164,** 164
Turaida (Treyden) **76**
Türisalu **2**
Ugāle **61**
Ulmanis, Karlis 40
Ungern-Sternberg 117
Ungurmiuža **13**
Universität Tartu 90
Universität Vilnius **53,** 90, **159**
Urach, Wilhelm von 51
Vaizgantas 168
Valaste **110**
Velnezers 146
Venta-Rumba **143**
Ventė (Windenburg) **5**
Ventspils 140
Viljandi (Fellin) **117**
Vilnius **2, 41,** 46, 50, **65, 89, 91, 150,** 150f., **154, 159**
Vinistu **95**
Võsu 110
Vytautas 46, 47, 164
Vytenis 42
Wikinger 21
Wilhelm II. 50
Žemaičių Kalvarija **42**
Žemaitija-Nationalpark **2, 47**
Zvārtes **143**